Le traité des caresses

Docteur LELEU

Le traité des caresses

Bien-être

« Ce qu'il y a
de plus profond
dans l'Homme,
c'est la peau »

PAUL VALÉRY

Illustrations réalisées par Barbe
© Encre/Arys, 1988

Sommaire

Ce dont vous rêvez
sans oser le demander

Mai 1980. Assis à même la moquette, nous sommes trente médecins et psychologues à écouter deux conférencières très particulières ; dans le cadre de la session de printemps de l'Institut de sexologie, l'organisateur, homme remarquablement éclectique, a invité deux ex-prostituées, recyclées dans le massage érotique.

Au départ, leur motivation était d'exploiter la lubricité présumée de leurs clients ; elles n'avaient aucune notion de massage thérapeutique, ni aucune formation psychologique ; leurs confidences n'en ont été que plus bouleversantes : leurs clients n'étaient nullement de vieux pervers ; leur âge s'échelonnait de dix-huit à soixante ans, le plus grand nombre ayant entre dix-huit et trente-deux ans. Ils n'étaient pas davantage des déséquilibrés psychiques ou sexuels patents et aucun n'a tenté de les agresser de quelque façon que ce soit. Enfin, leurs origines sociales étaient fort différentes.

Ils espéraient recevoir, par les caresses de ces femmes, l'apaisement qu'ils ne trouvaient pas auprès de leur épouse, même lorsqu'ils affirmaient avoir une vie sexuelle satisfaisante. Ils revenaient régulièrement et, de séance en séance, paraissaient s'épanouir. De leur côté, les masseuses, qui n'éprouvaient au début que mépris pour leurs clients, réalisèrent qu'elles remplissaient véritablement un rôle thérapeutique.

Aujourd'hui, les salons de massage érotique et les groupes de massage californien (massage thérapeutique élaboré par un couple de psychologues d'Esalen et qui vise à apporter une détente euphorique au

7

corps et à l'esprit) se multiplient en France. En outre, je suis persuadé que les clients des médecins, des kinésithérapeutes, des coiffeuses et des manucures ont aussi un besoin inconscient de contacts humains au sens tactile et psychologique. A leur insu, ces professionnels ont dans leurs mains un étrange pouvoir qui dépasse leur art.

Le manque de caresses peut avoir une dimension universelle. J'ai recueilli des confidences de femmes et d'hommes insatisfaits de leur vie sexuelle et j'ai été frappé par le fait que leurs doléances concernaient non tant la pathologie classique de la sexologie (frigidité, impuissance, éjaculation précoce, anaphrodysie, etc.), mais plutôt le manque de tendresse du (de la) partenaire. Néanmoins, j'ignorais que le manque de caresses pût être d'une acuité telle qu'il pousse des hommes à payer des femmes pour le combler ou qu'il puisse engendrer les pires maux.

Mélanie est mariée à un manager, sportif de surcroît. La semaine, elle ne le voit guère, trop pris par ses affaires qui le conduisent d'un bout à l'autre de l'Europe. Quant au samedi et au dimanche, il est accaparé par le tennis et le cheval. C'est un battant.

Le malheur, c'est qu'il mène aussi rondement, mais moins efficacement, sa vie intime : préludes tellement malhabiles que Mélanie abrège et, pour en finir, réclame l'acte sexuel. Lequel est tellement insatisfaisant qu'elle me fait cette déclaration inouïe et qui en dit long sur leur dysharmonie : « *C'est pas drôle d'être secouée comme un prunier.* » Heureusement pour elle, le coït est bref.

Pourtant cet homme dit à sa femme qu'il l'aime... Sans doute n'aime-il pas la femme.

Mélanie consulte pour des troubles divers qui alternent et récidivent : cystite, colite, douleurs dorsales, mastose, migraines. Après chaque consultation, elle va mieux durant deux ou trois semaines ; puis elle revient avec de nouveaux troubles. Pendant une longue période, je ne la revis plus. Sans doute mon « pouvoir » s'était-il usé et était-elle allée soumettre ses maux à un confrère.

Un an plus tard, elle réapparaît, radieuse ; elle désire juste une prescription de contraceptif. Le dos ? décontracturé. La vessie ? on n'en parle plus. Les intestins ? dénoués. Jusqu'aux noyaux de mastose qui ont fondu, les seins sont souples et indolores. L'artisan de cette métamorphose ? un amant qui l'idolâtre. Son corps qui réclamait à « grands signes » qu'on le touche, est guéri, adoré, glorifié.

Gil est le spécimen des patients qui embarrassent les médecins et concourent au déficit de l'assurance maladie. Il a trop de symptômes pour être malade : vertiges, maux de tête, tête vide, angoisses, étouffements, points au cœur, palpitations, douleurs abdominales. Depuis plusieurs années, il a offert ses troubles à de multiples généralistes et spécialistes ; il a subi des examens aussi nombreux que coûteux, reçu des traitements aussi variés qu'onéreux. Le tout inutilement : Gil est malade d'amour ou plus exactement d'un manque d'amour. Or l'amour, ça ne se prescrit pas sur ordonnance.

Il est marié à une de ces épouses modèles qui ne refusent presque jamais le devoir conjugal, mais qui sont dénuées de toute fantaisie, fantasme, tendresse et chaleur ; une femme aux mains trop froides, trop raides, trop honnêtes. Le sexe est soulagé, mais le corps crie famine.

Ce qui était remarquable dans la pathologie de Gil, c'est que seuls les massages le soulageaient ; il fallait toujours allonger les prescriptions de kinésithérapie. « Il n'y a que cela qui me fasse du bien, tout vient de mes vertèbres. »

Gil est guéri. Je doute que ce soit uniquement

l'effet du magnésium que je lui prescrivis : il a divorcé et épousé... une kinésithérapeute. Elle ne lui a jamais administré un seul massage thérapeutique ; mais on peut imaginer qu'une femme, dont la vocation est de guérir avec les mains, devait amplement aimer avec les mains.

La peau
1 500 000 récepteurs
en attente

On s'extasie de ce que perçoivent les yeux, les oreilles et la bouche. Et pourtant le plus généreux de nos organes sensoriels, c'est notre peau. Elle nous donne, tandis que nous baignons dans la sphère utérine, les caresses suaves de l'eau amniotique, alors que les autres sens appartiennent encore au néant, hormis l'ouïe qui capte, assourdis, les chants et les fureurs du monde.

Après la naissance, alors que le froid, les bruits, la lumière aveuglante et la dureté des objets agressent nos sens, notre premier bonheur c'est la peau qui nous l'offre, à l'instant où notre mère nous blottit contre elle.

Plus tard, quand l'amour vient à l'homme, la voix et la vue de sa bien-aimée ne lui suffisent pas, il s'impatiente de la presser contre sa peau. Il en est de même pour la femme. Nous constatons également qu'il ne suffit pas aux gens de voir leurs prophètes, leurs chefs ou leurs « idoles », il leur faut les toucher.

La peau est cette pellicule d'un tissu spécifique qui recouvre la périphérie de notre corps, se prolongeant sur les extrémités — doigts, oreilles, etc. — et s'invaginant dans les orifices naturels. Pour moi, la peau comprend non seulement les téguments ordinaires — si je puis dire — qui recouvrent le corps, mais aussi le revêtement des lèvres, des mamelons et de l'aréole des seins ; elle comprend enfin le parement des organes génitaux externes, à savoir la vulve, le clitoris et le vagin, le pénis et son gland.

La peau n'est pas un banal fourreau de cuir, ses

rôles sont multiples. C'est la peau en tant qu'organe des sens — le toucher — qui nous intéresse. C'est la plus étendue de nos surfaces sensorielles : 18 000 cm^2 chez l'adulte, 2 500 chez le nouveau-né. L'ouïe, la vue, l'odorat et le goût n'occupent que quelques centimètres. C'est aussi la plus riche en récepteurs : 1 500 000 au total. *« Après le cerveau, la peau est sans doute l'ensemble d'organes le plus important »*, dit Ashley Montagu[1] ; et il ajoute plus loin : *« Un être humain peut vivre aveugle, sourd, et manquer totalement de goût et d'odorat, mais il ne saurait survivre un instant sans la peau. »*

La peau est formée de deux couches principales — l'épiderme et le derme —, elles-mêmes stratifiées en différentes sous-couches (voir schéma). La couche superficielle de l'épiderme, dite couche cornée, peut être réduite à quelques strates, dans ce cas la peau est fine et souple ; ou être faite de strates multiples, dans ce cas elle est un véritable cuir. La couche profonde du derme, dite hypoderme, contient des lobules adipeux ; selon l'importance de cette graisse, la peau est plus ou moins épaisse. Elle est particulièrement sensible lorsqu'elle est fine, c'est-à-dire lorsque la couche cornée et la graisse sont minces, ou mieux, absentes. C'est le cas des zones les plus érogènes : lèvres, seins, vulve, gland du clitoris et du pénis, vagin.

La peau du corps s'épaissit et s'insensibilise lorsqu'elle est en contact permanent avec des tissus rugueux. C'est pourquoi les Ordres font porter aux religieux des vêtements de bure et les couchent dans des draps râpeux. Inversement, les femmes (aisées) et les aristocrates qui portaient des tissus doux — soie, linon, taffetas, mousseline, velours — conservaient une peau plus réceptive. L'apparition des tissus de synthèse — nylon et autres —, démocratisant la douceur des étoffes, préserve la sensualité de toutes les peaux.

1. Ashley Montagu, *La peau et le toucher, un premier langage*, Éd. Le Seuil.

La peau

Epiderme
Couche cornée ❶
Couche de Malpighi ❷

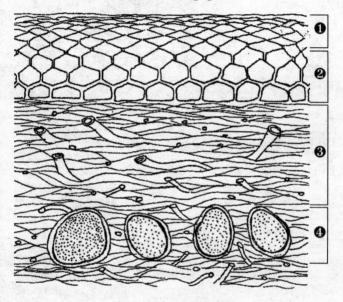

Derme
Vaisseaux ❸
Lobules de graisse ❹

Les récepteurs sensoriels

Origines libres

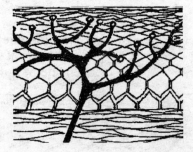

Corpuscule du tact

Corpuscule du chaud

La peau des travailleurs manuels s'épaissit non seulement au niveau des mains, mais également aux coudes, aux épaules, au cou, au dos et aux genoux. La couche cornée hypertrophiée y forme des callosités et des blindages. Heureusement, la technologie décharge de plus en plus l'homme des tâches pénibles et il n'aura bientôt plus qu'à surveiller des pupitres ou des robots. En attendant ces temps nouveaux, ceux qui mettent encore les mains à la pâte doivent prendre soin d'elles : les protéger par des gants, les brosser avec des savons acides, les nourrir par des crèmes revitalisantes, afin qu'elles gardent leur sensibilité et leur douceur.

La texture et le grain de la peau peuvent changer selon que son porteur est plus ou moins caressé et caressant. Un être tendre aura une peau veloutée, souple, affinée ; un être sans tendresse aura une peau sèche et dure. Plus une peau est caressée, plus elle est sensible.

La peau est bourrée de milliers de récepteurs (8 à 135 au centimètre carré), en alerte permanente, qui captent les stimulations venues de l'extérieur ; ces merveilleux petits détecteurs, à qui l'on doit nos délices mais aussi nos supplices, sont les origines des nerfs sensitifs. Dans l'épiderme ils se ramifient comme lierre sur mur ; dans le derme ils s'enchatonnent dans des capsules — nerf et capsule forment un « corpuscule ». Les plus célèbres des corpuscules sont ceux de la volupté, dits « corpuscules de Krause », qui se trouvent sur le gland du clitoris et du pénis, et sans doute dans d'autres zones érogènes. C'est à eux que nous devons de perdre la tête. Ces micro-organites ont bouleversé le cours de bien des vies et sans doute, parfois, le cours de l'Histoire...

Enfin, on trouve dans la peau, principalement dans le derme, des vaisseaux ; dans les zones les plus érogènes, la richesse vasculaire est extraordinaire, d'où leur aspect rouge : lèvres, mamelons, gland, vulve, vagin. Les vaisseaux s'y groupent même en plexi — enchevêtrements très denses —, et en corps érectiles — véritables éponges de sang.

On ne sait pas à quel point la peau est finement sensible. On la croit un organe sensoriel grossier, sentant vaguement les stimuli à moins qu'ils ne soient forts ; ce serait le débile de nos cinq sens, tellement inférieur à l'ouïe et à la vue, les plus nobles d'entre tous. On se trompe : c'est le plus fin. Certaines zones peuvent apprécier des pressions de 2 mg ou discerner l'écartement de deux pointes de compas, distantes de 1 mm. La peau peut mieux apprécier les différences de contact que l'oreille les « intervalles » entre deux notes. (Un intervalle est la différence de hauteur du son toutes les deux notes.) Si l'on soumet la peau à une vibration de fréquence rapide, elle peut détecter des interruptions de 10 millièmes de seconde.

Des chercheurs ont mis au point, pour les aveugles, des langages cutanés basés sur les pulsations d'un appareil électronique ; la peau est alors capable de déchiffrer des messages compliqués et rapides. L'aveugle lit véritablement avec sa peau. On a dit que Helen Keller, sourde, muette et aveugle, goûtait la beauté d'une symphonie avec la plante de ses pieds, en percevant les vibrations du plancher.

Cette faculté de la peau d'analyser toutes les nuances, tous les degrés d'un stimulus et ses significations émotionnelles, est admirable. La peau est sensible au contact, au froid et à la chaleur, à la douleur. En ce qui concerne la sensibilité tactile, le stimulus efficient est un contact léger, entraînant une variation minime de pression. Le seuil de la sensibilité est la valeur du poids minimum qui, appliqué sur une surface donnée, fait apparaître la sensation tactile. Le seuil est variable selon les zones : pour le visage et la pulpe des doigts très sensible, le seuil est de 2 mg. Pour la face dorsale des doigts et de la main, il est de 15 mg. Le seuil varie aussi avec les individus.

Les poils constituent des dispositifs amplificateurs des impressions tactiles, abaissant le seuil de sensibilité quand ils sont concernés par l'excitation. Les caresses superficielles, comme l'effleurement par la langue ou la pulpe du doigt, s'adressent à cette sensibilité.

Pour la sensibilité thermique, le stimulus est la variation de température de la peau au contact d'un élément qui apporte ou absorbe des calories. Le seuil de sensibilité thermique dépend des zones ; la sensibilité est exquise au niveau du mamelon (le froid l'érige), importante au niveau des joues (les repasseuses y testent la température de leur fer), moindre au niveau du dos de la main et de l'abdomen ; le gland du pénis est insensible au froid. La chaleur de la main est une composante du plaisir de la caresse. Seules des mains réchauffées éveilleront des sensations agréables.

Quant à la sensibilité algique, le stimulus qui engendre la douleur est un excès de pression ou de température — en plus ou en moins — ou une effraction. Le seuil de sensibilité algique est élevé : la sensation douloureuse ne se déclenche que pour les agressions conséquentes, signalant à l'organisme une atteinte de son intégrité. On peut admettre, pour une caresse, un certain degré douloureux, accepté et acceptable par un esprit sain. C'est le cas des pincements ou des morsures.

Cette sensibilité de la peau aux stimuli s'appelle la sensibilité extéroceptive ; les vaisseaux qui irriguent la peau sont également sensibles, c'est la sensibilité cutanée intéroceptive. Les caresses provoquent une vasodilatation et un afflux de sang ; ces modifications entraînent une excitation agréable des fibres nerveuses entourant les vaisseaux. Les sensations sont maximales dans les zones érogènes, gorgées de sang en raison de leur richesse vasculaire.

Les caresses, quand elles sont appuyées, et le corps à corps des amants, mettent en jeu les sensibilités profondes, c'est-à-dire celles des organes situés sous la peau : les aponévroses, les muscles, les tendons, les ligaments, les articulations, etc., les stimuli sont les pressions exercées, les contractions effectuées, les déplacements réalisés. Cette sorte de sensibilité est dite proprioceptive.

Les vaisseaux et les viscères peuvent être également concernés. Les stimuli sont les variations de pression et de calibre des vaisseaux et la distension des viscères. Cette sensibilité se nomme viscéroceptive.

Qu'est-ce qu'une sensation érotique ? Les réponses, ou plutôt l'absence de réponses des physiologistes et des psychanalystes, leur distinguo entre sexualité et éroticité, ont semé la confusion. Revenons-en au bon sens. Dans le sens le plus direct et le plus court, une sensation érotique est une sensation agréable qui incite à l'accouplement sexuel, autrement dit une excitation qui éveille le désir sexuel et produit au niveau du corps, et plus particulièrement des organes génitaux, certains préparatifs à l'acte coïtal.

Cependant, les êtres savent, le plus souvent, mettre une distance entre l'excitation et l'acte ou même le désir ; dans un sens plus modéré, la sensation érotique est donc une sensation agréable qui incite à se rapprocher d'une autre personne sans forcément engendrer le besoin systématique de coït. C'est le cas de ce que l'on appellera la « caresse gratuite ». La notion d'« une autre personne » est ce qui différencie l'agrément des sensations érotiques des autres plaisirs, comme ceux de manger, boire, se chauffer au soleil, etc. Tous les états de bien-être relèvent de la sensualité ; l'érotisme n'en est qu'une des modalités : c'est la sensualité de la sexualité.

L'auto-érotisme, c'est-à-dire la faculté de s'exciter soi-même par caresses et masturbation, n'infirme pas le principe de l'élan vers une autre personne ; l'adulte qui s'auto-érotise fantasme le partenaire ou est son propre partenaire. Quant à l'enfant qui se donne du plaisir, il se contente d'utiliser l'appareil prédestiné au rapprochement.

D'où naissent les sensations érotiques ? Y a-t-il une sensibilité érotique spécifique ? Dans le gland du clitoris et du pénis, il existe les corpuscules de la volupté de Krause. Pour le reste des revêtements sexuels et pour l'ensemble de la surface corporelle, il n'a pas été mis en évidence de récepteurs spécifiques du plaisir ; et la physiologie n'a pas décrit un système nerveux propre à l'érotisme. Aussi, ce qui fait qu'une sensation est érotique relève encore du domaine du mystère.

Quand une stimulation érotique arrive au cerveau, elle passe par les couches anciennes ou archéocerveau, siège des instincts : il déclenche la réponse sexuelle dans tout le corps et les organes génitaux (congestion, lubrification, etc.) ; puis la sensation atteint le cerveau, moyen ou thalamus, siège de la vie affective : elle y prend sa teinte émotionnelle (agréable ou douloureuse) ; enfin elle aboutit au cerveau supérieur ou cortex qui l'évalue, l'accepte ou la récuse, et autorise ou interdit le passage à l'acte ; selon l'environnement, le contexte affectif et compte tenu de l'éthique.

Toute stimulation est agréable primitivement — sauf celles qui dépassent le seuil douloureux. Le bien-être est le fruit de toute vibration sensorielle, pour peu que le cortex l'avalise. Alors que la sensation est plaisir, le cerveau est censure. Le plaisir est une disposition d'esprit. Et la lutte est permanente entre la sensation agréable et le contrôle du cerveau.

En principe, les contacts fortuits des transports en commun nous irritent, car notre censeur veille ; mais on peut imaginer qu'il baisse la garde et alors ces contacts peuvent être agréables. De même les attouchements volontaires d'un partenaire avec qui l'on est brouillé révulsent ; mais le plaisir de la caresse peut être plus fort que la rancune et faire céder les défenses corticales ; c'est la réconciliation sur l'oreiller ; à moins que le cortex ne cède primitivement sous l'effet des tendres paroles et n'autorise à ressentir le plaisir.

La peau manifeste le plaisir de multiples façons.

L'horripilation est le hérissement des poils par contraction des muscles horripilateurs. Cette « chair de poule » est produite soit par une stimulation directe (contact ou froid), soit par une émotion (plaisir ou peur) ; dans ce cas elle est provoquée par la décharge d'adrénaline du stress. Gageons que, dans un lit, c'est de plaisir que l'on frissonne et s'horripile ! Nous verrons l'importance que l'érotologie orientale accordait à l'horripilation.

La vaso-dilatation est l'augmentation de calibre des vaisseaux qui provoque un afflux de sang. Elle est particulièrement marquée au niveau des lèvres, des seins, et des organes sexuels ; elle fleurit aussi sur tout le territoire cutané en une vague diffuse ou en taches. (Curieusement la congestion érotique est agréable, alors que la congestion pathologique d'un organe est douloureuse.)

Cette vaso-dilatation fait donc rougir la zone caressée qui de blanche ou de rose vire à l'écarlate. C'est pourquoi le rouge est la couleur symbolique de l'amour. De plus, elle se réchauffe : de froide ou tiède, la zone érogène devient chaude. Les expressions « un baiser brûlant », « le feu aux fesses » ne sont pas des métaphores : on « brûle d'amour », on « se consume de désir », on est dévoré par « les flammes de la passion » ; rêver de feux, de flammes et d'incendie est signe d'un grand amour, prétendent les onirologues.

L'apparition de sécrétions est une autre manifestation du plaisir. La surface des zones les plus érogènes sécrète un liquide ; c'est le cas de la bouche (saliver de plaisir) et des organes génitaux (mouiller de bonheur). Les téguments eux-mêmes peuvent perspirer (être moite d'émotion).

Lorsque deux êtres se rencontrent, ils peuvent sympathiser ou se révéler antipathiques, s'attirer ou se rejeter. C'est l'irrationnel qui commande, le plus souvent ; mais l'analyse pourrait y déceler la conjonction de souvenirs prédéterminants et de sensations actuelles, visuelles, auditives, olfactives et cutanées. Car il se passe de curieuses réactions à la surface de notre peau.

Le contact cutané avec une autre personne peut être agréable ou désagréable d'emblée. Sa peau peut produire une attraction ou une répulsion, comme des charges électriques de signes contraires s'attirent et de signes identiques se repoussent. On dit que le courant passe ou ne passe pas. A mon avis, le magnétisme entre les êtres, cet attrait ou ce rejet, est authentiquement dans la peau autant que dans la tête ; c'est un phénomène physique autant que psychique. Entre l'homme et la femme, les phénomènes attractifs sont puissants et éminemment sélectifs. Le tact joue un rôle important et sélectif : un simple contact — un effleurement, une pression — peut troubler. Cependant, n'importe quel homme ne trouble pas n'importe quelle femme, et vice versa. L'attraction croît pendant les caresses jusqu'à être ressentie par la pulpe des mains comme une attirance magnétique ; l'amant(e) a l'impression que ses doigts collent à la peau de l'autre. Les forces en jeu sont parfois si violentes que des états extatiques peuvent survenir au cours d'un baiser, d'une étreinte. Les amants, plaqués comme aimant et limaille, ne peuvent plus se détacher. Il l'a « dans la peau » ; elle de même. Il y a effectivement des phénomènes électromagnétiques au niveau des peaux, dont l'effet Kilian est partie prenante. Mais n'allons pas plus loin, laissons à l'amour sa part de mystère.

L'olfaction précède la peau dans l'attirance des êtres : les glandes à mucus situées, entre autres, dans la sphère génitale et périnéale émettent des sécrétions aromatiques dont les molécules évaporées participent à l'« aura » qui entoure l'individu et à l'attrait qu'il exerce. Chez les animaux, l'effet attractif des odeurs s'exerce à plusieurs kilomètres.

La peau, et cela est fondamental, a la même origine embryonnaire que les organes des sens (vue, ouïe, odorat, goût) et le système nerveux (nerfs, moelle, cerveau). Les trois types de tissu proviennent de l'ectoderme, le troisième feuillet embryonnaire. En vertu de cette parenté d'origine, la peau et le système nerveux auront des interactions étroites. Ce que traduit une foule d'expressions comme « avoir les nerfs à fleur de peau », « être bien dans sa peau », ce qui signifie en fait être bien dans ses nerfs ; ce que démontrent aussi les maladies de peau apparaissant lors de perturbations psychiques.

Inversement, toute perception cutanée a une connotation psychique intense. Le toucher n'est pas une simple sensation physique, il est émotion et communication. *« C'est par notre peau que nous ressentons, aimons, détestons. »* C'est par le toucher — des lèvres et du corps — que nous établissons notre première communication, première dans notre histoire, qui demeurera première dans notre vie.

PREMIÈRE PARTIE

De la mère à l'amante

1

Le paradis perdu

« *L'homme a toujours besoin de caresses et d'amour ; sa mère l'en abreuve alors qu'il vient au jour* » (Alfred de Vigny).

Celle que l'on a dans la peau, la première et pour toujours, c'est bien notre mère ; parce qu'elle nous a portés dans le creux de son corps, la peau baignant dans sa mer intérieure, tandis que son sang nous transfusait ; parce qu'elle nous a portés ensuite dans ce nouveau creux, entre bras et seins, sa peau imprégnant la nôtre, tandis que son lait nous remplissait.

Si cette période fut agréable, nous n'aurons de cesse de retrouver le paradis perdu. Si elle fut frustrante, nous nous efforcerons de rattraper l'occasion manquée, même si l'aspiration s'inversant en aversion, on joue au « dur » ; les blessés de l'enfance qui ont horreur des caresses finissent toujours par fondre de tendresse. Parce qu'elle nous a portés dans sa nuit, puis au grand jour, nous ne cessons de la porter en nous. La résolution de l'Œdipe ne tue pas cet amour, elle l'enfouit seulement. Ayant accompagné des mourants de tout âge, je sais qu'à l'heure de notre mort, c'est le même nom que l'on évoque. « Stabat mater » sublime, mais le fils ou la fille renversé par le destin emporte dans l'autre monde la cruelle nostalgie d'un amour semblable.

C'est que par la peau, femme ou homme, nous avons vécu avec notre mère un amour fusionnel, un corps à corps extatique. On ne se souvient avec précision d'aucun de ces jours ; de même qu'on n'a aucun souvenir des jours d'apprentissage où elle nous a tout appris : on ne se souvient pas de s'être tenu debout pour la première fois, ni de son premier pas, ni du jour où l'on a appris que B plus A faisait BA. Pourtant on sait marcher, parler et lire. Pourtant, notre cerveau aux cellules vierges enregistrait tout.

Groddeck prétend que s'il y eut des heures lumineuses, il y en eut aussi de douloureuses, et que l'amnésie recouvre le tout, par prudence.

C'est sans doute pourquoi nous ne nous souvenons plus de ces jours de béatitude où, anxieux, frileux, avides, tremblants de désir, nous nous nichions dans sa chaleur. Mais ce roman d'amour est écrit sur notre peau, inscrit dans nos muscles. Notre peau, notre corps ont conservé l'empreinte de ces jours. Tout en nous, à notre insu, appelle un autre être à se glisser dans cette empreinte. Notre peau — comme notre corps — est un moule où l'on n'a de cesse de replacer la chaleur d'un(e) autre. Quelque chose, quelque part en nous, réclame l'étreinte euphorique : murmure sourd de la nostalgie, cri étouffé de l'angoisse, hurlement désespéré des arts ou de la folie, toujours en nous parle notre premier amour.

Une liaison aussi dense, aussi longue (2 500 jours = 365 jours × 7 ans, âge de la résolution de l'Œdipe), laisse une marque indélébile qui influence notre comportement vis-à-vis de l'Autre.

La peau, source de plaisir

L'enfant, dans le ventre maternel, connaissait un paradis de chaleur, d'apesanteur, de quiétude, balancé par les mouvements de sa mère, bercé par le rythme de son cœur et le son de sa voix, ignorant la faim.

Expulsé, il découvre le froid, la pesanteur, l'agitation, le bruit assourdissant, la lumière aveuglante, la solitude et la faim. Autant de sensations nouvelles, douloureuses et angoissantes. De toutes, la faim est la plus terrible, elle se traduit par un état de tension interne.

Alors l'enfant est mis au sein de la mère ; aussitôt, par tous ses sens, il retrouve le paradis perdu. Son corps blotti entre les bras et le corps de la mère, son visage contre son sein, peau contre peau, il retrouve la chaleur et la douceur d'antan. Il redécouvre aussi le balancement, le chant de la voix et les battements du cœur. Instinctivement il a cherché à se saisir du mamelon pour le téter. C'est le geste « *le plus primitif de l'humaine nature* »[1]. Il ressent alors la sensation la plus voluptueuse de toutes : dans sa bouche coule, onctueux et chaud, le lait. Sur-le-champ cessent son angoisse et bientôt sa faim ; cette réduction de tension apporte un bien-être ineffable ; par la peau et les lèvres, il vient de découvrir le plaisir. A ce stade dit « oral », l'orifice buccal est la zone érogène prévalente ; le plaisir est lié à l'excitation des muqueuses buccales et centré uniquement sur elles.

A chaque tétée, plusieurs fois par jour, des mois durant, l'enfant retrouve, blotti dans les bras de sa mère, suspendu à son sein, tous les plaisirs de la vie : un bain de douceur et le rassasiement. Un tel conditionnement va lui donner, à tout jamais, l'envie de sentir contre sa peau et sur ses lèvres une autre peau.

La tétée n'est qu'une partie de la « geste maternelle », une des réjouissances qu'offre la mère par peau interposée. Il y en a bien d'autres : le bercement qui imite les mouvements en apesanteur de la vie utérine ; le bain, plaisir suprême qui réactualise les joies aquatiques de la vie intérieure ; la toilette, qui est l'occasion de tant de caresses et de baisers ; le sé-

---

1. Pierre Bour, *Les racines de l'homme*, Éd. Laffont.

chage, l'emmaillotement qui sont autant d'occasions d'être manipulé, caressé, embrassé à l'infini. Sans oublier les jeux de mains, de pieds, et les chatouillements.

Rien n'échappe à l'enfant dont la réceptivité à toutes les sensations et la disponibilité sont immenses. Il perçoit toutes les sortes de stimulations : par sa sensibilité cutanée (extéroceptive), il enregistre les sensations tactiles, thermiques, et les pressions ; par sa sensibilité profonde (proprioceptive), il ressent les contractions de ses muscles, les déplacements de ses articulations et les pressions qui s'y exercent ; par sa sensibilité viscérale (intéroceptive), il connaît les pressions exercées sur ses organes et leur distension.

Il est capable d'analyser les messages de ses récepteurs, d'estimer le degré de plaisir des sensations, le sens des manipulations. Très vite il sait ce que ressent la personne qui le tient et reconnaît ceux qui l'aiment.

On ne dira jamais assez les jouissances orgasmiques, les moments de bonheur absolu que provoquent le corps à corps, le peau à peau. Toute notre vie nous rechercherons ces voluptés, ces joies extrêmes.

Liée aux premières expériences érotiques orales, la chaleur du corps de la mère fait partie des sensations agréables. Projeté nu, d'un ventre tropical sur une planète froide, le petit de l'homme découvre avec le froid — et la faim — ce qu'il y a de pire au monde ; d'autant que son système de thermorégulation, encore précaire, le défend mal contre le froid.

Les animaux nouveau-nés sont également frileux. Les oisillons, les poussins, par exemple, se nichent sous l'aile de leur mère et les petits des mammifères se serrent contre son corps. Faute de mère, les petits se blottissent pêle-mêle ; s'il veut sauver la couvée ou la nichée, l'éleveur doit apporter une chaleur extérieure.

L'enfant jubile quand il découvre, puis retrouve, le bain de chaleur des bras maternels ; associée au plaisir oral, la chaleur fait du corps de la mère le lieu de toutes les jouissances. C'est à sa peau qu'il doit ce bien-être. Il sera conditionné à vie aux bienfaits de la chaleur, devenue une composante des plaisirs du corps. L'adulte recherche un(e) partenaire chaleureux(se) de cœur et dont la chaleur du corps le(la) fait fondre de plaisir. La femme, tout particulièrement, demande à son amant de la réchauffer.

Il est remarquable de constater que la chaleur extérieure, qui est une agréable excitation de la thermo-sensibilité cutanée, rejoint la vaso-dilatation, source de chaleur interne, induite par le plaisir. La chaleur est plus que jamais le symbole de l'amour. Non contents de « déclarer leur flamme », les fiancés veulent fonder un « foyer ».

Au total, l'action de la mère érotise toutes les activités du bébé : les fonctions fondamentales dont dépend sa vie, comme le manger, le boire, le sommeil, les soins de la toilette et de l'habillement ; les apprentissages du langage, de la marche et du contrôle du sphincter. Manger, c'est plus que se nourrir, se laver, plus que se faire propre, marcher, plus qu'avancer : tout est jeu et plaisir. Par la mère, le corps entier s'érotise, la sensualité s'épanouit, les sens se fertilisent. C'est à cette époque qu'éclosent ou se créent les multiples zones érogènes de chacun.

Par la peau s'apprend l'amour

Véritablement, la relation entre l'enfant et la mère est le prototype de toutes les relations amoureuses ultérieures. Des premières expériences de plaisir vécues au sein de cette relation privilégiée dépendent l'équilibre caractériel et le comportement sexuel futur. « *C'est dans la relation interpersonnelle avec la mère — ses sensations diverses — que l'enfant* établit ses premières relations et ses premières communications... L'attachement intime de l'enfant à la mère est la source même de nombreuses réponses affectives apprises puis généralisées[1]. »

C'est par la peau que s'apprend l'amour. « *C'est par la peau principalement que nous sommes devenus des êtres aimants — on n'apprend pas à aimer dans les livres mais en étant aimé[2].* » Le contact cutané est tout à la fois une émotion, une communication, une sécurisation. C'est aussi une fusion et, mieux, une symbiose. L'alimentation du nourrisson, sa toilette, son coucher ne sont pas simplement des soins diététiques et hygiéniques dispensés dans une neutralité réciproque. Ces activités sont fortement imprégnées d'éroticité et d'affectivité. Toute une gamme d'émotions s'y développe, relevant du plaisir, du bien-être, de la joie. « *L'échange affectif, dès les premiers mois de la vie, prend le pas sur les activités nutritives qui commandent pourtant la survie.* » Les caresses affectueuses sont alors aussi nécessaires que les aliments.

La vie durant, les contacts cutanés conservent une charge émotionnelle : « *Dès que le contact peau à peau dépasse la poignée de main..., l'impact émotionnel et affectif est toujours considérable[3].* » A fortiori, les rapports cutanés entre la femme et l'homme ne sont pas de banales prestations de services matériels et sexuels. Ils sont fortement chargés de sentimentalité. La peau est une source de sentiments.

Les sentiments se transmettent et les contacts sont une véritable communication. Par sa peau, le nourrisson ressent les états de sa mère, son amour, sa sollicitude, mais aussi son manque de tendresse, son angoisse, sa fatigue. Inversement, la mère pressent par le contact si son enfant va bien ou mal. Chez les

1. Harlow, *The maternal affectional system of rhesus monkeys*, H. L. Rheingold Éd.
2. Ashley Montagu, *op. cit.*.
3. Pierre Bour, *op. cit.*.

adultes, il n'y a pas que les aveugles qui entendent ou parlent par la peau. Un contact en dit souvent plus long qu'un discours, surtout entre amoureux.

Le contact signifie souvent : « *Apaise-toi, mon enfant.* » Il assure à l'enfant, que le monde extérieur agresse de mille façons, la meilleure sécurisation ; il est réellement un havre de sécurité. L'enfant, comme les petits singes observés par Harlow, apprend progressivement à s'éloigner du port pour des excursions de plus en plus audacieuses ; mais au moindre désagrément, il court s'y réfugier. Les adultes conservent le besoin de recourir aux bras d'un autre humain, quand la fatigue, les soucis, les déceptions les atteignent, quand le malheur les frappe. Homme ou femme, nous aimons être enlacés, embrassés par quelqu'un en qui nous avons confiance. Cet étroit contact apaise et réconforte. Le bébé comme l'amant(e) s'endorment contre le sein rassérénant, sécurisés.

Parfois, le contact est si étroit entre mère et nourrisson qu'il devient fusion. Par la bouche, par les mains, par toute la surface de son corps, bébé absorbe sa mère. La tétée est « *cette occasion unique pour le nourrisson de rendre sa mère sienne, dans l'intimité, en assimilant sa propre substance*[1] ». Selon les psychanalystes, il passe forcément par une « phase cannibalique ». A voir la voracité de certains nourrissons on peut admettre, qu'outre la faim, les anime aussi le fantasme de « manger maman ». Les amants et les amantes gardent ce bel appétit de lèvres et de dents pour le corps de leur partenaire ; la chance de l'homme, c'est de retrouver l'objet même du désir primitif : le sein féminin. Sans doute la femme transpose-t-elle son désir sur le pénis.

Les mains s'éveillent progressivement : d'abord pour s'agripper au sein ; puis elles explorent et saisissent tout ce qui est accessible du corps de la mère.

1. Pierre Bour, *op. cit.*

Le toucher prime chez l'enfant ; un objet ne devient sien que s'il peut le manipuler. Les adultes gardent, malgré tout, cette primauté tactile, en particulier vis-à-vis du corps de l'aimé(e).

Cette conduite de préhension par la bouche et par les mains des amants réactive le désir de fusion de l'enfant, fusion cutanée et psychique ; ils ne veulent plus « faire qu'un », un seul corps, une seule âme. Le coït est l'espoir suprême d'unifier les deux entités, la tentative extrême de se fusionner.

Sur un registre moins passionnel et moins métaphysique, l'union de deux peaux est l'éradication de la solitude ; de même que le bébé dans son berceau souffrait d'être seul, l'adulte peut ressentir péniblement sa solitude. Chez l'un comme chez l'autre, le contact cutané est ce qu'il y a de plus réconfortant, de plus « tangible » dans la relation à deux.

La relation mère-enfant n'est pas à sens unique, c'est une symbiose. Les bienfaits que dispense la mère, l'enfant les lui rend bien dans un échange sensuel et affectif. La maternité épanouit la sensualité et la tendresse de la femme, affirme sa personnalité, confirme sa féminité.

Dans l'amour aussi chacun trouve son compte, le caressé et le caressant. Celui qui donne est plus fort de ce qu'il a donné, sa sensualité plus riche de ce qu'elle fertilise. A semer le plaisir, on récolte la joie, à offrir les caresses, on recueille la tendresse.

Si la relation mère-enfant est un prototype, est-elle pour autant un modèle ? On peut répondre affirmativement pour la participation cutanée (les caresses, les baisers, le corps à corps), le caractère ludique des échanges et l'altruisme de la mère. Mais il faut faire des réserves quant à l'aspect fusionnel — vécu par l'enfant principalement — et à l'égocentrisme de l'enfant.

Une relation amoureuse adulte gagnerait à être plus autonome et plus altruiste. Mais cela est une autre histoire.

Vers l'âge de sept ans la résolution du complexe

d'Œdipe met fin à cet amour fusionnel. L'enfant entre dans la « période de latence » des psychanalystes, qui est « l'âge de raison » des « grands ». Alors, au fil des années, va se défaire ce qui avait été fait. Un mot d'ordre : « ne pas toucher » et subséquemment « ne pas sentir » (parfois le carnage avait été entrepris dès la prime enfance).

Issus d'une enfance abreuvée de tendresse, faut-il qu'on leur ait tapé sur les doigts pour que les adultes aient oublié et le goût et l'art des caresses !

2

Le besoin de caresses

« *Je demande à l'amour un climat tiède, caressant que la famille m'a refusé* » (André Maurois).

Chez l'enfant, les stimulations cutanées sont essentielles pour le développement harmonieux de son comportement psychique. « *Le besoin d'une stimulation tactile tendre est un besoin primaire qui doit être satisfait pour que le bébé se développe et devienne un être humain sain et équilibré*[1]. » L'équilibre psychique et physique de l'adulte requiert les mêmes sensations tactiles.

La stimulation permanente de la peau sert à maintenir le tonus sensoriel, moteur et affectif. Tout se passe comme si le cerveau avait besoin d'excitation continue pour se maintenir en activité, comme s'il fallait sans cesse souffler sur le feu de la vie. C'est un besoin biologique fondamental.

Cette nécessité d'une activation permanente du cerveau n'est pas une élucubration. Ce serait, selon les physiologistes, le rôle d'une partie du cerveau : la « substance réticulée activatrice ascendante » (S.R.A.A.) ; dans le tronc cérébral, tige de l'encéphale, se trouve une substance réticulée groupée en une colonne coaxiale, aux multiples ramifications ; elle centralise toutes les stimulations venues de l'extérieur et de l'intérieur, qui la maintiennent, de ce fait,

1. Ashley Montagu, *op. cit.*

34

en alerte. A son tour, elle envoie aux autres formations cérébrales, et en particulier au cortex et aux muscles, des messages ; c'est ainsi que se maintiennent en activité les différentes fonctions nerveuses et le tonus des muscles. Sans cette activation, les uns et les autres s'endormiraient. On peut dire que notre état normal c'est le sommeil, et que c'est le S.R.A.A. qui nous tient en état de veille.

A ce besoin fondamental s'associe un conditionnement : le plaisir de la caresse détermine le désir de la caresse ; chez le grand enfant et chez l'adulte on trouve deux situations : ou l'individu fut comblé et il veut retrouver l'empyrée ; ou il fut frustré et il se révèle insatiable, comme pour rattraper le retard ; à moins qu'il ne se soit retranché dans la carapace d'un « dur ».

Le besoin de caresses est universel.

Le manque de caresses chez l'animal

La plupart des animaux aiment les caresses de l'homme ; les animaux domestiques — chiens et chats en particulier — les réclament. Les animaux sauvages s'amadouent sous l'effet d'une main douce. Les dauphins, par exemple, apprécient qu'on leur gratte le dos.

Entre eux, les animaux se livrent à d'incessants jeux de peau : reniflement, morsure, corps à corps. Et que dire de leurs jeux d'amour... Les singes, nos cousins, ont des attitudes quasiment humaines : baisers, humages, palpations, étreintes, toilettages, épouillages, jeux divers « singent » nos propres communications tactiles.

La stimulation cutanée la plus importante, chez les animaux, est le léchage. Soit qu'ils se lèchent eux-mêmes (autoléchage), soit qu'ils lèchent leurs petits (léchage d'amour).

L'autoléchage n'a pas seulement pour but la toilette du pelage, des orifices naturels et des pattes. C'est surtout une autostimulation des systèmes vitaux digestifs, urinaires, respiratoires, circulaires, génitaux et nerveux. Une expérience chez la rate gravide montre que l'autoléchage lui sert à se préparer au comportement maternel : si l'on dispose autour de son cou un collier qui l'empêche de se lécher, elle sera incapable de construire un nid tout comme elle ne saura pas nourrir ses petits : ses glandes mammaires réduites, elle se sauvera à l'approche des nouveau-nés.

Le léchage d'amour des petits, par la mère, n'est pas non plus un simple débarbouillage, comme l'a montré Ashley Montagu : c'est une stimulation vitale des différentes fonctions. Faute d'être léché, l'élimination urinaire et l'exonération intestinale sont bloquées ; le petit meurt.

Les responsables des zoos et des animaleries de laboratoire le savent bien qui, afin de permettre aux nouveau-nés séparés de leur mère de survivre, leur chatouillent les régions génitales et anales et les caressent.

Les expériences de Harlow sur les singes sont des plus probantes. Dans une cage, il place à une extrémité un mannequin-guenon fait de grillage recouvert d'un épais lainage et chauffé par une lampe électrique. A l'autre extrémité il place un mannequin de grillage nu et froid. Il dépose un bébé singe dans l'enceinte.

Dans une première expérience, on place un biberon à distribution automatique sur le mannequin en laine : on observe que bébé passe 18 heures sur 24 auprès de lui ; et pas un instant près de celui en grillage nu. Dans une seconde expérience, on place le biberon sur le substitut maternel en grillage nu ; le bébé passe 1 heure près de lui et 7 à 16 heures près de celui en laine.

La fonction maternelle ne se réduit donc pas à sa dimension alimentaire ; la fonction est aussi de dispenser un contact physique agréable. La tétée assure non seulement un rôle nutritif mais aussi un rôle affectif, comme le souligne Harlow qui extrapole aux humains : « *Certes l'homme ne vit pas seulement de lait.* » Oui, il vit de contacts chauds, chaleureux, tendres. C'est « le lait de la tendresse ».

Dans d'autres expériences, Harlow ne place que des mannequins en grillage pur. Les petits, alors, se recroquevillent sur eux-mêmes et sombrent dans une prostration dont ils ne sortent que pour sucer frénétiquement leur pouce et leurs orteils, ou se balancer inlassablement. Ils deviennent agressifs et s'automutilent.

Plus tard, ces orphelins auront des comportements sociaux et sexuels perturbés : mises en présence de leurs congénères, ils se révèlent inaptes aux jeux et fuient les contacts ; mises en présence de mâles, les guenons ne se mettent pas en position copulatoire. Après la mise bas, elles n'assument pas leur rôle de mère et demeurent indifférentes à leurs enfants.

Ces perturbations seraient moindres, ou absentes, si l'on avait introduit dans la cage des bébés orphelins des enfants singes, une heure par jour. « *Le léchage, ou ses équivalents sous d'autres formes de plaisir, est un des facteurs qui concourent à la formation de l'aptitude à aimer*[1]. »

D'autres expérimentateurs s'intéressant aux rats ont montré que les animaux caressés sont détendus, calmes, souples, confiants et même audacieux ; leur apprentissage est meilleur, leur croissance plus rapide, leur résistance aux infections plus grande, leur cerveau plus lourd. Par contre, les rats recevant les soins minimaux, dans la stricte indifférence, sont tendus, agités, raides, craintifs et agressifs.

---

1. Ashley Montagu, *op. cit.*

Le besoin de caresses chez l'enfant

Le besoin de contacts corporels est aussi irrépressible et fondamental que la faim, la soif et le sommeil. Pour épanouir son physique et son mental et obtenir une vitalité optima, l'enfant a besoin de stimulations cutanées. C'est dans le corps à corps avec sa mère qu'il reçoit le maximum de contacts : dans ses bras il perçoit sa chaleur, sa douceur, ses vibrations, il est bercé, caressé, cajolé, étreint ; à son sein, en plus des sensations orales, il bénéficie des stimulations périorales sur son visage, son nez, son menton.

De nombreuses observations prouvent que le manque de contacts corporels nuit à la santé, à la croissance et au développement psychomoteur de l'enfant.

Chez les prématurés en couveuse, la privation sensorielle est évidente ; leur isolement ne leur permet que le minimum de stimulations tactiles et affectives. Leur développement n'en est que plus difficile. Si on leur assure un maximum de caresses, le résultat est probant : les enfants pleurent moins, gagnent plus vite du poids, grandissent plus rapidement et sont plus vifs.

Dans les orphelinats américains, jusqu'aux débuts de ce siècle, 90 % des enfants mouraient avant l'âge d'un an, après un lent dépérissement. Pourtant, leur alimentation et leur hygiène étaient irréprochables. Des médecins s'avisèrent qu'ils mouraient de manque d'amour : ils préconisèrent au personnel de les materner comme leurs propres enfants. La mortalité tomba à 10 %.

Dans les hôpitaux où ils séjournent longtemps, ou dans les orphelinats, les enfants présentent des retards de croissance et de développement psychomoteur ; leur peau est molle et pâle ; leur comportement est curieux : ils refusent le contact, restent raides dans les bras, ne sont pas câlins ; ils sucent leur pouce et se balancent. C'est qu'il leur manque le minimum de caresses sans lequel un être ne peut s'épanouir.

Les enfants nourris au sein pendant six mois ont un développement physique et psychique supérieur aux enfants nourris au biberon : leurs tests de croissance révèlent de meilleures performances ; leur résistance aux maladies est plus grande, l'acquisition du langage et de la marche plus précoce.

Ces résultats ne sont pas seulement le fait d'une alimentation équilibrée mais aussi de l'environnement tactile et affectif si sécurisant de la tétée.

L'enfant mal caressé

Nous avons vu le cas des bébés frustrés de caresses par l'absence de leurs parents et plus particulièrement de leur mère. Hélas, un enfant peut vivre entre mère et père sans pour autant bénéficier de toute l'affection souhaitable. C'est le fait de mères immatures, anxieuses ou égoïstes, qui ne dispensent pas les contacts chaleureux et prolongés nécessaires, qui n'aiment pas profondément nourrir, caresser, baigner, langer, bercer. C'est aussi le fait de femmes qui n'ont pas le temps. Le plaisir étant indispensable à l'épanouissement de l'enfant, son manque va se faire douloureusement sentir.

Pour tempérer sa souffrance, il fait appel à des substituts de caresses : succion du pouce ou d'un quelconque objet, grattage du nez, titillation d'une mèche de cheveux, d'un tissu, étreinte d'une poupée ou d'un linge, balancement.

L'enfant peut aussi crier sa souffrance dans le langage du corps comme Spitz, le premier, l'a montré : coliques, vomissements, asthme, eczéma sont souvent des manifestations psychosomatiques.

L'absence de caresses — de la peau comme de l'âme — ayant fait de lui un écorché et un insécurisé (la caresse est signe d'affection et gage de sécurité), l'enfant devra sécréter une carapace et s'endurcir s'il veut ne plus souffrir. Dès lors, ce « dur » ne pourra plus supporter les caresses : quand viendra le temps de l'amour, il ne saura pas donner de douceurs, ni en recevoir.

Ces gosses « mal dans leur peau » entretiennent avec leur propre corps des relations difficiles : leur démarche est raide, balourde, leurs gestes parcimonieux, inharmonieux, mal adaptés ; ils sont malhabiles.

Leur relation avec autrui n'est guère meilleure : rustres, ils manquent de tact ; maladroits, ils verbalisent mal leurs émotions ; taciturnes, ils fuient le dialogue ; gauches et empruntés, ils s'empêtrent dans les gestes simples de l'affection, comme de prendre la main de l'autre ou de le tenir dans ses bras.

On ne conseillera jamais assez aux parents de prodiguer le maximum de contacts tendres à leurs enfants : à l'origine, il faut tempérer la violence de la naissance, comme l'a préconisé Frédéric le Boyer ; ensuite, il faut assurer l'allaitement au sein le plus longtemps possible et pratiquer le corps à corps nu (les vêtements diminuent les sensations tactiles), pratiquer des massages en s'aidant du beau livre *Chantala*, déplacer l'enfant non plus dans un landau mais dans un sac porté à même le thorax ou le dos des parents, comme chez les peuples primitifs.

Tout l'avenir de nos enfants, de notre civilisation, en dépend. Tous les sadiques et les tortionnaires sont des mal caressés.

L'adulte mal caressé

L'adulte pâtit des frustrations des temps passés, dont les effets se perpétuent, et subit celles des temps présents si son amant(e) n'est pas caressant(e). En réaction à ces privations, il peut, comme l'enfant, faire appel à des palliatifs ou traduire sa souffrance dans le langage du corps.

Les palliatifs sont les bains où il passe plus de temps que nécessaire à sa propreté afin de prolonger le suave enveloppement de sa peau par l'eau chaude (de plus, cette immersion réactualise, dans les couches profondes de sa mémoire, la vie intra-utérine et les tubs de l'enfance) ; les bains de mer et les bains de soleil jouent le même rôle ; la passion de nos contemporains pour les caresses marines ou solaires traduit, sans doute, l'âpreté de la vie et une carence de tendresse ; tout comme l'adoption croissante d'animaux domestiques sert de substitut à la caresse et à la chaleur humaine.

Enfin, le recours à la consultation médicale ou aux soins des kinésithérapeutes n'est pas étranger, dans bien des cas, à l'insatisfaction des besoins tactiles.

Quand l'inconscient a décidé de somatiser l'anxiété de frustration affective, c'est souvent au niveau de la peau qu'il le fait : prurits divers, urticaires, eczéma, acné, psoriasis, chute des cheveux en sont les manifestations les plus courantes. Les lésions prurigineuses peuvent être interprétées comme un appel violent de la peau — le désir affleure à la peau —, un besoin d'amour réprimé, ou une demande à être touché. Cette supplique ne pourra être rejetée ; le sujet, ne pouvant plus résister, se gratte ou se fait toucher par le médecin. Ainsi est obtenue la stimulation agréable recherchée. Se gratter est un plaisir universel et les animaux le pratiquent plus souvent qu'ils n'ont de puces ! Selon Groddeck, voici ce qu'il faut entendre d'un eczéma : « *Vois donc comme ma peau désire être doucement chatouillée ! Il y a un charme si merveilleux dans un léger attouchement et personne ne me caresse. Comprends-moi, viens-moi en aide ! Comment pourrais-je mieux exprimer mon désir que par ces égratignures auxquelles je me force !*[1] »

1. Groddeck, *Le livre du ça*, Éd. Gallimard.

La symbolique des maladies de peau contient d'autres messages, particulièrement bien étudiés par Spitz chez l'enfant.

Lacombe, cité par Bour, exposa le cas d'une femme victime d'un mariage de convenance et dont l'alliance déterminait une démangeaison. Cette « protestation cutanée » s'adressait à sa mère qui ne l'avait pas protégée et à son mari. Elle s'amenda lorsque la malheureuse acquit une chienne à qui elle dispensa force caresses ; et guérit le jour où elle posa les mains sur le cuir du bureau de son analyste, établissant ainsi un contact indirect avec la main du médecin.

L'anxiété provoquée, ou renforcée, par l'insatisfaction tactile ou affective, peut provoquer des contractures musculaires douloureuses, en particulier au niveau des muscles vertébraux postérieurs. Nombre de cervicalgies, dorsalgies ou lombalgies, qualifiées injustement de rhumatismes ou de névralgies, ne sont autres que des douleurs spastiques de carences en caresses.

Les viscères peuvent également cristalliser les rancœurs : asthme, gastrite, dyskinésie biliaire, colite, « colibacillose », douleurs d'ovaires ou d'utérus correspondent à des spasmes ou à des congestions d'organes susceptibles d'apparaître chez les êtres sevrés de caresses. Et combien de « migraineuses » sont les victimes d'un homme sans tendresse ! Et combien d'ulcéreux sont les martyrs de femmes revêches ou égoïstes !

Nous trouvons ici tout le cortège des maladies psychosomatiques, si bien étudiées par Freud, Groddeck et Balint. La privation de caresses, traduction de l'absence ou de la pauvreté de l'amour reçu, engendre l'anxiété. De l'anxiété à la névrose d'organe, il n'y a qu'un pas, que « choisissent » de franchir certains individus, les « fonctionnels ».

On retrouve dans l'attitude physique et le comportement de ces adultes mal caressés les mêmes réserves, rigidités et maladresses qui s'esquissaient chez l'enfant, et qui sont à leur comble chez certains « vieux garçons » ou « vieilles filles », ou chez les conjointes acariâtres et les époux renfrognés.

Dans la relation de la femme et de l'homme, à son stade intime et ultime, la sexualité, la peau entre en jeu dans toute l'étendue de sa surface et dans toutes les nuances et tous les degrés de sa sensibilité. Jeux d'amour, jeux de peau.

Il est donc prévisible que ceux qui sont, de par leur enfance, des blessés de la peau, auront des perturbations sensuelles.

De l'anorexie...

Les anorexiques de la peau n'aiment ni donner, ni recevoir de caresses, et ils sont peu généreux de leur corps. On ne peut donner ce que l'on n'a pas reçu.

En étant bercé, embrassé, caressé on apprend à cajoler, embrasser, caresser. D'avoir été nourri tendrement, tenu chaleureusement dans les bras, baigné joyeusement, induit un comportement sexuel oblatif, épanoui. Inversement, la parcimonie des manipulations, leur froideur, la perception pour le bébé de massages désagréables, insécurisants, engendrent une activité sexuelle dénuée d'imagination, d'expansivité, de chaleur. Beaucoup d'hommes manifestent un réel refus de caresses parce qu'ils ont été élevés durement.

... à la boulimie

Lowen a montré que l'enfant, dont les besoins de contacts n'ont pas été comblés dans la période préverbale, puis réprimés dans la seconde enfance, ressentira un besoin excessif d'être pris dans les bras et câliné ; adulte, il demeure insatiable de caresses et angoissé de les voir cesser.

Beaucoup de femmes, qui avaient souffert d'une carence de tendresse tactile dans leur enfance, se livrent à des recherches effrénées d'activités sexuelles et restent toujours sur leur faim, victimes, non d'une hypertrophie du désir sexuel, ni d'une nymphomanie, mais d'une frustration énorme de stimuli tactiles. Elles sont en quête folle de leur propre corps.

3

Ce que disent les femmes

Ordinairement, les échanges corporels sont axés sur le rapport sexuel et, dans les meilleures conditions, se divisent en trois phases : préludes, coït, postludes. Les femmes ont beaucoup à dire à propos de chacune de ces phases. Et elles vont plus loin : elles remettent en cause le déroulement habituel de la relation.

« La plupart des hommes avec qui j'ai couché n'ont réellement aucune idée de mes désirs, ni de mes besoins et ne cherchent même pas à savoir. Ils m'escaladent et, soudain, je cesse d'avoir de l'importance. C'est comme si je n'étais plus là. Les rares qui veulent me donner du plaisir le font en fonction de leurs conceptions. Ils ne tiennent pas compte de mes réactions et de mes réflexions. Ils ne semblent pas réaliser que ce qui les fait jouir n'est pas forcément ce qui me fait jouir. »

Dans le secret des consultations, j'entends les mêmes doléances. Beaucoup de femmes se révoltent de l'égoïsme des hommes qui ne se préoccupent pas des besoins véritables de leur partenaire ; ils ne s'embarrassent d'aucun prélude et se précipitent sur le sexe. A cette approche grossière succède un acte mécanique et autoritaire. Car non seulement les hommes manquent de romantisme, mais ils veulent tout contrôler. En réalité, sous prétexte de virilité, les hommes ne songent qu'à leur propre plaisir.

Elles rêvent de vrais préludes...

Les caresses des préliminaires sont l'un des meilleurs moments de l'amour à déguster. Les femmes déplorent que, trop souvent, les hommes les frustrent des préludes. Pour certains, aussi idiots qu'égoïstes, c'est du temps de perdu ; pour les bien-élevés, c'est une politesse à concéder ; pour les traditionalistes, c'est une formalité à laquelle il faut se résigner ; pour les manœuvriers, c'est une tactique pour aboutir à leur fin.

Ça devrait être l'heure des baisers et des caresses. Des baisers dont se délecteraient avec raffinement les bouches réunies ; des baisers taquins ou tendres sur les joues, les paupières, les tempes, sur les bras, les mains, sur tout le corps. Des caresses excitantes ou apaisantes sur le visage, le torse, le dos, les membres, partout. Il faudrait pendant des heures voyager sur toute la surface de la peau, éveiller au passage les points sensibles, se concentrer sur certaines zones pour en tirer la quintessence. S'arrêter, se parler, rire, recommencer. Les zones génitales seront bien sûr concernées, mais il faut savoir suspendre leur stimulation, avant que ne survienne le désir irrépressible de réunir les sexes, ce qui abrégerait prématurément les jeux préliminaires.

... Et de vrais postludes

Les femmes rêvent de postludes où les caresses ne s'arrêteraient pas, où l'échange continuerait indéfiniment dans les bras d'un homme éveillé. Bref, elles rêvent que ça n'en finisse pas. Déçues, elles constatent qu'elles ne sont plus, alors, que l'écorce négligée d'une orange pressée. L'orgasme de l'homme a tiré la conclusion des ébats : épuisé, assouvi, il s'endort ; ou il prend ses distances et fume une cigarette ; ou pire, il sort du lit pour se laver ou... partir !

46

« *Le plaisir suprême est passé comme une lame de fond. Maintenant on flotte, on fait la planche. L'eau est chaude. On se donne la main, on dérive. Il n'est pas de meilleur moment. Délivrée du désir — car parfois le désir est prégnant — je me sens plus généreuse, plus ouverte ; je l'écoute mieux, le comprends mieux. Je peux maintenant le caresser "pour le plaisir". Il n'y a plus d'objectif. On est "débarrassé", si j'ose dire. On est soi-même. On est là tous les deux, car on est bien ensemble. Et si lui me caresse, alors "je suis aux anges" ; car il l'a eu, son orgasme, et s'il me caresse c'est qu'il m'aime, c'est qu'il aime mon corps. Et pas seulement son désir. Mon Dieu, que c'est bon quand ça dure longtemps ! Un homme et une femme qui flottent ensemble, qui communiquent, qui se touchent par tendresse. C'est maintenant qu'on ne fait plus qu'un. Pas quand le plaisir vous secoue ; le plaisir ment. Sa main, en ce moment, me dit la vérité : il m'aime, moi, sa femme, la femme.* »

L'obsession du coït

C'est parce que l'homme est centré sur le coït qu'il néglige les caresses. Travaillé par son prurit, concentré sur son érection, il court ardemment vers son orgasme, son soulagement. Tenaillé par le désir, il emprunte l'autoroute de l'amour et ignore les chemins de la tendresse et le paradis des caresses.

Sa pulsion détermine l'obsession masculine du coït et cette obsession enlève à l'homme toute imagination. La relation sexuelle n'a alors qu'un objectif immuable : baiser. C'est un processus imposé par l'homme mais qui évacue complètement les désirs sexuels féminins. Cependant, l'homme y perd autant que la femme.

Fouetté par cette perspective, impatient, l'homme galope vers son but, bâclant les caresses. Surviennent le coït et l'irrépressible éjaculation : le cavalier fou s'effondre ; c'est le point final ; c'en est fini des caresses et de la tendresse. C'est ainsi que la plupart des retrouvailles prennent l'allure de brèves rencontres.

Réduire la relation sexuelle au coït, c'est mépriser son corps et le corps de l'autre. En négligeant l'épanouissement de toutes les nuances de leur sensibilité, les hommes condamnent les femmes à un sous-développement de leur sensualité, émoussant toutes les sensations érotiques de leur corps.

C'est aussi étouffer la participation sentimentale, car l'affectivité ne se manifeste bien que par les caresses prolongées. D'autre part les femmes, plus lentes à s'éveiller, sont frustrées ; pressé, tendu vers son but, l'homme coupe court à leur désir. Enfin les femmes déplorent cette mécanisation de l'amour : « *De savoir que le coït sera la conclusion inévitable de tout contact sexuel est d'un automatisme terriblement ennuyeux.* »

Selon les femmes, les hommes, s'ils ne baisent pas, n'embrassent ni ne caressent, ou alors des baisers de tanche et des flatteries de jockey. Quand ils caressent ou embrassent chaleureusement, c'est qu'ils ont une idée derrière la tête. Inversement, si elles caressent un homme, il croit d'emblée que c'est une invitation à faire l'amour. Si elles démentent, il les accuse de jouer les allumeuses. Ils ne connaissent pas la dimension des caresses. Ils ne connaissent que le « rentre-dedans ». « *Je ne peux toucher mon mari, aussi bien le jour que la nuit, sans qu'il s'imagine que j'ai envie de me faire sauter. Je n'arrive pas à lui faire comprendre autre chose.* »

Elles proposent un new-deal

« *Les femmes sont lasses du vieux modèle routinier des relations sexuelles qui est axé sur l'érection de l'homme, la pénétration de l'homme et l'orgasme de l'homme*[1]. »

1. Shere Hite, *Le rapport Hite*, Éd. Laffont.

« Ne pourrait-on pas changer le modèle traditionnel, le rituel fatidique de l'alcôve : il me pelote, il m'écarte, il m'enfile, je supporte, il s'endort et je rêve ? »

Les hommes devraient savoir que l'amour c'est autre chose que de monter sur une femme et d'en descendre. Le coït devrait être une option éventuelle, non un but obligatoire. D'autant que le but, pour eux, c'est une éjaculation vite faite. A côté de « l'amour-coït » traditionnel, les femmes souhaitent « l'amour-contact » : elles voudraient des jeux gratuits, sans savoir où l'on va, sans savoir que, forcément, on aboutira aux organes génitaux, puis au coït. *« J'aimerais lui dire, pendant qu'il me caresse : "Continue, je ne veux rien d'autre ce soir. Ne te crois pas obligé de faire l'amour. Il m'est arrivé tant de fois de faire l'amour alors que j'aurais préféré beaucoup de caresses et de baisers." »*

De nombreuses femmes évoquent le bon vieux temps des flirts de l'adolescence, où les garçons caressaient leur corps pendant des heures. *« Je voudrais plus de baisers, plus de caresses et ces merveilleux frissons qui parcouraient l'échine, comme quand nous étions fiancés. C'était délicieux, toute ma peau vibrait, mon âme se dilatait. »*

Toutes les formes de contacts chaleureux du corps, tous les types d'intimité doivent être revalorisés. L'échange érotique ne doit pas être forcément génital, axé sur la vulve ou le pénis. La sensualité siège dans tout le corps. Les zones érogènes sont disséminées sur toute la surface de la peau. Tout le corps est fertile en sensations agréables. L'imagination doit trouver les gestes, la tendresse les inspirer.

Beaucoup de femmes ne rêvent que de se blottir dans les bras d'un homme et s'y pelotonner. *« Je voudrais simplement m'étendre contre un homme et sentir la forme et la chaleur de son corps ; qu'on se niche dans les bras l'un de l'autre, qu'on se serre. Je voudrais me sentir enveloppée de son corps. »*

Elles souhaitent qu'on les embrasse plus, mieux et

longtemps et pas seulement sur la bouche, mais sur toutes les parties du corps. « *J'aimerais des baisers passionnés, et déguster ses baisers sur ma bouche, pendant des heures, qu'il explore lentement mon corps avec ses lèvres; ma nuque, mes oreilles, mon dos, mon ventre, mes jambes et pas seulement ma bouche et mon sexe.* »

Elles aspirent à plus de caresses sur toute la surface de la peau, des caresses qui dureraient indéfiniment. « *Je voudrais un homme qui me caresse le visage, les mains, les épaules, les flancs, les pieds, bref les endroits dont on ne se préoccupe pas ordinairement. Certains jours, j'ai autant de jouissance à me faire caresser le dos qu'à faire l'amour. J'ai connu un ami qui me caressait des nuits complètes; j'ai vécu avec lui des mois d'extase.* »

D'autres aimeraient parfois se faire dorloter..., comme des enfants; leur demande est émouvante et nullement puérile; les hommes rêvent également qu'on joue avec leur corps, mais la plupart ont honte de le révéler. « *J'aimerais qu'il me déshabille, me baigne, me sèche et me couche. Qu'il me regarde et prononce tendrement mon prénom. Qu'il m'embrasse et me caresse de la tête aux pieds. Puis qu'on s'endorme dans les bras l'un de l'autre.* »

L'ivresse des caresses

Le bien-être produit chez les femmes par les caresses est extraordinaire si l'on en croit leurs réactions et les façons souvent dithyrambiques dont elles l'expriment. La caresse appelant la caresse, c'est une impression d'attente, de faim, d'impatience de leur peau qu'elles ressentent; leur peau réclame un contact encore plus grand, plus étroit; à l'extrême, c'est un besoin de se glisser dans la peau de l'autre.

Plus elles caressent, ou plus elles sont caressées, plus leur sensibilité cutanée s'exacerbe au niveau des mains et des diverses parties du corps ; elles arrivent à sentir exquisément leurs paumes, leur cou, leurs jambes, leurs seins, leur vagin. Cette hypersensibilité se double d'un réchauffement : une chaleur les envahit, la peau est brûlante. Ces impressions sont les effets de la mise en jeu maximale des récepteurs nerveux et de la vaso-dilatation.

Bien entendu il en résulte un bien-être merveilleux, un bain de délices, un océan de béatitude. *« Nus, face à face, c'est le bonheur à l'état pur car c'est fantastique de tenir dans ses bras un autre être humain. »*

Beaucoup de femmes parlent de « détente fabuleuse » et même d'ivresse et d'euphorie. Cependant, ce qui frappe le plus, c'est l'impression de revivre : les femmes se sentent plus vivantes, elles sentent leur corps renaître comme si un afflux de vie et de force les parcourait. *« Mon corps se réveille, se dilate, c'est un état de plénitude, comme si une énergie cosmique me traversait, je me sens en harmonie avec l'univers. »*

Parfois le plaisir est si grand, si grisant, qu'il rapte les femmes ; elles se sentent légères, elles planent, elles flottent, le monde cesse d'exister : *« Je lève les amarres, je suis dans un monde de rêves, les bruits sont lointains, le temps suspendu, je me sens transcendée, j'appartiens au cosmos. »*

Le plus souvent, c'est l'intense communion avec l'aimé qui domine : elles se savent aimées et ne se sentent plus seules ; aussi, une bouffée de tendresse les envahit. *« Je ne me sens plus seule, je me sens d'une infinie tendresse et comme fondue à lui. »*

Se caresser sans fin, c'est échapper à l'isolement, dissoudre son corps dans l'autre et atteindre les sommets de l'amour. L'homme qui décide de déposer sa cuirasse sur le seuil de la chambre connaît les mêmes joies.

Une communication

Par la caresse les femmes perdent leur pudeur sans impudeur, ne se sentent plus « exhibées », mais au contraire glorifiées, magnifiées, narcissisées.

Les moments de tendresse pure sont un témoignage d'affection qui les font exister ; l'intimité affectueuse, sans l'inéluctable coït, leur donne la preuve qu'elles sont aimées pour elles et non pour leur réceptacle. *« S'il me caressait sans forcément faire l'amour, je me sentirais moins exploitée. »*

Par la caresse les femmes entrent en communication avec l'autre, parfois mieux que par le langage et souvent mieux que par le coït. Pour qui douterait que les contacts soient une communication, il n'est que de se référer aux animaux. Entre eux le toucher, plus que l'ouïe, la vue ou l'odorat, est leur façon de transmettre des messages. Et c'est la main de l'homme qui leur apprend ce qu'ils veulent savoir sur lui et ce qu'ils doivent faire. Les chevaux comprennent si bien ce langage qu'ils savent à la première flatterie si le futur cavalier va les tenir ou s'ils pourront le désarçonner au coin du bois...

Certes, l'homme a inventé le verbe mais les mots sont parfois superflus, quand ils ne sont pas complications vaines, artifices ou trahison. La peau, elle, ne peut mentir.

Et l'orgasme ?

C'est, selon leurs dires, le but naturel de l'érotisme, mais non le but systématique et obligatoire de tout rapprochement de la femme et de l'homme. Et puis l'orgasme, aussi satisfaisant soit-il, est de l'ordre « physique », qu'elles l'aient seules ou avec un partenaire, le reste de leur corps est insatisfait et leur besoin d'affection aussi. *« Pour avoir un*

orgasme, il suffit de se masturber, pour avoir de la
tendresse, il faut être deux. »

Elles soulignent que l'on peut se sentir très seules dans l'orgasme, surtout si elles l'obtiennent par masturbation, tandis que dans les caresses on est deux et la chaleur des contacts est un remède à la solitude. « *La caresse c'est l'anti-solitude. Dans l'orgasme on est concentrée sur son propre plaisir, presque seule. J'ai besoin de sollicitude, de gentillesse pour la totalité de mon corps pour ne pas me sentir seule.* »

L'orgasme est un séisme qui transperce leur corps, éclate leur cerveau ; la caresse, de l'extérieur, réunit leur tout ; elles veulent que l'on s'occupe de l'extérieur comme de l'intérieur.

Ce sont les longues caresses qui compensent l'absence d'orgasme. Soit que la femme n'a pas encore découvert l'orgasme, soit que « ça n'a pas marché » ce jour-là. Les caresses apportent une détente psychique et un relâchement musculaire semblables à ceux qu'on obtient par le « massage euphorique » ; elles sont un substitut intéressant de la décompression orgasmique — ce qui n'empêche pas, par ailleurs, la recherche de l'orgasme par toutes les voies possibles dont nous reparlerons.

De plus, les caresses rassurent quant à l'affection du partenaire. « *Si je n'ai pas eu d'orgasme, un jour que je le souhaitais, je ne suis plus amère : je sais que mon ami m'a aimée, alors ses caresses apaisent mon corps et réchauffent mon cœur. La caresse, c'est un bon pansement.* »

Un dialogue de sourds

Les femmes ont biologiquement autant de pulsions que les hommes. Ce sont eux qui souvent démolissent la sexualité féminine. A force d'être déçues par l'insuffisance d'excitation et privées d'orgasme, certaines cherchent à éviter le plus possible les rapports sexuels. Pas de meilleure excuse qu'une migraine ! Ou bien, sachant qu'elles seront frustrées, elles se retranchent dans un état de neutralité, de frigidité : « *Fais ce que tu veux, moi je ne suis plus là. Il m'a tellement laissée refroidir toute seule, moi à peine excitée, lui assouvi, que j'ai de plus en plus de mal à me réchauffer quand mon amant veut faire l'amour. A chaque fois c'est la même chose : mon mari me chauffe à blanc, ne peut plus se retenir, jouit, s'endort et me laisse excitée, frustrée, haineuse. Je deviens un glaçon.* »

Parfois elles « somatisent » leurs frustrations en maladies psychosomatiques qui leur apportent des bénéfices secondaires, comme d'attirer la sollicitude d'autrui ou de servir d'alibi pour échapper aux rapports sexuels : c'est ainsi que naissent douleurs d'ovaires, crises de foie, algies dorsales, etc.

Certaines femmes se rabattent sur d'autres sources d'affection : les enfants, les animaux. « *Il me reproche d'être plus mère qu'épouse, mais il est si froid, si indifférent ; je vais du côté de la tendresse. J'ai tellement envie de caresses, que je me rattrape avec ma petite fille, mon chien et mon chat.* »

Oui, les enfants et les animaux apprécient l'affection et savent la rendre.

D'autres femmes, enfin, se tournent vers leurs sœurs. On comprend, à les entendre, que deux femmes sur trois ont, adolescentes ou adultes, une aventure saphique. La différence essentielle, avec une femme, c'est que ça ne finit jamais, tandis qu'avec l'homme, tout se termine quand il a eu son orgasme. « *Nous ne nous lassons pas de couvrir nos corps de baisers et de caresses affectueuses. Nous prenons notre temps, nous explorons nos corps, nous entrecoupons de bavardages, ça dure une éternité.* »

De plus, les femmes sont douces, délicates ; elles sont plus affectueuses, plus tendres ; et elles sont plus sensibles. « *Les femmes y mettent tout leur cœur, font plus attention aux effets qu'éveille leur tendresse chez leur amie. »*

Par ailleurs, les femmes obtiennent les caresses qu'elles attendent. Inversement, elles savent donner les caresses qu'une femme attend. *« Elle sait exactement caresser mon clitoris comme il le faut, elle comprend mes désirs, mes besoins, elle sait ce qui procure le plaisir à une femme. »*

En outre, les échanges sont plus variés : les femmes, n'ayant pas un engin qui accapare toute l'activité, s'intéressent à la totalité du corps, aussi toute leur peau s'érotise, d'autant qu'elles sont plus imaginatives, inventives. En fait, elles réalisent leurs fantasmes de femmes, qui sont proches de leurs propres désirs. *« Elles ne me considèrent pas comme un simple fourreau où se masturber, elles s'occupent de ma totalité. »*

Enfin, les femmes sont moins égoïstes que les hommes, plus « gratuites », plus généreuses. *« Elles sont plus soucieuses de réciprocité, elles ne s'occupent pas seulement de leur bon plaisir mais cherchent à en donner. Elles veulent partager. »*

Toutes ces femmes, déçues par l'homme, se sont retournées vers leur propre sexe car, pour elles, seule une femme peut réellement comprendre le besoin de caresses.

La dissymétrie entre la sexualité de la femme et celle de l'homme est pathétique. Entre les deux moitiés de l'humanité c'est un dialogue de sourds : il y aurait pourtant peu à faire pour qu'elles « s'entendent ».

Ce que disent les hommes

Ils ne sont pas caressants, ils ne sont pas tendres, ils ne pensent qu'à « ça »... C'est la réputation qui est faite aux hommes. Qu'en est-il ? Que disent-ils ? Écoutons-les.

Du prélude au postlude

De tout temps, les hommes tendres et aimant la femme ont offert à leur aimée des caresses prélimi-naires. Depuis l'apparition de la sexologie, la plupart des hommes sont prévenus de leur nécessité. Il reste à donner à tous les hommes le goût des caresses.

Si les hommes négligeaient souvent d'offrir des préludes à leur partenaire et ne les revendiquaient pas tellement pour eux-mêmes, c'est que ces jeux sont destinés à préparer l'intromission et qu'eux, ils sont toujours prêts. Si le désir de la femme peut être parfois aussi soudain et impérieux que celui de l'homme, sa phase d'intumescence est physiologi-quement plus progressive. Chez l'homme, le désir et l'intumescence, ou érection, sont le plus souvent simultanés ; son désir s'éveille plus facilement et peut se traduire par des érections intempestives ; une voix, une silhouette, un parfum suffisent.

Il y a même des cas où l'érection se produit sponta-nément, sans sollicitation extérieure : lorsqu'il est sevré depuis un temps long, ou au contraire lorsqu'il a des rapports très rapprochés, comme c'est le cas dans les week-ends d'amoureux, par exemple ; il peut s'ériger au cours de rêves ou de rêveries ou par l'effet du printemps, de l'automne ou d'un soir d'été.

Lors de l'intumescence, l'homme ressent une turgescence tenaillante qui met ses nerfs sous tension et qui le pousse impérativement à obtenir une détumescence. C'est pourquoi le prélude n'est pas une revendication prioritaire de l'homme et pourquoi il a tendance à l'escamoter.

Cependant, il est des cas où les prémisses sont bienvenues :

• Lorsque l'homme a offert des caresses prolongées à son aimée et que son intumescence s'est détendue.

• Chez l'homme qui a l'habitude de dispenser longtemps des caresses et donc de dominer son érection.

• Chez l'homme qui, comblé par des rapports réguliers, est moins aiguillonné.

• Lorsque l'homme est fatigué ou âgé.

Les hommes, par la nécessité d'offrir à leur partenaire des préludes prolongés, découvrent pour eux-mêmes la possible nécessité de caresses destinées à relancer leur érection ; ils prennent alors goût au plaisir d'être caressés par jeu.

Beaucoup joignent la tendresse à ces échanges préalables. « *Les préliminaires sont essentiels car ils donnent de la tendresse à l'acte sexuel ; sans eux, faire l'amour n'a pas de sens.* »

Pour l'homme tendre, « l'après-amour » est le meilleur moment. Le désir l'avait projeté vers sa partenaire, fébrile à la pénétrer par les yeux, par la bouche, par les mains, par le sexe. Maintenant, débarrassé du désir prégnant, il ressent l'amour à l'état pur, sans objectif, sans instrument. Il se sent plus proche que jamais de l'aimée, fondu à elle. Ce n'est pas un duel comme « avant », ni un ballet comme « pendant », c'est l'unité dans la béatitude. Il est sien, elle est sienne ; enlacés, ils respirent ensemble, leurs cœurs battent synchrones, une même chaleur les enveloppe, leurs peaux ne font plus qu'une seule bulle autour d'eux. Partageant les mêmes sensations, confondus d'euphorie, gonflés de reconnaissance, éperdus d'amour, ils n'ont souvent pas besoin de se caresser, ils sont une immense caresse.

« *Après avoir fait l'amour, j'aime que parfois tu me tiennes dans tes bras, comme un enfant. Je me sens dans un état second : certains jours, tonifié, exalté, l'esprit aiguisé ; d'autres jours, épuisé, mélancolique, engourdi d'ivresse, il m'arrive alors de m'endormir quelques minutes ; sache que ce n'est pas d'un sommeil égoïste et qu'ayant pressé le citron, je jette l'écorce. Non, je demeure proche de toi, je ne t'abandonne pas, je m'abandonne, je m'en remets à toi, plus donné, plus uni que jamais. Pourquoi ne pourrait-on pas être fragile quelques minutes parce qu'on est un homme ? Pourquoi ne pourrait-on pas être maternelle avec un homme, parfois ? ou simplement féminine ?* »

Les limites du coït

Faut-il forcément toujours se pénétrer par le sexe ? Ne se pénètre-t-on pas aussi par le corps ? Par toute la surface de la peau, par les mains, la fusion n'est-elle pas aussi complète ? Nous avons besoin, nous aussi, de chaleur humaine, d'affection ; les caresses les offrent, pas le sexe.

Le plaisir sexuel, ce n'est pas d'obtenir très vite un sommet et d'en retomber aussitôt. C'est de faire monter l'excitation et de maintenir un « plaisir-désir » à un haut niveau. Par la caresse, les possibilités sensuelles sont illimitées et l'exaltation prolongée.

Pietropinto[1], qui a mené une enquête célèbre sur

1. Pietropinto, *Rapport sur la sexualité de l'homme*, Éd. Belfond.

la sexualité masculine, a posé aux hommes, entre autres questions, celle-ci : « *Que pensez-vous du fait de se caresser et de s'embrasser sans que cela aboutisse à l'acte sexuel ?* » 80 % des hommes ont déclaré approuver et aimer !

Que les 20 % qui n'ont pas compris l'importance des caresses sachent que, seuls dans la nature, à part le coq, ils pratiquent des copulations brèves et stéréotypées, réitérées selon une fréquence et une routine affligeantes. Les animaux ne se montent qu'à certaines époques dites de « chaleurs » ; ce qui ne les empêche pas, dans les saisons froides, de jouer entre eux et même de vivre en couple. Quand ils surviennent, leurs rapprochements sont comptés et précédés de jeux interminables ; ceux de la lionne et du lion sont particulièrement démonstratifs. Que l'homme ait le privilège de ne pas être rationné à ces périodes de rut, c'est merveilleux ; qu'il en profite pour galvauder sa chance, c'est désolant.

Ils se sentent frustrés

Leur rôle traditionnel de « dur » les empêche d'être eux-mêmes. Les hommes n'oseraient jamais dire à leur femme, ou à qui que ce soit, qu'ils ont eux aussi besoin de caresses, de peur de passer pour un « pédé » ou un efféminé. « *Quand je suis fatigué, en fin de journée, quand je suis déprimé après un coup dur, j'ai besoin d'affection, de sécurisation. Mais je n'ai pas le droit d'agir comme une "bonne femme".* »

Les hommes auraient peur, sous la caresse, de se ramollir, de perdre la face. « *J'aurai vécu quarante ans avec une femme sans oser lui dire que je crevais d'un besoin de tendresse. Elle admire les hommes "virils".* »

Comme il n'est plus un enfant, l'homme se croit juste bon à trimer, à taper sur un ballon, ou à tuer ; et donc destiné à la jungle, au sport ou à la guerre uniquement. Pourtant la tendresse, pour un homme, n'est nullement déplacée.

L'attitude des femmes concourt à leur frustration. Il y a celles qui sont plus mères qu'épouses. « *Depuis qu'elle a des enfants, fini les caresses. Les enfants doivent lui suffire. Je reste sur ma faim.* »

Celles qui travaillent n'ont pas le temps d'être tendres ; le repos du guerrier, était-ce un idéal ? Pour le moment, c'est un rêve : il n'y a plus que des guerrières, et il n'y a plus de repos ! « *Il n'y a plus d'intimité, elle n'a plus le temps : le boulot, le ménage, les enfants. Alors les caresses, il ne faut pas y compter.* »

Celles qu'obsèdent les orgasmes ne font pas de sentiments. « *Elles courent toutes après leurs orgasmes. Nous ne sommes plus que leurs instruments.* »

Enfin les ultras du féminisme et les « intellos » considèrent que poser la main sur la peau d'un homme est indigne d'une femme. « *Je ne suis pas ta geisha !…, voilà ce qu'elle me répond, lorsque j'ose suggérer qu'elle serait sympa de laisser glisser ses doigts sur ma peau.* »

Caresser un homme, est-ce vraiment dégradant pour une intellectuelle ? « *J'aimerais protéger, chérir, caresser une femme. Il n'y a plus que d'altières valkyries ou de grands esprits.* »

Enfin beaucoup se disent frustrés par le manque d'imagination des femmes. « *J'aimerais qu'elle me griffe le dos et me le regriffe, puis le ventre et les cuisses, qu'elle écrive son nom sur mon torse, et invente mille caresses et des cascades de baisers…, au lieu de s'emparer automatiquement et d'emblée de ma verge comme d'un hochet.* »

Trop de femmes portent tout de suite la main au sexe, comme s'il n'y avait que cela. Les hommes ont envie de crier qu'ils ont un visage aussi, et une tête, un dos, des mains, des pieds et que l'amour, c'est autre chose que la friction des organes génitaux. « *J'ai envie de mettre une petite annonce : "Cherche femme câline pour se caresser l'un l'autre pendant des heures. Obsédée du sexe, s'abstenir."* »

Les femmes « honnêtes » avaient des complaisances mais pas de plaisir. Inversement, les femmes modernes ne craignent plus de prendre des initiatives et ne se privent pas de réclamer. On disait qu'une telle évolution effrayait les mâles ; qu'une femme agissante, entreprenante les inhibait. Les réponses des hommes interrogés par Pietropinto infirment cette légende. Ils aiment une partenaire active, qui donne et exige des baisers et des caresses...

75 % réclament une plus grande participation de la femme ; 58 % affirment que l'aspect le plus déplaisant d'une relation, c'est la passivité de la partenaire ; 60 % avouent que ce qui les irrite le plus, durant l'amour, c'est une femme froide et détachée ; 45 % des causes de non-érection sont dues à la non-réponse de la femme aux stimulations de l'homme.

A quoi rêvent les hommes ?

Ils rêvent de baisers tendres, raffinés et passionnés. « *Je voudrais m'endormir ma bouche contre la sienne et me réveiller de même. Comme Tristan et Iseut. Qu'elle m'embrasse comme lorsque nous étions fiancés, que nous fassions des "soirées baisers"; allongés sur le côté, face à face, respirer nos souffles puis, crescendo, inventer tout ce que deux bouches peuvent faire ensemble.* »

Ils se révèlent particulièrement gourmands du corps de la femme. Beaucoup même l'idolâtrent. « *Des baisers en pluie sur tout le corps : sur son front, ses épaules, son ventre, ses cuisses, ses pieds ; que pas un centimètre carré n'échappe à l'averse, et finir par le plus fou. Jouer avec ses mains, rien que ses mains, toute une nuit, baiser sa paume, son dos, chaque phalange, lécher les fossettes entre les doigts. J'adore sa main si longue, si fine. Rien que de la lui toucher,* » j'ai des frissons; c'est somptueux, une main de femme. J'aimerais la baigner, la sécher, la peigner, l'étendre sur un drap cousu d'or, l'enduire d'huile aromatique et l'adorer, elle, la femme. Et d'un doigt sacrilège suivre chaque ligne comme pour la redessiner; puis m'enhardir à glisser une main sur ses contours, de la tête aux pieds, comme pour la recréer. »

Nous le voyons, les rêves des hommes rejoignent les rêves des femmes, même les plus fous. Si chacun osait demander... Justement certains demandent: « M'allonger contre elle, m'imprégner de sa chaleur, recharger mes batteries à ses féminines radiations. Et rester des heures sans penser au sexe..., qu'elle me grignote à petits coups de dents toute la peau, des orteils aux oreilles. Qu'elle me picore de baisers. »

L'homme est aussi friand de caresses que la femme. Encore faut-il qu'il sache déposer sa cotte de mailles dans l'antichambre et que la femme le lui permette. Pour un homme, il n'y a pas plus grande joie que de prendre dans ses bras une femme nue; de sentir sur toute la surface de son propre corps sa peau chaude, ce magnétisme qui le colle à elle, ses bras qui l'enlacent; et de frémir de ses mains qui glissent le long de son dos, de ses ongles qui le griffent tandis que son souffle brûle son visage, que sa propre gorge psalmodie des demi-mots, des quarts de phrases. Ah! brûlure de sa nudité, vertiges de ses mains, mélodie de ses chuchotements et de ses silences. Aucun alcool, aucune drogue, aucune joie n'est aussi enivrant que la peau d'une femme gorgée de tendresse. C'est le paradis sur terre.

Comme les femmes, la plupart des hommes déclarent que la caresse constitue une relation authentique, fortement chargée d'affection et réalisant un véritable échange psychologique; tandis que la manipulation des organes génitaux peut n'être qu'une recherche de plaisir. « Amour sans baisers et sans caresses = prostitution. Les prostituées ne caressent pas le corps et n'embrassent pas. Par la peau, je

*te parle et je t'écoute. Tu fais de même. Je tiens à toi,
je suis bien avec toi, tu m'apaises, tu me donnes du
plaisir. »*

Voilà ce qu'il dit. Et peau à peau, il écoute le bruit
de sa respiration, les battements de son cœur ; il
regarde son visage ; il savoure ses yeux, il se dilate
de son sourire. La caresse amplifie la réceptivité de
chaque sens, déploie toutes les antennes sensorielles. Elle favorise donc tous les modes de communication non verbale.

Beaucoup seront surpris(es) : les déclarations des
hommes sont proches de celles des femmes. S'il y
a un manque de consensus, c'est par survivance de
vieux préjugés ou par mauvaise assimilation d'idées
nouvelles. C'est aussi parce que les femmes et les
hommes ne dialoguent pas. Que les uns et les autres
cessent de jouer un rôle, qu'ils se parlent et que chacun fasse un pas vers l'autre. Il est temps d'établir
un nouveau « contrat » sensuel.

5

La femme, l'homme et la caresse

Les femmes reprochent aux hommes de ne les caresser que peu ou prou et rêvent de longs échanges. Les hommes se disent frustrés de caresses et gambergent des tendresses infinies. Les femmes sont traditionnellement réputées pour avoir la main tendre, subtile et caressante ; l'homme, lui, serait brusque, maladroit et avare de caresses. Au-delà des doléances et des réputations, voyons s'il existe une prédisposition, ou une incapacité naturelle à caresser ; analysons les facteurs qui ont pu aboutir au comportement actuel et cherchons ce qui pourrait, à l'avenir, libérer la tendresse de chacun.

C'est l'homme !

Quand leurs mains sortent de leur réserve, c'est sous une impulsion irrésistible qui aboutit à des gestes qui sont plus agressifs que doux. Forme masculine, malhabile, de tendresse ou « mainmise » égoïste ? C'est selon. En tout cas, leurs mains ne tiennent pas en place et elles se baladeraient un peu trop. Un jour ou l'autre, les femmes sont obligées de les arrêter — « Bas les pattes » —, que l'on soit madelon ou comtesse, il faut se méfier du prurit de leurs paumes. Car ils chatouillent, ils lutinent, ils pelotent, ils pincent les fesses, y mettent les mains, ils troussent. Hussard ou P.-D.G., ils aiment dragonner, sauter, coucher sur le gazon ou renverser dans les sofas.

Ce qui ne les empêche pas, quand ils se font poètes, de chanter avec délicatesse et raffinement, en « blasons » ou en quatrains, les bouches corallines, les tétins de satin, les ventres jolis et les pieds mutins.

> *Ô digne main qui jusque ciel approche.*
> *Ô belle gorge, ô précieuse ymaige*
> *Ô joly pied de tous tant souhaité*

Ils ont plus de caresses sous leur plume que sous leurs doigts.

Entre eux, ils ne sont guère plus tendres : vigoureuses poignées de main, tapes dans le dos, pied au cul. Voilà comme ils se traitent.

Aiment-ils au moins recevoir des caresses ? Au sein du couple légal, très peu ; ils n'aiment pas s'abandonner, montrer leur sensibilité. Maîtres du couple, ils doivent rester maîtres du jeu.

Leur attitude est tout à fait différente lorsqu'ils n'ont plus à jouer un rôle vis-à-vis de la femme. Avec les geishas rencontrées lors de leurs guerres ou de leurs déplacements, avec leur maîtresse de cinq à sept, ils se montrent friands de jeux de peau.

Qu'est-ce qui inhibe l'homme ? A l'anti-caresse il y a de multiples causes : la religion et la culture répriment la sensualité de l'homme tandis que le « machisme » et ses propres névroses oppriment une nature érotique peu encline aux caresses.

La nature érotique de l'homme

Des causes propres à la sexualité masculine ne prédisposent pas à caresser.

Chez l'homme, la pulsion est axée sur son pénis et ses désirs y sont concentrés. La charge érotique est parfois insoutenable — « il y a de quoi se la mordre » ; quand on piaffe de pénétrer, les caresses peuvent être ressenties comme du « temps perdu » et une activité insipide. Il est donc préférable que la femme ne caresse pas d'emblée un pénis déjà sous tension, mais au contraire détende l'homme par des caresses à distance ; quand elle aborde le pénis, qu'elle veille à rester en deçà du seuil explosif.

Une femme peut apprécier un simple contact sans que son excitation se place d'emblée à un niveau d'obligation de coït et s'en contenter. Chez l'homme, le moindre contact peut provoquer une érection intempestive et irrépressible qui le précipite dans un processus qu'il est impératif de mener à terme, croit-il. D'où sa méfiance pour la caresse. C'est un peu la politique du « tout ou rien ».

Le type d'auto-érotisme de l'homme ne lui confère pas l'apprentissage de la caresse. Sa masturbation se fait d'un geste unique, simple, sans nuances. La femme a appris, dans son auto-excitation, à se caresser le corps, les seins, la vulve, et de manière sophistiquée souvent.

Les facteurs socioculturels

Parmi les facteurs répressifs, la religion est la plus puissante. La morale chrétienne a décrété les mains impures : elles sont les agents de la sexualité ; ce sont elles qui excitent le corps et le conduisent au rapport sexuel — « *Si vous y mettez un doigt, le corps y passera tout entier* » —, or, ni le plaisir de l'attouchement, ni le plaisir du sexe ne sont légitimes, en dehors de la reproduction. Les caresses tentatrices et incitatrices sont à éviter absolument. Quant à la caresse gratuite, on n'a même pas idée de son existence.

De toute façon, le plaisir, qu'il soit de peau ou de sexe, est un « péché de chair ». La terre est une « vallée de larmes », le corps doit y être mortifié, les sens dominés, la peau « disciplinée », le front inondé de sueur. L'homme doit tendre à être un pur esprit, s'il veut gagner le bonheur de la vie éternelle.

L'homme occidental va donc renier son corps et jouer à l'ange toute sa vie. Pour cela il fallait lui amputer les mains, sauf pour travailler — « défense de toucher », « jeux de mains, jeux de vilains ».

Chez les garçons, la mère économise sa tendresse et la tarit précocement pour éviter un attachement trouble — que Freud appellerait œdipien — et l'éveil de sa sensualité. Quant au père et aux éducateurs masculins, ils s'interdisent tout contact personnalisé avec leurs fils ou leurs élèves de peur de dévier cette sensualité vers l'homosexualité.

Il ne faut pas s'étonner que les garçons s'imaginent que toucher a forcément un but sexuel. Ce qui décuplera leur envie de le faire. S'ils enfreignent les interdits, ils ont un plaisir ahurissant à toucher, et croient que les filles vont ressentir les mêmes troubles et s'abandonner irrésistiblement jusqu'au don du sexe. Ce qui est une première erreur. Adultes, ils persistent à considérer l'attouchement comme le moyen d'arriver à l'acte sexuel et à ignorer le toucher comme une fin en soi, comme une communication tactile. Ce qui est une autre erreur.

La culture, qui n'est qu'une émanation de la religion greffée sur le tempérament d'une population, a aggravé la condamnation de la main. En particulier dans les pays anglo-saxons — *No touch*. Il est interdit de toucher parce que c'est contraire à la dignité. Exprimer son émotion, son affection, surtout par les mains ou des contacts physiques étroits, est vulgaire, *chocking*. L'Anglais de la bonne société doit avoir du *self-control*, demeurer flegmatique en toutes circonstances.

L'homme est avare de ses gestes dans ses relations : avec ses amis, il se limite au *shake-hand* — littéralement « secousse de la main » ! Avec ses enfants, il se montre distant et évite les épanchements, avec sa femme il se garde d'effusions, même au cours de la sexualité ; l'homme a peur de paraître idiot en sentimentalisant ou en caressant ; il n'use d'attouchements — car alors ce n'est pas déchoir — que comme signal de ses exigences sexuelles et préparatifs à la consommation.

La société, enfin, a institué une inégalité entre les sexes qui exagère la différenciation naturelle. L'homme se doit d'être viril, ce qui signifie : peu sensible à la souffrance, au froid, à la fatigue et... à la caresse, et peu démonstratif, c'est-à-dire ne manifestant pas la douleur, la fatigue ou le bien-être. Un homme ne s'abandonne pas, ne pleure pas, ne caresse pas.

Même dans l'intimité du couple, l'homme ne dévie pas de son rôle, en particulier en s'adonnant aux caresses et autres jeux sexuels puérils, indignes de son statut masculin. Baisers et caresses ne sont pas virils.

Pour faire d'un garçon un homme, on l'élève « à la dure » : pas de caresses, peu de baisers — donnés ou reçus —, ce sont des « manières de filles » qui risqueraient de le rendre douillet, de l'efféminer. Avec Kipling, cette virilité devient du stoïcisme, ce que dénonce le film *If*.

L'Angleterre et les États-Unis — pays du puritanisme, du *self-control* et des sports virils — ont exagéré cette culture du non-toucher. Des attitudes semblables se retrouvent dans tout l'Occident, en particulier dans les milieux calvinistes ou aristocratiques. L'éducation des garçons y a pour but de les « désensibiliser » en supprimant le plus possible les contacts cutanés. L'éducation prime l'affection. Dans la petite enfance « l'élevage » sera délégué à des nurses, si les moyens le permettent.

L'allaitement au sein est alors remplacé par le

biberon ; les soins corporels réduits au minimum hygiénique, les jeux du corps à corps supprimés, la nudité recouverte — tant chez l'enfant que chez les mères et les femmes préposées — par des vêtements montant jusqu'au cou ; les bébés passent le plus clair de leur temps isolés de tout contact charnel, dans des berceaux ou des landaus.

Dans la seconde enfance, les garçons sont mis en internat où ils n'ont plus affaire qu'à des hommes. Ils sont endurcis par la pratique de sports violents et ils portent des étoffes rudes qui tannent leur peau.

Religion, culture, société concourent à créer un homme froid, raide, frustré qui frustrera sa femme et ses enfants. On ne peut donner les caresses que l'on n'a pas reçues. « *Dans ma famille on ne s'embrassait pas et les contacts physiques étaient rares. Actuellement, il me coûte de donner un baiser aux gens et les contacts me mettent mal à l'aise.* »

Je suis révolté de voir que, malgré la libération des mœurs, il y a trop de familles où l'enfant est dressé à ne pas toucher. Les garçons retiennent leurs mains qui, d'elles-mêmes, se tendent vers les petites filles ou les autres garçons. Les filles sont gênées et se retiennent d'embrasser ou de tenir la main, alors que les uns et les autres voudraient manifester leur amitié. Petits garçons et fillettes ont appris que les sentiments qui les poussent à se toucher l'un l'autre relèvent du mal. Toucher un corps vêtu est indécent. Regarder un corps nu est un péché.

Je me désole de voir les mères cesser de donner le bain et de chérir leurs garçons, les pères refuser de les prendre sur leurs genoux, raréfier et refroidir leurs baisers. Et les parents, entre eux, donner le mauvais exemple d'échanges froids, malaisés, réduits à des formalités d'usage.

Cette répression s'enracine dans les profondeurs des êtres et pour la vie, je le crains. Honte et culpabilité instillent un malaise dans tous les contacts humains.

Le mode de vie moderne

Dans l'enfance, tout passe par la peau et la bouche ; c'est une époque de sensualité orale et tactile, de sensualité charnelle ; la formation prime. Chez l'adulte, tout passe par les yeux et les oreilles ; c'est une époque de sensorialité visuelle et auditive ; l'information triomphe, c'est le règne de l'audiovisuel.

L'adulte est coupé de sa peau dans son travail qui, de manuel, devient de plus en plus intellectuel, dans ses relations où les gens se frôlent, se cognent et n'ont que des « contacts » qui n'en comportent pas ; même les époux s'effleurent brièvement et s'interpénètrent sans vraiment « se toucher », au sens propre et figuré.

Le machisme

En plus du complexe du « mec », beaucoup d'hommes ont le complexe du « mac ». L'homme, le vrai, le mâle, est un être supérieur, costaud, musclé, que rien n'émeut. Il se doit de mépriser la femme, être inférieur, faible, frêle et sentimental, juste bonne à être baisée.

Une seule femme fait exception : la mère, estimable, respectable, protectrice, nourrissante, caressante, mais par ailleurs asexuée, donc non désirable, et de toute façon interdite.

C'est parce qu'il a idolâtré sa mère qu'il doit avilir les femmes. Si elles étaient adorables comme sa mère, il ne pourrait les toucher ; si elles étaient estimables, il ne pourrait pratiquer avec elles l'acte sexuel. Il faut donc qu'elles soient des putains ou, pire, des objets. Le fondement du machisme c'est le « complexe mère-putain », selon Pietropinto. L'abaissement de la femme est le besoin désespéré d'échapper à la culpabilisation de l'inceste.

A partir de là, le macho va distinguer deux sortes de femmes : les femmes-putains, sexuées, désirables, accablées de tous les défauts (séductrices, mauvaises, artificielles, vulgaires) qui sont « consommables ». Et les femmes-mères, asexuées, taboues, qui inhibent sa sexualité puisqu'elles sont maternelles, aimantes, sensibles, sentimentales et caressantes.

Au total, il y a antinomie entre sexualité et tendresse-caresse. On ne jouit pas d'une femme tendre, femme-mère. Si la caresse s'introduit dans une relation homme-femme, celle-ci perd son intérêt sexuel. Aussi le macho évitera de caresser et d'être caressé. *« Mon père — et les curés je crois — m'a répété : "Tu dois respecter les filles... Tu n'as qu'à penser que ce seront des mères, tu n'as qu'à penser à ta mère." Pour prendre les seins d'une femme ou son sexe, je suis obligé de penser que c'est une garce. »*

« Si une fille est gentille je débande. Il ne me viendrait pas à l'esprit de caresser une fille. Si elle me caresse ça m'agace, pas question de baiser. Ou alors je me dis que c'est une salope, au fond. Les bonnes femmes n'ont pas à être des mères. » (Confidences d'un loubard.)

Les névroses

Dans la structure même de leur personnalité des éléments peuvent s'opposer à la tendresse des hommes.

La carapace caractérielle est un moyen de défense qu'ont sécrété l'enfant, puis l'homme, pour échapper à la souffrance de la frustration affective. La peau, écorchée par l'absence de « caresses-pansements », s'est endurcie à la longue ; les muscles bloqués dans leurs élans émotionnels ou pulsionnels se sont rigidifiés. Ces phénomènes ont été décrits par Reich.

Le refus de caresses, c'est le refus de revivre à l'envers les frustrations. Il est fréquent de voir, dans les séances de massage californien — ou même kinésithérapique —, des individus « craquer », des hommes le plus souvent. Pris d'angoisses, ils pleurent, vomissent, tombent en syncope; les mains ont réactualisé les chagrins de l'enfance, fait revivre le purgatoire qu'ils avaient vécu au lieu du paradis attendu.

Le complexe d'infériorité inhibe chez certains hommes toute initiative. Jouent ici le manque de confiance de l'homme en ses propres possibilités et l'appréhension plus ou moins inconsciente de se sentir responsable du plaisir de l'autre. Il ne lui est pas facile de faire l'amour en se sentant intimement mis en cause. La caresse donnerait à l'homme la direction, la responsabilité des jouissances féminines, mais le rôle de mentor l'effraie. Et la caresse risquerait de révéler sa personnalité; le risque d'être jugé par une inconnue le pétrifie. « *Je rêvais que mon mari développe ma vie sexuelle, en s'occupant de mon corps. Mais il m'a fallu constater qu'il ne connaissait rien aux femmes et à la vie. C'est au lit qu'on juge un homme, pas à la raideur de son pénis, mais à la douceur de ses mains.* »

Il se peut enfin que l'homme, qui ne caresse pas, soit tout simplement un paresseux ou un non-imaginatif ou peu aimant. Si c'est le cas, c'est le moment de prendre des résolutions et de passer un nouveau contrat avec la femme.

Voyez dans votre femme non seulement votre épouse, mais la FEMME, cette autre moitié de l'humanité, d'une autre essence, à vous donnée, confiée, offerte quelque temps. Adorez-la comme on adore une divinité révélée, dans tout ce qu'elle a de mystérieux, de différent, d'extraordinaire; tant dans son mental que dans son corps, ses regards, ses mains, ses organes génitaux. Admirez ceux-ci comme on admire un trésor dans un château; vénérez-les comme on vénère une relique; caressez-les comme on caresse un nouveau-né et consommez-les comme on consomme un fruit juteux dans la bonne société: avec délice et délicatesse.

F... comme femme

La prédisposition de la femme pour la caresse semble évidente. Traditionnellement, la femme est considérée comme douce, tendre, caressante et généreuse.

Dans le choix d'une fonction ou d'une profession, elle optait pour des rôles qui requéraient ces qualités : vestale, religieuse, sage-femme, infirmière, geisha, masseuse, etc. En tant qu'épouse ou maîtresse, elle s'assumait comme « repos du guerrier ». Mère, elle remplissait sa mission avec chaleur, dévouement et abnégation.

En amour, les femmes se révèlent le plus souvent des partenaires prodigues et extrêmement réceptives. Elles sont très généreuses et très friandes de caresses et de baisers.

Parfois leurs manifestations sont vives et même violentes : marquer de suçons, dévorer de baisers, mordre, pincer, griffer, étreindre sont les traductions habituelles de leurs sentiments et de leur passion physique.

Inversement, elles aiment et réclament des stimulations fortes : « *serre-moi fort* » — « *prends-moi* » — « *fais de moi ce que tu veux* » — « *tue-moi* ». Ces excès fascinent et confondent les hommes, et donnent une dimension extraordinaire à la relation de la femme et de l'homme, la transcendent. Souvenez-vous du film *Hiroshima, mon amour*.

Il ne s'agit pas, dans un cas comme dans l'autre, de sadisme ou de masochisme, mais d'une volonté de communication et de fusion extrêmes ; et de l'espoir insensé de communier, à travers les corps, avec l'amour infini de la « création » et les forces « cosmiques » de vie.

Voyons ce qui dispose, ou prédispose, la femme à une sensualité aussi puissante qu'altruiste. Certains facteurs sont naturels, génétiques ou biologiques, d'autres socioculturels.

Un érotisme naturel

Il est incontestable que la femme a une plus grande sensualité cutanée innée, que développeront les facteurs socio-culturels, et une plus grande richesse des zones érogènes.

Est-ce d'instinct ou par conditionnement culturel que la femme aime palper les tissus doux, les fruits veloutés, les objets lisses ? Qu'elle est si sensible aux qualités tactiles des objets ? et qu'elle manifeste ce comportement délicat et sensuel avec son environnement ?

Ses rondeurs, ses galbes, ses lignes courbes, le lisse de sa peau appellent la caresse. Ces qualités érotiques sont magnifiées par le regard de l'homme. Il est gratifiant, quoi qu'elle dise, de ressentir la convoitise de l'homme sur tout ou partie de son corps ; il en acquiert, à son corps défendant, une charge érotique.

Du reste, la femme aide la nature par la parure et l'ornement de ses lignes ; en soulignant ses attraits elle s'auto-érotise.

L'instinct sexuel, chez la femme, serait, selon Moll, dédoublé en deux pulsions indépendantes. Il y aurait d'une part la pulsion de détumescence : c'est celle qui anime les organes génitaux et qui est ressentie comme un besoin de détendre leur tension, de dégonfler leur congestion ; et d'autre part la pulsion de contrectation : elle concerne tout le corps et est vécue comme un besoin d'être étreinte et caressée. Ce besoin, à la différence du besoin sexuel, ne peut être satisfait qu'avec un autre être.

Dans certaines circonstances — tristesse, phases dépressives, épisodes psychopathiques — ce besoin s'exacerbe et peut devenir impératif. Pour obtenir l'étreinte, la femme peut accepter une relation qui ne serait pas tout à fait de son goût et passer par un rapport sexuel qu'elle ne désire pas.

Hollender et divers psychiatres ont enquêté auprès

de femmes dépressives ou psychopathes : la majorité déclare passer par l'acte sexuel pour assouvir leur désir d'être enlacées et câlinées. Profondément malheureuses, elles s'offrent à l'activité coïtale dans l'espoir d'obtenir un contact humain et non l'orgasme. Les « psy » avancent que ces femmes sont bloquées au stade du plaisir prégénital ; leur besoin de caresses reste isolé de l'acte sexuel et ne s'intègre pas dans une relation complète. Ce désir, anormal par son excès, viendrait d'un comportement parental frustrant.

En réalité, le besoin, à un niveau normal, d'être câlinées n'est pas propre aux femmes perturbées, il existe chez la majorité des femmes, comme le montrent différentes enquêtes, dont celle de Shere Hite et la mienne. *« Autrefois je manquais tellement d'affection que je couchais avec n'importe qui pour être enlacée ; il m'arrive encore de me donner à un mec, uniquement pour sentir la présence d'un corps et me blottir dans sa chaleur. Sentir la peau d'un homme me comble et me suffirait souvent ; hélas, pour l'obtenir, il me faut toujours passer par le coït. »* Les femmes, croyant que la caresse et l'envie de se nicher sont puériles et que seul le rapport sexuel est adulte, n'osent exprimer leur vrai souhait et formulent un faux désir de coït. Qu'elles sachent que les hommes possèdent également cette pulsion de contrectation — bien refoulée —, ce besoin d'étreintes et de câlins. Comme elles, ils jouent la comédie du coït de peur de paraître peu virils. Il faut en finir avec ce malentendu : un homme et une femme ne se rapprochent pas que pour baiser. Il faut avoir le courage de sa véritable aspiration, qu'elle soit de caresser ou de forniquer. Ce courage vaut mieux qu'une vie de résignation et de frustration.

Enfin, dernier élément qui favorise la sensualité naturelle de la femme, son auto-érotisme particulièrement raffiné qui lui a appris à explorer et à exploiter ses zones érogènes et à se caresser tous azimuts.

Au total, il semblerait que la nature a pourvu la femme d'une plus grande érogénéité. Faut-il voir, dans cette large potentialité, une compensation à la lenteur relative de l'éveil de son excitation ? La phase d'intumescence étant d'installation et de croissance théoriquement plus longues, la sensibilité périphérique aurait-elle été multipliée ?

La maternité

C'est une école de caresses. On discutera longtemps sur la réalité de l'instinct maternel ; ce qui est indiscutable, c'est le comportement maternel. Sauf exception, la prise en charge d'un enfant par une femme est exemplaire. Si elle n'est pas née mère, elle le devient — les folcoches sont des raretés. Elle fait, spontanément ou en se forçant un peu, l'apprentissage d'un très large contact inter-humain, qui la rend apte à cajoler. Ce contact augmente sa tendresse et érotise son corps ; car la mère prend aussi plaisir dans son corps, à la tétée, au bercement, au bain, corps à corps très voisin d'une conduite amoureuse — la jouissance mammaire pouvant aller jusqu'à l'acmé.

Sans doute les « nouveaux hommes » qui, de plus en plus nombreux, maternent leur bébé, profiteront aussi de l'expérience.

Les facteurs socioculturels

En Occident certains faits de culture et de société confirment la femme dans sa sensibilité particulière, tandis que d'autres la répriment.

Les religions glorifient la maternité dont nous avons vu le rôle, mais, comme pour l'homme, elles font du contact un péché. Encore plus que chez le garçon, on inculque à la fille le tabou de toucher et de se laisser toucher. L'attouchement signifie le sexe, et le sexe c'est sale ! Plus tard la femme, en éprouvant le plaisir des caresses, ne pourra s'empêcher de ressentir honte et culpabilité. Toujours obsédée par le péché, elle se gardera de chérir ses filles de peur d'en faire des lesbiennes.

La société, en partageant les rôles et le travail, instaure une différenciation radicale entre les sexes. Autant l'homme doit être viril, autant la femme doit être féminine. C'est pourquoi Simone de Beauvoir a pu dire : « *On ne naît pas femme, on le devient.* »

La femme restant au foyer pour élever ses enfants échappe aux actions guerrières et aux travaux lourds ; elle sauvegarde ainsi sa sensibilité. Demeurant au contact des enfants et s'adonnant à des travaux plus sensuels (confection des mets et des tissus) elle aiguise sa sensualité. Tout au moins dans les classes aisées.

L'habillement de la femme est fait d'étoffes douces à porter et à caresser, dès son jeune âge et sa vie durant. Dans les milieux favorisés, on porte de la soie, du satin, du linon, du velours et de la fourrure. Par leur usage, la peau se « veloute » et s'érotise.

L'éducation de la femme la féminise ; la fille fait l'objet d'un traitement opposé à celui du garçon. Bébé, elle reçoit plus de cajoleries. Fillette, elle est encouragée à en donner et s'y entraîne sur des poupées. Adolescente, elle vit longtemps proche de sa mère et de ses consœurs ; on préserve son corps en lui réservant des occupations délicates, alors qu'on endurcit le garçon par le sport ; mais inversement la société affecte à la femme un rôle passif (il lui suffit d'être jolie et d'attendre l'homme, puis d'espérer qu'il la caresse).

La culture magnifie la féminité, qu'a favorisée — ou créée — la société. Le corps de la femme est glorifiée, elle en prend donc grand soin, lui prodiguant bains, produits de beauté et massages ; cette sollicitude garde à la sensibilité cutanée sa finesse. Par ailleurs, une femme a droit à l'émotion, une fille peut pleurer, c'est un signe d'exquise sensibilité et d'un bon cœur. Une femme a le droit de témoigner son affection à ses enfants et à ses amies, c'est une preuve de générosité.

Cependant, au nom du principe du *no touch* et d'une certaine dignité, toute manifestation émotionnelle et sensuelle doit être tempérée ou même, dans certains cas, bannie.

L'ultra-féminisme risque de nuire au rapprochement qui s'opère entre la femme et l'homme en voie de libération.

Le féminisme, partant de l'idée — juste — que la femme n'est ni un objet, ni une geisha, considère la caresse donnée avec méfiance. Il exige la réciprocité de la tendresse. On ne peut qu'approuver. Mais les ultras voient des « machos » partout et prônent le self-service clitoridien ou le saphisme. Elles sont à la féministe ce que le mac est au mec.

La caresse, rendez-vous de la femme et de l'homme

De naissance, la femme semble détenir une grande sensualité. Hier, certains facteurs socio-culturels et naturels tendaient à lui garder cette sensibilité et même à lui érotiser le corps, tandis que d'autres l'inhibaient. Inversement, des influences socioculturelles occultaient l'érogénéité de l'homme. Tout contribuait à faire de la femme une créature fragile et sensible — mais dont on mettait la sensibilité sous cloche — et de l'homme un « dur ».

Aujourd'hui, un merveilleux mouvement se dessine, fruit de l'évolution des mœurs et de la société ; les rôles éclatent, les sensibilités se libèrent, les pressions se desserrent : l'homme et la femme se rapprochent.

La religion s'humanise, sans renoncer à sa transcendance, le péché de chair quitte le devant de la scène, le seul vrai péché, si l'on en croit les sources évangéliques, étant le manque d'amour.

Une forme de culture et de société qui, au nom d'une certaine dignité et d'une certaine virilité — souvent d'apparat et d'apparence —, interdisait aux hommes toute manifestation émotionnelle ou sensuelle, a vécu. La prétendue insensibilité des hommes est due à un conditionnement. La pratique des groupes de psychothérapie et de massage m'a prouvé que l'émotivité et la sensualité de base de l'homme valaient celles de la femme. La libération de l'homme de ses rôles va les lui rendre.

En maternant ses enfants, l'homme apprend la tendresse et les caresses. En dégageant ses mains et son corps des travaux lourds, grâce à la technologie, il récupère son toucher ; déjà on constate que l'homme prend plus soin de son corps et de sa peau. En luttant pour l'égalité des sexes, le féminisme débarrasse l'homme du « machisme » ; enfin, en lui reconnaissant le besoin de caresses, la pulsion de contrectation, on délivre sa vraie nature. Cette évolution rend aux mains masculines leur pouvoir caressant, ce qui leur profitera et profitera aux femmes.

Quant à elles, elles possèdent déjà l'art de la caresse, mais il leur faut l'exercer plus et pour cela sortir de la passivité : qu'elles agissent, qu'elles disent, qu'elles réclament.

6

L'art de la caresse

On apprend à marcher, à parler, à écrire; on apprend la cuisine, le piano, la médecine. Tout s'apprend, les arts, les métiers, la guerre. Sauf l'érotisme. Au contraire, tout est fait pour le désapprendre. La société, par ses lois civiles et ses règles religieuses, se ligue pour réprimer, étouffer, culpabiliser le bel instinct.

Grâce au diable, comme les fleurs qui éclosent sur de vieux murs arides, la force colossale de la vie fait jaillir le désir envers et contre tout. Jaillir..., mais pas s'épanouir.

Vraisemblablement, à l'état naturel, l'homme n'aurait pas besoin d'apprendre la caresse. L'apprennent-elles les mères qui jouent interminablement avec leurs enfants, les manipulent, les taquinent, les chatouillent, les massent, les bercent, les dévorent, les adorent? On peut envier leur gourmandise et la béatitude du petit. Et s'en inspirer.

La « technique » au service de l'amour

Nous ne sommes pas des bêtes, dites-vous ? Certes non, mais nous avons en nous une part de nature qu'il serait sot de renier. Pascal l'avait dit : « *Qui veut faire l'ange fait la bête.* » Les animaux nous touchent quand leurs amours ressemblent aux nôtres comme des tourterelles, et nous écœurent lorsqu'elles sont rudimentaires comme celles des taureaux.

Réjouissons-nous plutôt d'être riches de notre « animalité » et d'avoir élargi nos possibilités sexuelles.

Nous avons la chance d'avoir des mains, tandis qu'ils n'ont que bec, griffes ou sabots ; et tant d'autres moyens de préhension et de communication qui nous permettent plus qu'un attouchement, une fusion. Nous avons aussi la chance d'être en état de désir permanent, alors qu'ils sont limités à des périodes de rut. La chance d'avoir des rapports sexuels aussi longs que nous voulons, alors qu'eux ont des copulations éclair. La chance d'avoir une sexualité distincte de la reproduction.

Nous avons séparé l'attrait, le désir et le contact de l'automatisme de la reproduction. Alors que dans la nature animale ou végétale, l'attraction ou le tropisme, induits par les signaux (odeurs, couleurs des plumes ou des pétales, etc.), ne servent qu'au rapprochement des gamètes. En se scindant de la contrainte de la pérennité de l'espèce, ce désir s'est fait sensualité, sensibilité, sentimentalité. En s'hominisant, la sexualité s'est faite Amour. Nous sommes des animaux avec des « plus », des « must », qui peuvent nous transcender, nous déifier — mais pas nous rendre angéliques.

C'est ce que les Orientaux ont compris depuis des millénaires ; ils n'adorent pas des dieux asexués, et n'ont pas comme idéal de désexuer l'homme ; chez eux, érotisme et spiritualité s'associent.

Chaque acte de l'homme est sacré et le fait participer à la vitalité cosmique créatrice. Toutes les possibilités de la nature humaine peuvent accéder à la spiritualité. Le sexe n'est pas l'objet d'interdits, l'érotisme peut être intégré à la religion. De fait, les représentations érotiques foisonnent dans les livres sacrés et ornent les temples ; les commandements sacrés traitent de piété aussi bien que d'érotisme.

L'amour est le délassement favori des divinités et c'est par l'amour, soumis à un rituel élaboré, que l'homme parvient à s'unir au divin. Le plaisir sensuel est la suprême distraction des dieux et le moyen pour l'homme d'accéder à de hautes extases. « *L'homme et la femme, tels des dieux, se délassent par la pratique des jeux de l'amour. L'homme réduit le monde au corps de la femme, dont il goûte la beauté par de longues caresses. La femme ne voit plus que le corps de l'homme, qu'elle fait trembler sous ses caresses*[1]. »

Le raffinement sensuel est donc un devoir. Il s'apprend dans les textes sacrés. L'ensemble des commandements inspirés par le Seigneur comprend 100 000 chapitres, parmi ceux-ci 1 000 concernent le *Kâma*, c'est-à-dire la jouissance d'amour. Le *Kâma Sûtra* en est le résumé écrit entre le IVe et le VIIe siècle.

Même les jeunes filles doivent étudier le *Kâma* avant leur mariage, et continuer quand elles sont femmes, au même titre que la poésie, le chant, la danse, la musique, l'écriture, le calcul, la couture, la cuisine. On peut déplorer que les mères occidentales, qui transmettent tant de bonnes recettes à leurs filles, et les pères tant de bons conseils à leurs fils, ne leur disent rien de l'érotisme.

L'*Ananga Ranga* est un autre texte d'érotologie hindou datant du XVe siècle et extrait de livres sacrés. Beaucoup d'autres religions orientales et extrême-orientales ont hissé l'érotisme au sacré et lui ont consacré des recueils de préceptes. « *A la vérité, aucune joie, en ce monde des mortels, ne saurait se comparer à celle que procure la connaissance du Créateur. Mais immédiatement après, et ne cédant qu'à celle-ci, viennent la satisfaction et le plaisir résultant de la possession d'une belle femme*[2]. »

1. *Kâma Sûtra*, Éd. Tchou, coll. « Curiosa ».
2. *Ananga Ranga*, Éd. Tchou, coll. « Curiosa ».

Ce n'est pas chosifier l'homme que de lui apprendre les « sciences humaines » ou les activités humaines. Reproche-t-on à une mère, à un père, à un enseignant de prendre l'enfant pour un objet ou une mécanique quand ils lui apprennent à marcher, à parler, à écrire, à dessiner ? Développer les potentialités d'un être, c'est l'épanouir, l'humaniser, même s'il s'agit de sensualité, sous réserve d'y faire participer l'affectivité et la spiritualité.

C'est pour cela que la métaphore de Balzac n'est nullement désobligeante pour une femme féministe — d'autant qu'on peut la retourner à l'homme : « *En amour, toute âme mise à part, la femme est une lyre qui ne livre ses secrets qu'à celui qui sait en jouer.* »

Bien sûr, l'amour qui est spontanéité, fantaisie, poésie, créativité n'est absolument pas codifiable. Il perd de sa fraîcheur, de son originalité, de son authenticité, de sa profondeur lorsqu'il est l'application de consignes et de règles dictées de l'extérieur.

Cependant, la connaissance ne tue pas la spontanéité, ni la créativité. L'inspiration de l'amant, qui est faite d'instinct et de tendresse, demeure ; l'érotisme lui donne mille accords, mille couleurs. L'érotisme multiplie les possibilités sans aliéner la liberté ; dans la malle aux trésors, l'amant choisit les plus beaux joyaux le moment venu. L'érotisme, c'est un état d'esprit, c'est ce qui reste quand on a tout oublié ; une fois la connaissance intégrée, l'individu n'y pense plus.

Quand bien même les traités prescrivent des jeux et des règles de jeu, c'est justement pour obliger à jouer, pour guider, pour donner des idées, pour lutter contre l'inertie ou la lassitude. Inspirer des ressources nouvelles, c'est enrichir et non mécaniser, stériliser ; ce qui mécanise et tue la liberté, c'est la routine et l'ennui qui s'ensuit. Personne ne peut prétendre avoir assez d'imagination et d'audace pour tout inventer et tout entreprendre. Si l'amour est liberté, l'érotisme est son moyen.

Les civilisations particulièrement versées dans l'érotisme ont élaboré et codifié tout un art d'aimer. Les habitants de ces pays ne semblent pas s'en plaindre. Par contre, ils trouvent bien fade l'amour des Blancs ; quant au Blanc qui a goûté aux raffinements orientaux, il se morfond en Occident. Sur le navire d'Éros, l'instinct telle la mer nous porte, la tendresse tel le vent nous pousse, l'art telle la barre nous guide.

En Occident, les hommes croient tout savoir d'instinct, et se fiant à leur inspiration, pensent être les meilleurs. Hélas, l'inspiration s'essouffle vite et se tarit la sensualité. Quant aux femmes, elles n'osent pas vraiment s'y intéresser. Ce n'est pas constructif de rejeter avec dédain la technique : l'instinct, l'inspiration et l'affection ne suffisent pas toujours et pas tout le temps. « *L'instinct ne se trompe pas, mais il n'en sait pas long. Il ne sait que brancher les corps*[1]. »

Une connaissance réciproque

Il y a entre l'homme et la femme une dissymétrie érotique. Pour faire coïncider les deux érotiques, mieux vaut la connaissance que le cafouillage et l'échec. Cette dissymétrie est triple : anatomique, physiologique et masturbatoire.

La morphologie du sexe qu'on n'a pas est trop souvent méconnue ; or, si l'anatomie, c'est le destin, selon Freud, inversement le destin, c'est l'anatomie. Ne soyons pas hypocrites : pour « se servir » de son corps ou du corps de l'autre, il faut en connaître l'anatomie. Peut-on se guider dans un pays inconnu sans une carte ? C'est pourquoi nous étudierons plus loin la géographie érotique. Cette connaissance pratique est aussi esthétique : la découverte et

1. Gérard Zwang, *La fonction érotique*, Éd. Laffont.

l'exploration avec les yeux de tous les mystères du corps de la femme sont fabuleuses.

Il importe aussi de se rappeler toujours les différences physiologiques entre les sexes : la femme est, en principe, d'éveil progressif. Déjà, nous relevons dans le *Kâma Sûtra* les préceptes suivants : « *Si l'homme fait durer l'acte longtemps, la femme l'aime davantage, et s'il le fait trop vite, elle est mécontente de lui... Comme pour faire du pain, il faut préparer la pâte, de même, il faut préparer sa femme pour le commerce sexuel, si l'on veut qu'elle en tire satisfaction.* » Inversement, l'homme est rapide, car toute son éroticité et ses pulsions sont concentrées dans son pénis. Il est mû par un désir violent de pénétrer.

Enfin, chaque sexe a fait son éducation érotique seul, par l'autostimulation, et a depuis longtemps des habitudes particulières à son sexe et à sa personnalité. L'homme a généralement un soulagement express et unique par friction rapide et grossière de sa verge. La femme a l'expérience d'une ascension lente et d'acmés à rebondissements ; elle agit par la caresse de diverses zones érogènes (le corps entier, les seins, le clitoris, le vagin, etc.) et la stimulation des zones érogènes centrales (clitoris, vagin). Sa gestuelle est souvent élaborée et précise.

On ne connaît que son corps et son érotique ; comment l'appliquer à un autre, si différent ? Comment être efficace sur des zones érogènes que l'on ne possède pas ?

Le second souffle

Épanouir la relation hédonique, étendre le champ du plaisir, c'est faire perdurer le couple. C'était l'un des objectifs du *Kâma Sûtra* et de l'*Ananga Ranga*. La nomenclature des divers types de caresses, baisers, morsures et griffures qu'ils exposent, poétiquement et puérilement, leurs règles du jeu, leurs canevas ont pour but d'inciter à varier les activités, à compenser l'imagination défaillante et à lutter contre la paresse. Il ne s'agit ni de libertinage, ni de travaux forcés. Sur les partitions suggérées, le couple compose à l'infini des improvisations spontanées grâce auxquelles il évite l'ennui. « *L'érotisme vient ici au secours de la morale...; la principale cause de séparation des époux, celle qui jette le mari dans les bras de femmes étrangères et la femme dans ceux d'hommes étrangers, c'est l'absence de plaisirs variés et la monotonie..., alors que le mari, en variant les plaisirs de sa femme, peut vivre avec elle comme avec trente-deux femmes différentes*[1]. »

Car l'amour s'use. Quand les premiers vertiges des sens passent, quand le tourbillon des sentiments s'éloigne, il faut trouver un second souffle. Pour les sentiments, ce peut être « l'amour de pitié » dont parle Albert Cohen ou « l'amour de compassion » comme l'expose David Cooper. Pour les sens, ce sont les raffinements érotiques. Sinon, adieu épouse, bonjour maîtresse ! au revoir mari, salut amant ! La routine conjugale tient, jusqu'à l'accident : la rencontre d'un homme ou d'une femme experts dans l'art d'aimer. Le couple, alors, est en danger de mort. « *Faute d'imagination et de motivation..., ils ne savent pas raviver l'intérêt sexuel pour leur propre ménage et la seule diversité qui leur vienne à l'esprit consiste à diversifier les partenaires*[2]. »

L'homme doit savoir que la femme aime l'érotisme, parfois plus que lui, qu'elle apprécie la variété et la nouveauté. Inversement, que les femmes écoutent ce qu'ont déclaré les hommes à la question de Pietropinto[3] : « *Qu'est-ce qui fait d'une femme une bonne amoureuse ?* » « *C'est celle qui offre la*

1. *Kâma Sûtra, op. cit.*
2. Masters et Johnson, *L'union par le plaisir*, Éd. Marabout.
3. Pietropinto, *op. cit.*

variété, l'absence de routine, l'imagination, l'innova-
tion, l'initiative, la participation, l'attention; celle
qui jouit autant qu'elle fait jouir; la réceptive,
l'ardente. » Selon l'enquête de l'auteur, 50 % des
hommes déclarent que les rapports sexuels entre
époux sont ennuyeux.

L'art d'aimer est un devoir envers soi, et envers
l'autre.

Envers soi, car la sensualité est une partie de nous
— et même notre noyau — qui demeure une terre
inconnue. Pourquoi rester toute sa vie un sous-
développé sexuel et mourir sans avoir fait le tour de
son être érotique ? La sexualité sort de plusieurs millénaires de ghetto, il faut en profiter pour élargir nos
connaissances de la jouissance et savourer ses jeux
libres et heureux.

Envers l'autre, car nous sommes, en partie, responsables de l'épanouissement sensuel de celui ou de
celle avec qui nous vivons. On lui doit d'être un très
bon partenaire et de lui offrir le maximum de plaisir. Qui accepterait de proposer toujours une mauvaise cuisine ou d'être un détestable partenaire de
tennis ? La vie sexuelle, c'est autrement important.
C'est le ciment et le piment du duo. Que de gaspillage
de vie et de bonheur gâché par ignorance et indo-
lence ! Que de troubles psychosomatiques dus aux
frustrations de caresses !

Les limites de la « technique »

La connaissance de l'érotisme par l'étude technique a ses limites.

Il ne suffit pas d'être technicien talentueux pour
être bon amoureux; il faut y mettre du cœur et de
l'âme. Un virtuose ne fait pas forcément un grand
musicien. Qu'est-ce que la science sans l'inspiration ? Qu'est-ce que l'amour sans l'Amour, même si
on l'appelle de son prénom, la tendresse ? L'homme

ne peut se détacher de son âme. Il y a de la spiritualité dans la caresse.

Au plan pratique, il y a, dans la geste érotique, une part indescriptible, incodifiable. Quelle que soit l'analyse que l'on en fait quant à l'anatomie, à la physiologie et aux modes de stimulation, aucune méthode ne peut rendre les nuances inhérentes à l'œuvre. Il y a une part non théorisable. De même qu'il eût été impossible à Debussy de dire comment il composa *La Mer*; malgré la technicité de l'art musical, il reste un « indicible ». S'il y a des recettes pour faire une symphonie, il n'y en a pas pour faire précisément *La Mer*.

Vraisemblablement, comme pour toute réalisation humaine, il y a des êtres plus doués que d'autres pour l'érotisme, pour la caresse. En réalité, la plupart des gens sont inhibés — pour toutes sortes de raisons — et rigidifiés dans une routine sexuelle. Cependant, chacun peut développer l'éroticité de ses mains et de sa peau par la pratique et y prendre goût. La connaissance théorique aidant l'instinct, on peut caresser agréablement, pour peu qu'on s'y laisse aller.

Encore faut-il aimer l'autre au minimum, car c'est l'amour qui inspire. On pourrait dire qu'il n'y a pas de femme ou d'homme maladroit, mais des êtres mal ou peu aimants...; l'affectivité est la condition de l'agrément de toute caresse. L'absence de tendresse de la part du donneur comme du receveur rend mécanique tout geste. Séparer l'érotisme de l'univers affectif, c'est le stériliser; la caresse n'est plus qu'un tour de main, appris comme un sport ou un métier; le manuel du parfait petit baiseur apprend comment se servir de ses doigts ou de sa langue et comment ajuster des pièces d'anatomie. Mais celui ou celle qui appliquerait sans chaleur sa science des attouchements en manœuvrant, dans le seul but d'obtenir pour lui (elle)-même le maximum de satisfaction sexuelle et le coït, transformerait le (la) partenaire en objet. Rien n'est plus dévalorisant pour un être humain, rien ne le plonge dans un tel sentiment de solitude que cette manipulation. Même si les partenaires, en accord, ne visent qu'un maximum de jouissance « technique ». Ils se lasseront de ces prestations de service sexuel sans partage d'émotions profondes.

Heureux ceux qui aiment, car l'affectivité prime la science dans la relation corporelle entre l'homme et la femme. La voix de celui (celle) que l'on aime ou le plus simple effleurement du bout des doigts exalte plus que les plus savantes caresses.

La dernière limite de la technique est la variabilité du ressenti selon les sujets et selon les jours. Les goûts et les couleurs en matière de sensualité sont infinis... Ce qui est bon pour Isabelle ne sera pas bon pour Nathalie ou Bénédicte ; le point sensible de Jim ne le sera pas pour Jules.

Même pour un individu donné, la sensualité change avec les époques : elle dépend de l'état d'anxiété, des préoccupations, de l'état de santé, de la saison, de la lunaison, du jour de la semaine et pour les femmes de la chronologie menstruelle. (Le regain de sensualité survenant à l'ovulation ou à la menstruation.)

Le langage de la caresse

Autant qu'un plaisir, la caresse est un langage. Certes par la voix, par le regard, les êtres communiquent ; mais lorsque deux êtres désirent aller plus loin dans une relation, ces moyens semblent « virtuels » et l'autre encore distant. Seul le contact apporte la preuve tangible, palpable, qu'il est proche de vous, communiquant, que vous êtes un être bien vivant, un être sexuel désiré. Seul le toucher satisfait le profond besoin de l'humain d'échapper à la solitude.

La caresse a infiniment plus de sens que le coït — du moins tel qu'il est galvaudé ordinairement — et son registre a infiniment plus de nuances. Le rut, c'est l'appropriation, la consommation, l'assouvissement : il porte en soi sa fin, son anéantissement. La caresse est ce qui fait exister, elle est promesse infinie. Le rut est ce qui fait de la femme un objet, la caresse, un sujet. Le rut est un monologue, la caresse, un dialogue. Le rut est l'onomatopée, la caresse, la parole.

Quand la mère caresse le front ou masse le ventre de son enfant malade, elle veut lui dire : « *Je suis là, apaise-toi* », c'est bien ce qu'entend le petit qui se calme. Si l'amante caresse la tête de son amant, c'est bien sûr un flot de tendresse qu'elle veut lui communiquer ; s'il lui répond en lui pressant le bras, elle comprend bien : « *Je te remercie, moi aussi je t'aime.* »

Néanmoins, essayons d'aller plus loin : voyons ce que caresser et être caressé veut dire.

De la confiance à l'amour

Se laisser caresser veut dire : « *J'ai confiance.* » « *En ouvrant les bras spontanément, par le toucher autant que par le verbe, un mari et une femme réaffirment leur confiance réciproque et renouvellent leur engagement*[1]. »

Il faut peut-être plus de confiance pour se laisser caresser que pour faire l'amour. Dans la caresse, on offre son corps entièrement nu et éclairé souvent : dans le coït, on peut rester habillé et éteindre les lumières. Cela se faisait à l'époque victorienne. Cela se fait encore...

Il faut vaincre sa pudeur ou plutôt ses pudeurs. La pudeur morale inculquée par la culture et les religions occidentales a rendu le nu indécent, dès qu'un humain atteint l'âge de raison ; la femme, spé-

1. Masters et Johnson, *op. cit.*

cialement, est conditionnée à cacher son corps et à interdire le moindre contact.

L'être humain — la femme surtout — craint le jugement que portera l'autre sur la qualité de son corps. La plus grande pudeur de la femme n'est pas tellement d'essence éthique mais esthétique. Plus narcissique que son compagnon, plus soucieuse de sa beauté, elle redoute de révéler ses imperfections dans cette revue de détails que constitue la confrontation intime avec le masculin. D'une enquête que j'ai faite, il ressort qu'une femme sur mille seulement est satisfaite de ses traits et de ses formes. *« Une Phryné ne craint pas les regards ; elle se dénude au contraire avec superbe, sa beauté l'habille. Mais fût-elle l'égale de Phryné, une jeune fille ne le sait jamais avec certitude ; elle ne peut avoir l'orgueil arrogant de son corps tant que les suffrages mâles n'ont pas confirmé sa jeune vanité. Et c'est ce qui l'épouvante ; l'amant est plus redoutable encore qu'un regard : c'est un juge, il va la révéler à elle-même dans sa vérité..., et c'est pourquoi elle réclame l'obscurité, elle se cache sous ses draps[1]. »*

Enfin, le plaisir met en position de faiblesse en arrachant les masques : celui qu'on se compose, celui que l'on se fabrique par les cosmétiques et les vêtements. Il fait fondre le « quant-à-soi », le rôle que l'on joue. On offre à l'autre un visage aux expressions spontanées et indécentes, un corps abandonné sans retenue que la volupté met plus à nu encore.

Se laisser caresser, c'est aussi avouer : *« Je te désire, donne-moi du plaisir. »* Et c'est révéler : *« J'ai besoin de détente, je veux que tu sois mon repos du guerrier (de la guerrière), que tu apaises mes crispations, que tu panses mes écorchures. »*

Pour beaucoup, c'est également confier : *« J'ai besoin de protection et de sécurité, car je suis fragile, je suis anxieux(se). »* Le sujet qui fait don de son

1. Simone de Beauvoir, *Le deuxième sexe*, Éd. Gallimard.

corps nu confesse de ce fait sa fragilité ; il fait le geste fou d'espoir et très risqué — car il peut en renaître ou en mourir — du chien vaincu qui tend sa carotide à son vainqueur. Le contact sécurise, surtout s'il fait partie d'un dialogue intime qui ne commence, ni ne finit au lit.

Enfin, se laisser caresser, c'est demander de la tendresse et de l'amour ; inversement, c'est déclarer : « *JE T'AIME* », ou ses équivalents : « *Je t'affectionne, je t'estime* »... Car avoir confiance, s'offrir, avouer ses besoins érotiques, c'est dire : « *C'est toi que j'ai choisi(e) — ou que j'accepte — pour me confier, pour satisfaire mes aspirations. C'est à toi que je me fie, toi que je désire.* » Se laisser caresser, c'est se reconnaître désirable et aimable.

L'offrande réciproque

Caresser veut dire : « *Je te désire, je veux que tu me donnes le plaisir de te caresser, je veux te donner le plaisir de la caresse.* » C'est donc demander et offrir du plaisir ; car le toucher permet de recevoir et de donner simultanément des impressions agréables. Une femme qui caresse le visage de son mari éprouve un agrément qu'elle retransmet du bout de ses doigts à son partenaire. Celui-ci éprouve un plaisir qu'il réfléchit sur la main féminine. Ainsi, s'établit un double flux de joie tactile.

Caresser, c'est aussi s'offrir comme soignant, étendre une aile protectrice, se faire havre de sécurité. C'est accueillir dans sa maison. C'est se faire source d'affection. Mais caresser est moins une preuve d'amour que se laisser caresser, car le désir du corps d'un(e) autre, surtout s'il est beau, peut être le désir d'un bel objet du sexe opposé.

Sur le registre psychologique, comme c'était le cas pour le bénéfice hédonique, le caressant reçoit — et demande — autant qu'il dispense. Et il y a toujours un espoir de réciprocité. Caresser, c'est aussi frapper à la porte, se glisser sous un parapluie, s'enfiler dans une peau. Certains « psy » vont jusqu'à dire qu'en caressant, on se caresse soi, l'enfant que l'on est resté. Qu'importe puisqu'on fera mieux alors.

7

Le plaisir de la caresse

La valeur propre de la caresse comme dispensatrice de plaisir est méconnue. C'est, croit-on, une perte de temps, un obstacle retardant la pénétration ; au mieux l'utilise-t-on dans la préparation à cette pénétration, dans les préludes.

La réciprocité

Caresser procure du plaisir à soi-même et au partenaire. Le plaisir de l'autre vous revient sous forme de manifestations à peine perceptibles ou au contraire extrêmement vives ; ce plaisir réfléchi vous atteignant amplifie le vôtre et il repart vers le (la) partenaire en caresses encore plus chargées d'érotcité. Le plaisir entre les deux acteurs se décuple par un jeu de miroirs ; son plaisir récompense et stimule votre plaisir ; en retour vous le (la) gratifiez d'une caresse meilleure.

Il est donc nécessaire pour le caressant de rechercher l'optimum de bien-être pour l'autre afin d'en retirer le maximum de bonheur pour soi. Loin d'être altruiste, la caresse est quelque chose de délicieusement égoïste. Le plaisir érotique, c'est le comble de l'égocentrisme dans le maximum d'altruisme.

Il est aussi judicieux pour le caressé de manifester son contentement afin d'amplifier celui du partenaire ; s'il présente une complaisance passive ou pire une indifférence, l'enthousiasme du dispensateur s'affaiblit puis disparaît ; toucher quelqu'un d'inerte équivaut à palper ou à parler à un gisant.

Le toucher étant un sens très fin, la communication tactile une communication privilégiée, la caresse ne peut mentir : caressé et caressant percevront le désir, la compréhension — de même que la répulsion, la peur, le manque de chaleur, l'ennui du (de la) partenaire.

L'état de réceptivité

« *Crois-moi, il ne faut pas hâter le terme de la volupté mais y arriver insensiblement avec des retards qui la diffèrent* », écrivait Ovide dans *L'Art d'aimer*.

Toujours vous courez... Arrêtez-vous, arrêtez la folle fuite en avant. Posez-vous. Écoutez, écoutez-vous. Ouvrez vos sens à deux battants. Sortez toutes vos antennes. Oubliez vos soucis. Laissez derrière la porte : patron, chef de service, factures, U.R.S.S.A.F., formulaires. La vie, c'est plus sérieux que ces tracasseries. Plus vrai. Plus dense. Plus chaud. Existez ici et maintenant. Laissez le passé au passé, le futur au futur. Vivez dans l'instant. Plus rien ne compte que les palpitations de votre cœur-corps. C'est votre vrai « vous ». Ce n'est pas le pantin social qui s'agite tout le jour. Soyez vous, rentrez chez vous.

Voilà que tressaille votre corps-cœur sous l'effet de la caresse. Comme il tressaille quand les feux du couchant entrent par vos yeux, quand les trilles des grives enchantent vos oreilles un matin de printemps, ou quand le jus d'une pêche inonde votre bouche. Goûtez la main qui effleure votre peau. Savourez la peau qui frémit sous vos doigts.

Celui (celle) qui caresse doit jouir de ses propres sensations tactiles ; détailler les qualités de la peau

sous ses doigts : douceur, chaleur, granité, onctuo-
sité, frémissements, magnétisme. Il doit être à
l'écoute de son (sa) partenaire avec son toucher, ses
oreilles, ses yeux. Il faut être très attentif pour percevoir les réactions non verbales.

Les sensations tactiles sont quasi imperceptibles.
C'est une sorte de magnétisme qui attire et retient
la pulpe des doigts, une espèce d'ivresse de la peau,
un dialogue des peaux car les peaux se parlent ; ces
phénomènes ne sont pas pure poésie : c'est par des
impressions subjectives aussi ténues que digito-
puncteurs et acupuncteurs recherchent les points
d'impact.

L'horripilation des poils dont les Hindous faisaient un excellent critère de jouissance, les frémissements et frissons sont un véritable langage
d'amour.

Les modifications de la respiration — soupirs,
râles, halètements, souffle retenu — indiquent le
degré de plaisir. « *Le mari doit continuer son action
jusqu'à ce qu'il voie le duvet du corps se hérisser et
qu'il entende le "SITKARA". C'est le bruit "s't! s't!
s't!" produit par l'air aspiré entre les dents fermées.
Il témoigne d'une grande jouissance*[1]. » Les Orientaux avaient répertorié tous les bruits émis au cours
du plaisir et leur avaient affecté des noms bucoliques. On y trouvait des sons inarticulés, onomato-
pées, gémissements, paroles brèves.

Les mouvements de la main : frôlements, pressions, pincements, serrements, incrustation des
ongles, griffures en raies, etc., les morsures sont
autant de signes de plaisir.

Celui (celle) qui reçoit la caresse doit se concentrer
sur son propre plaisir, être à l'écoute de son corps.
Il (elle) ne doit pas hésiter à indiquer clairement ses
désirs : préciser ses zones érogènes préférées, guider
le (la) partenaire dans ses recherches. Si la main ou

1. *Kâma Sûtra, op. cit.*

la bouche ne sont pas tout à fait où il faut ou si elles s'écartent, si le rythme et le mouvement ne sont pas satisfaisants, il faut le dire ou prendre la main et montrer ce qu'il faut faire. Et faire savoir s'il faut continuer et recommencer. Il faut parler tendrement, encourager et même faire des éloges : « *C'est bien, mais ça serait mieux ainsi ; tu deviens orfèvre.* »

La vie sexuelle s'améliore, quand on apprend à parler.

C'est Perls, le fondateur de la Gestalt, qui a découvert en psychothérapie l'intérêt de l'attitude « *hunc et nunc* » — « ici et maintenant ». Masters et Johnson l'ont appliquée, sous le nom de « *Sensate Focus* », à la sexualité : il s'agit de vivre chaque minute comme si elle était unique, de se concentrer sur le vécu subjectif ; en soi chaque sensation est bonne quand on est sans projet. C'est une de leurs techniques de traitement des troubles de la sexualité : des caresses gratuites, qu'ils préconisent dans un premier temps, détendent les sujets anxieux ; on n'a pas à s'y poser les questions angoissantes qui anticipent l'échec : vais-je bien faire l'amour, bander suffisamment et assez longtemps, bien lubrifier, avoir un orgasme ?

Groddeck, provocateur génial, écrit : « *J'ai l'impression que le plus difficile dans la vie, c'est de se laisser aller, de guetter et de suivre les voix du "ça" tant pour le prochain que pour soi-même. Mais l'enjeu en vaut la chandelle. Peu à peu, on redevient enfant et vous savez : ceux d'entre vous qui ne deviendront pas des petits enfants n'entreront jamais dans le royaume. On devrait renoncer à "faire les grands" dès l'âge de vingt-cinq ans ; jusque-là on a besoin de cela pour grandir, mais ensuite, ce n'est plus utile que pour les rares cas d'érection. Ne pas lutter contre l'amollissement, ne pas plus se dissimuler à soi-même qu'aux autres ce relâchement, cette flaccidité, cet état d'avachissement, c'est cela qu'il faudrait*[1]. »

1. Groddeck, *op. cit.*

L'heure des caresses

Il n'y a pas d'heures pour les caresses gratuites,
ni de lieux. Elles peuvent se donner du matin au soir
et du soir au petit matin. Debout, assis, couché, nu,
demi-nu, habillé, dans la cuisine, le salon, en voiture,
dans le jardin, dans les bois. C'est une manifestation
semi-permanente qui file et faufile les jours et les
nuits, témoignant l'attachement et entretenant le
désir.

Bien entendu, c'est dans le confort de la position
allongée, dévêtu, dans un lieu intime et dans une
séquence de temps préservé que l'on pourra jouir au
mieux des caresses. Sachons renoncer, de temps à
autre, à un programme de télévision ou à une sortie
pour s'accorder une soirée (ou un après-midi ou une
matinée) d'intimité et de caresses. C'est la seule joie
que l'on peut s'offrir quelle que soit notre fortune.
Et sans doute un des rares moments de confiance,
confidence et détente.

Le *Kâma Sûtra* décrit, avec force poésies et raffinements, ces soirs d'intimité, les préparatifs, l'accueil,
le déroulement : la chambre décorée de fleurs et
embaumée d'essences aromatiques, les amants bai-
gnés et parfumés, les haleines purifiées, les conver-
sations plaisantes, les sucreries offertes par
l'amante, les jus de fruits présentés par l'amant, *« il
la fera boire dans une coupe qu'il tiendra de sa propre main »*. L'amoureux conduira l'amante à la fenê-
tre, la lune est au rendez-vous, *« il lui montrera les
diverses planètes, l'étoile du matin, l'étoile Polaire et
la Grande Ourse »*.

Heureux Orientaux, heureuse époque !... Mais il ne
tient qu'à nous de savoir vivre de la sorte. Et quand
le décor est planté, quand la poésie a développé ses
volutes — vient le moment ineffable d'écrire sur la
page blanche du corps nu de l'aimé(e).

Certaines personnes ne savent pas se détendre et
profiter de la douceur du temps qui passe et des

mains qui les touchent. Elles arriveront à se relaxer — muscles et esprit — en respirant plus librement. *« C'est également faute de savoir respirer à fond que l'on ne parvient pas à avoir des rapports sexuels pleinement satisfaisants. On retient son souffle... »* La plupart des gens contiennent leur respiration pour bloquer leurs émotions. Or *« la respiration et la sexualité sont inséparables... Il est bien connu que la respiration est stimulée et amplifiée par l'excitation sexuelle ; mais on ignore généralement qu'une respiration faible et défectueuse en réduit l'intensité. Toute restriction des mouvements respiratoires empêche l'excitation de se propager et confine la sensation dans la zone génitale ».* Inversement, une respiration ample *« mobilise le corps entier »* et la sensualité générale. *« La respiration est la pulsion fondamentale du corps tout entier ; elle est donc à la base du plaisir... Quand on prend le temps de souffler on fait échec, jusqu'à un certain point, aux pressions extérieures[1]. »*

Pour élever votre sensibilité et vous détendre faites 4 ou 5 fois cette respiration sophrologique : inspirez à fond, par le nez, en abaissant votre diaphragme le plus possible (c'est-à-dire en inspirant avec votre ventre) — bloquez quelques secondes —, soufflez par la bouche, jusqu'au bout du souffle, comme un large et profond soupir. Votre fatigue s'envole, vos nerfs se dénouent et se déploient vos antennes sensuelles.

La caresse gratuite, chacun peut en bénéficier, tous les jours, à tout âge, même dans la force de l'âge. On l'apprécie aussi les jours de fatigue, de maladie, d'indisposition sexuelle (infections, herpès), de menstruations (mais elles ne sont pas taboues), fin de grossesse et grossesse compliquée. On l'apprécie à un âge cardinal.

Les caresses d'interlude se prodiguent pendant l'activité coïtale ou dans les pauses, comme nous le

1. Jack Lee Rosenberg, *Jouir*, Éd. Tchou.

verrons avec la « caresse intérieure ». Elles se donnent par tendresse, par possessivité, par complétude : elles multiplient les sensations ; elles servent aussi à maintenir ou à stimuler l'excitation pendant les pauses. Toutes les zones accessibles, le visage, la bouche, les seins, le corps entier reçoivent des caresses que les mains, la bouche, les cheveux... dispensent.

Alors que les caresses préliminaires du prélude avaient un impact plutôt physiologique, les caresses « d'après l'amour » ont une dimension psychologique prépondérante : c'est une authentique démonstration de tendresse.

Pour la femme, c'est la preuve de la gratitude de l'homme ; pour celle qui a été frustrée de l'orgasme, les caresses contribuent à réduire sa tension sexuelle et à induire une détente nerveuse. Ces marques de générosité touchent beaucoup les femmes qui détestent la conduite égoïste de l'homme qui les abandonne, se retourne et s'endort.

Pour l'homme, les câlineries témoignent de la reconnaissance de la femme comblée ou satisfaite. C'est aussi un réconfort, car il peut présenter une phase d'épuisement ou d'abattement.

Les amants, les corps enchâssés, les membres noués, le cœur à l'unisson s'endorment paisibles.

8

Parenthèse

Quelle est la place de la caresse dans les échanges entre la femme et l'homme ? Comment la situer dans le déroulement de l'acte sexuel ? Pour le savoir, rappelons les trois scènes de la réponse sexuelle féminine et masculine : la phase de désir ou d'excitation, la phase de paroxysme ou d'explosion, la phase de résolution (voir schéma).

Le désir

Il peut monter progressivement comme une marée, ou galoper comme la mer dans la baie du mont Saint-Michel, ou même survenir comme un raz de marée. La voix de l'amant(e) peut suffire à le susciter ; même portée par le téléphone depuis de lointaines contrées, elle peut provoquer des troubles aussi exquis que précis. La vue de l'aimé(e) déclenche, évidemment, une belle flambée de désir. Son sillage et son aura de parfums le font croître et lorsqu'il (elle) est très proche, un bouquet de senteurs — y compris les senteurs du désir lui-même — jette de l'huile sur le feu. Mais, bien entendu, c'est par les caresses et les baisers que l'émotion sensuelle prend les proportions d'un embrasement général.

Cette excitation peut s'inscrire dans les préludes au coït ou correspondre à la caresse gratuite. Le plaisir se ressent dans la tête, comme une exaltation psychique, comparable à certains degrés d'ivresse ; il est aussi un bien-être de tout le corps qui exulte ; il est surtout un faisceau de sensations voluptueuses qui siègent dans les zones génitales.

De fait, les organes génitaux et en particulier les corps érectiles, par une vaso-dilatation, se gorgent de sang ; c'est l'intumescence qui les fait gonfler, s'ériger, chauffer et rougir. Chez la femme, le clitoris se fait vermillon et double ou triple de volume (congestion des corps caverneux). Les grandes lèvres virent à l'écarlate et s'épaississent du double ; leurs faces intimes se gonflent comme des mangues au niveau de l'orifice vaginal (congestion des bulbes). Les nymphes, gorgées de sang, rutilent comme crête de coq.

Toute la surface du vagin se carmine. La moitié inférieure de la gaine se gonfle en anneau (congestion du plexus péri-vaginal), c'est la bague que la femme passe au pénis de l'homme ; elle sertit voluptueusement et tendrement sa base, stimulant le point érogène A, provoquant un regain d'érection, massant l'ensemble de la verge qui coulisse, tenant et retenant l'homme, s'attachant et se fusionnant à lui. Le tiers supérieur se dilate comme une montgolfière, par expansion des culs-de-sac autour de l'axe du col, mettant à l'aise le gland masculin en érection. Tous les organes du pelvis se congestionnent : utérus, ovaires, anus, vessie, péritoine, intestins.

Chez l'homme, le gland gonfle et s'empourpre, véritable boule de feu. La verge s'érige en faisceaux de licteurs par engorgement des corps caverneux et spongieux. La congestion atteint les bourses, les testicules, la prostate, la vessie.

La vaso-dilatation s'étend à toute la peau qui rougeoie par taches ou sur toute sa surface ; et brûle comme si une poussière de soleil s'y était incrustée. Le désir se sent, se ressent, se voit. Les lèvres et les seins ne sont pas les derniers à rutiler, ornant le

La courbe du plaisir

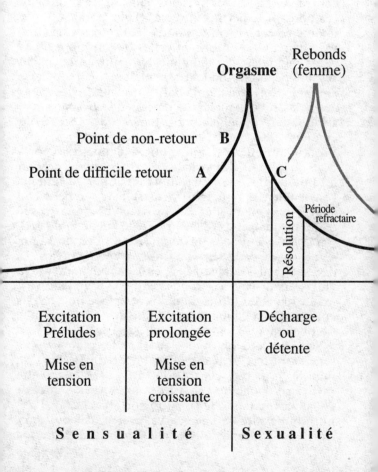

corps de la femme d'auréoles de plaisir que l'homme aspire comme une orange sanguine.

Tandis que s'instaure le branle-bas de combat des vaisseaux sanguins, un autre phénomène traduit le désir, c'est la contraction des muscles volontaires et involontaires des régions génitales. Les muscles du périnée se contractent (le périnée est le tressage de faisceaux musculaires qui ferment le fond du bassin, la clef de voûte étant le « releveur de l'anus »); se contractent aussi les muscles baguant les trois orifices perçant le périnée (urètre, vagin, anus). Chez la femme se resserrent, en outre, les fibres musculaires amarrant le clitoris et celles qui enveloppent la gaine vaginale. Chez l'homme, les haubans musculaires du pénis se tendent. Le plaisir vient de cette agréable congestion qui gonfle et réchauffe les zones génitales et de la plaisante tension de leurs muscles; s'y ajoutent les délicieux frottements des récepteurs cutanés.

Enfin, dernière manifestation d'appétit, se produit au niveau des organes sexuels une sécrétion de liquide destiné à les lubrifier. Chez la femme, l'ensemble des muqueuses ruisselle d'une belle eau claire, un peu fileuse, provenant d'une rosée d'amour que perspire la surface du vagin, et du griffon de la glande de Bartholin. Elle sourd du vagin, coule en cascade sur les franges des nymphes, se divise en ruisselets sur les pentes et baigne toute la vulve, débordant en grandes eaux, si vraiment c'est la fête, dans les taillis du pubis et la face interne des cuisses. Chez l'homme, une lame de suc vernisse le flamboiement du gland.

Pendant cette phase d'excitation, le cœur bat plus vite et plus fort, la tension artérielle s'élève, la pupille, le cercle central de l'iris, se dilate; cette mydriase donne au regard des amoureux son éclat et sa fascination; elle constitue un signal sexuel primitif qui exalte l'archéo-cerveau, siège des pulsions. Après une ascension, les phénomènes d'excitation atteignent un niveau maximum et s'y maintiennent : c'est la phase en plateau. Dans la caresse gratuite, on en reste là. Dans les caresses destinées à provoquer l'orgasme, l'excitation jaillit en un soudain paroxysme.

L'explosion

Orgasme vient du grec *orgaô* qui signifie bouillonnement. C'est la plus intense expérience de plaisir qui puisse exister. Il envahit toute la conscience, qui prend alors une qualité particulière qu'on peut qualifier d'état extatique. Il est effectivement proche de la transe extatique des mystiques. Il est caractérisé par l'occupation complète de la conscience, le reflux de toute pensée, la perte de la notion du temps et du lieu, l'exaltation, le ravissement.

Chez la femme, il n'y a, au plan du ressenti, qu'un seul orgasme en tant que plaisir aigu, raptant et débordant les zones génitales ; mais il prend, selon le point de départ, une teinte différente. Le plaisir clitoridien est plus ponctuel, plus localisé, plus aigu, dense, intense, sorte de plaisir électrique ou énervant. Le plaisir vaginal est plus diffus et plus diffusant, plus profond, plus total, sorte de plaisir sourd et pulsatif qui envahit le mental et apporte un apaisement plus grand.

Chez l'homme, au cours de l'intumescence, principalement à proximité de l'explosion, le plaisir est celui d'une tension, d'un raidissement maximum du pénis et du corps tout entier. Pendant la séquence A de contraction involontaire des muscles, il enregistre une sensation extrêmement agréable dans le périnée : c'est la sensation pré-éjaculatoire ou pré-orgasme, message annonçant l'imminence de l'orgasme ; elle correspond à la mise en tension extrême des muscles lisses de l'appareil génital externe (urètre, canaux éjaculateurs, vésicule séminale, canaux déférents). Pendant la séquence B de contraction involontaire des muscles, le plaisir est paroxystique ; il correspond à la contraction rythmique des muscles lisses des canaux susdits et de tous les autres muscles locaux, et non au passage du sperme dans leur lumière. L'orgasme peut exister sans éjaculation, à sec. C'est le cas des enfants, des hommes ayant asséché leur réserve de sperme par des éjaculations multiples, de ceux ayant subi une vasectomie (section des déférents). Ce fait aura une grande importance pour comprendre la « caresse intérieure ».

Sait-on ce qui se passe dans la physiologie du corps, tandis que la chair et l'esprit sont en proie au plus violent plaisir ? Les sexologues ont découvert que l'orgasme est un arc réflexe : une stimulation excite une zone sensible et y engendre un influx nerveux sensitif ; celui-ci gagne les centres nerveux de la moelle qui renvoient un influx moteur ; lequel déclenche une réponse musculaire. Notez que le cerveau cortical et végétatif contrôle la moelle. C'est la grandeur et la servitude de la sexualité humaine ; par le cerveau, elle peut être élevée à un niveau émotionnel et spirituel propre à l'homme ; par le cerveau, elle peut être inhibée ou perturbée. C'est parce qu'il pense et sent que l'homme magnifie ou rate sa sexualité.

La réponse musculaire orgasmique est faite de contractions involontaires et rythmiques de tous les muscles lisses et striés de la région. Le rythme fait alterner contractions et décontractions à des intervalles de 8/10e de seconde, il y a au total 5 à 15 contractions s'étalant sur 10 à 15 secondes. Ce sont véritablement des battements d'amour car les muscles s'activent sur le tempo du cœur.

Les muscles qui entrent dans la ronde sont, dans les deux sexes, les muscles du périnée, en particulier le « releveur de l'anus », muscle de la jouissance, qui se met alors à danser en cadence. Chez la femme, les muscles du tiers inférieur de la gaine vaginale, faite de fibres circulaires qui se spasment en cadence, et étreignent rythmiquement (en compagnie du « releveur de l'anus ») le pénis introduit ; les petits muscles de la vulve et du clitoris ; les fibres musculaires des organes pelviens (utérus, trompes, intestins). Chez l'homme, les muscles haubanant le pénis et les fibres musculaires des voies spermatiques. Toute la musculation du corps se crispe parallèlement.

Le point de départ, chez l'homme, est unique : c'est la verge et plus spécialement le frottement des points érogènes de la couronne du gland et la striction du fourreau, principalement le point A de sa base. Chez la femme, le point de départ est multifocal : ce peut être la bouche, le sein, l'anus, le clitoris ou le vagin. Il est sûr, maintenant, qu'il y a deux points de départ principaux à la réponse orgasmique : le clitoris et le vagin. Les querelles doctrinaires, quant à la valeur respective de ces zones, la valeur de leur orgasme, leur rôle respectif dans l'orgasme, sont dépassées. La phallocratie et la misogynie de Freud avaient loué le vagin et dévalué le clitoris ; les ultra-féministes chantent le clitoris, organe de l'autonomie, et méprisent le vagin, lieu de la soumission aux mâles et de leur assouvissement. Les choses sont claires maintenant, il n'y a qu'une réponse orgasmique : la contraction rythmique des muscles locaux ; il y a deux points de départ principaux : le clitoris et le vagin. Quand on dit orgasme « clitoridien », on veut dire à point de départ « clitoridien ». Quand on dit orgasme « vaginal », on veut dire à point de départ « vaginal ».

Le clitoris a tous les attributs d'une zone érogène majeure, susceptible de déclencher l'orgasme. Il est pourvu d'un grand nombre de corpuscules de Krause ; il appartient à l'appareil érectile le plus important (les corps caverneux et les bulbes). L'orgasme clitoridien s'obtient par les doigts (ceux de la femme elle-même ou de son partenaire) ou par la bouche (du partenaire) ; son obtention par le pénis (soit frottement direct, soit tiraillement par les nymphes interposées) semble peu probable. Le vagin possède les mêmes attributs : les culs-de-sac comportent des plots érogènes et la face antérieure du tiers inférieur de la gaine porte le fameux point G. Il se trouverait précisément à cinq centimètres au-dessus de l'orifice du vagin, en avant ; il est sensible aux pressions fortes ; découvert par Grafenberg en 1950, son rôle a été mis en lumière en 1982 par des chercheurs américains. Le vagin possède une autre prédisposition orgasmique : c'est le plexus péri-vaginal de son tiers inférieur, qui est un véritable appareil érectile. Le vagin comporte une sensibilité de contact et une sensibilité de réplétion. L'orgasme vaginal s'obtient par les doigts (plutôt ceux de la femme elle-même, rarement ceux de l'homme) ou par le pénis. Le vagin a rarement d'emblée une sensibilité suffisante pour conduire à un orgasme par les premiers coïts. Il devra s'érotiser progressivement. On ne sait pas comment la stimulation du mamelon ou le baiser sur la bouche déclenche l'acmé.

La phase orgasmique caractérisée par la contraction involontaire des muscles — en particulier des fibres musculaires des voies spermatiques chez l'homme — se divise en deux séquences : d'une part, la séquence A de « difficile retour » ou l'ultime réversibilité ; elle correspond au début des contractions involontaires ; le contrôle du processus est encore possible mais difficile ; l'interruption entraîne un déplaisir et même des douleurs ; les congestions plaisantes deviennent algiques et les contractions agréables deviennent contractures pénibles. D'autre part, la séquence B de « non-retour » ou d'irréversibilité ; les contractions involontaires battent leur plein, l'événement n'appartient plus à la femme ou à l'homme.

La phase de résolution

Les muscles se relâchent au niveau des organes génitaux, de la région périnéale et pelvienne et de tout le corps. C'est la détente, la détumescence ou déconsgestion qui s'opère, mais très lentement; la vaso-dilatation persiste plusieurs heures, les muqueuses et la peau conservent une certaine rougeur et une chaleur certaine.

Le plaisir aigu diminue et s'annule. La tension psychique s'effondre. Il s'installe un bien-être extraordinaire où tout est calme, luxe et volupté. Parfois, l'homme présente une fatigue notable et une phase mélancolique, certains sombrent dans le sommeil. Il s'installe chez lui une phase réfractaire faite d'une relative inexcitabilité — sorte d'extinction de son érogénéité — et une paresse, sinon une impossibilité d'érection. Cela dure de cinq minutes à quelques heures. La femme, par contre, peut obtenir plusieurs rebonds d'orgasme coup sur coup ou peu de temps après; on la dit « multi-orgasmique ». Cette autre dissymétrie, entre l'érotisme de l'homme et de la femme, sera palliée par la « caresse intérieure ».

9

Les moyens de la caresse

Le troisième cercle, c'est-à-dire toute la surface cutanée distante des organes génitaux, est une vaste zone érogène. Sa richesse sensuelle est telle qu'aucune description ne peut en rendre compte. C'est une poussière d'or, une constellation de diamants.

A l'époque victorienne, on ne pouvait jouir de la sensualité de la peau : les gens gardaient leurs vêtements pour faire l'amour, seuls les sexes étaient en contact. Actuellement, la plupart des gens sont nus, mais ne tirent pas la quintessence du rapprochement, puisque trop souvent les échanges se résument à un rapport sexuel.

Je n'ai pas fait de distinction entre le troisième cercle de la femme et celui de l'homme pour deux raisons : la première est qu'il n'y a pas dans ce cercle, semble-t-il, de zones érogènes particulières à l'un ou à l'autre sexe, ni de répartition différente. La seconde est que, délibérément, j'envisage en une seule description les deux sensibilités, afin de libérer l'homme de sa carapace et de son ghetto. C'est en affirmant l'égalité des sensualités qu'on aboutira à l'égalité des traitements et à la fin du sous-développement sensuel de l'homme.

La totalité du corps est en elle-même une immense caresse. Point n'est besoin, certains jours, de caresses subtiles ; il n'est que de serrer contre soi l'amant(e) pour connaître l'ivresse et un regain d'énergie. Le corps humain a en soi un certain pouvoir de « masse » ; c'est ce pouvoir que recherchaient sans doute les vieux papes qui serraient contre eux, la nuit, des jeunes filles ; outre la chaleur, leurs corps leur apportaient une recharge de leur potentiel énergétique ; c'est ce pouvoir que sollicitent les campagnards fatigués qui étreignent les chênes pour récupérer des forces. Et c'est, sans doute, cette puissance des êtres vivants qu'évoque Flaubert dans *Salammbô* : « *C'est une caresse qui m'enveloppe et je me sens écrasé comme si un dieu s'étendait sur moi.* »

Jeux de main

Ce qui est bon pour la bouche est bon pour les mains. Réciproquement, où les mains sont passées, la bouche pourra repasser. Néanmoins, les mains et la bouche ont leur spécialité, c'est-à-dire des zones plus propices à leur exercice et plus sensibles à leur action.

On ne dira jamais assez l'importance de l'acquisition de la main (résultant de la station verticale) ; on ne chantera jamais assez d'hymnes à la main ; et spécialement dans le domaine de la sensualité dont elle centuple les possibilités. Alors, pourquoi renoncer à cette suprême invention ?

Pour apprécier l'importance considérable de la sensibilité tactile de la main, souvenez-vous du diagramme 5 : la surface de représentation corticale de la main est plus grande que tout le tronc. Aucune description ne peut rendre compte des possibilités infinies et des nuances du toucher (il en sera de même pour la bouche). La main ne se lasse pas de découvrir et d'explorer les courbes et les replis du corps de l'aimé(e).

Selon la pression, le nombre de doigts, la position des mains, le rythme, le mouvement, on distingue :

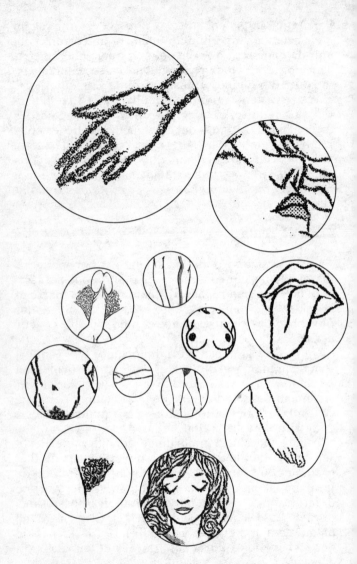

Surfaces de projection sur le cortex
cérébral des différentes parties du corps

• *Le trait de plume* : c'est l'effleurement avec la pulpe d'un doigt, le plus souvent l'index ou le majeur ; ce dernier est le plus utilisé, c'est vraiment le doigt de l'Amour puisqu'il est le préféré, le plus capable dans les caresses des trois cercles.

Avec la précision d'une plume à écrire et la légèreté d'une plume d'oiseau, il trace diverses lignes. Il peut décalquer l'anatomie, soit en suivant les profils du corps ou les contours des membres, redessinant la silhouette, soit en suivant les lignes naturelles du terrain : les sillons (sous les seins, sous les fesses, etc.), les creux (au-dessus de la clavicule, derrière les chevilles, etc.), les rebords (les orbites, la crête du tibia, etc.).

Il peut improviser des dessins : soit des figures géométriques, aller et retour en épingle à cheveux, arabesques, cercles concentriques, etc., soit des graphismes figuratifs, cœur, fleur, étoile, etc., soit des lettres, des chiffres, des mots, des phrases. On demande à celui qui reçoit la caresse de deviner ce que le partenaire a dessiné.

L'extrême sensibilité de la peau lui permet de « lire » réellement le message. Ces jeux d'amoureux se retrouvent, très élaborés, dans certaines méthodes de lecture par la peau mises au point pour les aveugles. Qui n'a jamais joué ainsi puérilement, amoureusement, n'a pas aimé joyeusement.

• *Le pointillé* : même caresse en décollant les doigts par intermittence.

• *Le pinceau* : même caresse avec les quatre doigts.

• *Le pas de moineau* : même chose que le pinceau en décollant les doigts par intervalles.

• *Le pas japonais* : même chose que le trait, mais en exerçant une pression moyenne par intermittence.

• *La titillation* : les stimulations se fixent et se centrent sur les zones les plus érogènes : pli du coude, face interne des cuisses, etc.

• *Le pincement plissant* : il se fait entre le pouce

et un doigt (index et majeur), on obtient un pli. Ou entre le pouce et les quatre grands doigts, à pleine main, on obtient un grand pli, comme lorsqu'on attrape un lapin par la peau du dos. Ces stimulations ne sont pas douloureuses. Exceptionnellement, une bouffée d'amour peut déclencher une pression douloureuse.

• *Le pincement tournant :* les doigts tordent légèrement le pli cutané.

• *L'araignée ou les « pointes » :* les doigts se déplacent alternativement comme les pattes d'une araignée ou les pieds d'une danseuse.

• *La plume :* c'est un effleurement ultra-léger et discontinu avec l'extrême bout des grands doigts relâchés.

• *Le lissage :* les quatre grands doigts, à plat, lissent la surface de la peau d'un mouvement longitudinal.

• *Le polissage :* même caresse en appuyant et en effectuant des mouvements longitudinaux, transversaux et tournants.

• *Le revers :* c'est une caresse avec le dos des doigts.

• *Le rail :* deux doigts, en appui continu ou discontinu, parcourent la surface de la peau suivant deux lignes parallèles.

• *Le fer à cheval :* entre le pouce et les quatre grands doigts, en fer à cheval, c'est un effleurement très doux des surfaces cylindriques : membres, profils du tronc.

• *L'anneau coulissant :* c'est une striction douce, entre le pouce et les quatre doigts, formant un anneau plus ou moins fermé, d'une surface cylindrique : membres, profils du tronc. La main glisse le long de l'axe.

• *L'anneau serrant :* même caresse avec pression continue comme pour exprimer un filtre de tulle rempli de groseilles cuites.

• *L'anneau sautant :* même chose en desserrant la striction par intermittence.

• *Le pianotement :* comme son nom l'indique, les doigts pianotent.

• *Le tapotement :* sur les bras, sur les flancs.

• *La tape, la claque :* sur les fesses, les cuisses, le thorax, ce geste de tendresse n'est pas du goût de tout le monde. Cependant, les Orientaux en faisaient grand cas, y mettant une certaine force et la généralisant à tout le corps.

• *L'empaumement :* c'est prendre à pleine paume une surface convexe : épaule, flanc, seins, fesses, genou, talon.

• *Le pétrissage :* la main remodèle, resculpte le corps aimé, désiré.

• *Les massages :* on peut les faire selon son inspiration. Le fin du fin est d'apprendre le massage « californien ».

La caresse féline

L'onigulation, caresse féline, serait plutôt une caresse féminine ; pourquoi les mâles, comme les Orientaux depuis plusieurs millénaires, ne s'y mettraient-ils pas ?

• *Le trait de plume :* le contact se fait avec le bord de l'ongle qu'on déplace selon son tranchant comme des patins à glace. Le trait est un effleurement superficiel. La raie est un contact appuyé laissant une marque.

L'ongle agit exactement comme la pulpe des doigts : il décalque l'anatomie ou il improvise des dessins ; l'ongle dessine et écrit sur la peau avec plus de précision que la pulpe.

• *Le pointillé :* même chose en décollant l'ongle par intermittence.

• *Le peigne :* équivaut au pinceau pour la pulpe. Même caresse avec les quatre grands doigts.

• *Le pas de coq :* équivaut au pas de moineau pour la pulpe. Même chose en décollant les ongles par intervalles.

• *Le pas japonais :* même chose en exerçant une pression par intermittence.

• *La griffure :* le contact se fait à plein ongle, le déplacement s'effectue dans l'axe des doigts, comme pour racler. La pression est légère et ne laisse qu'une trace blanche. La griffure se fait avec un ou plusieurs doigts.

• *L'égratignure :* c'est une griffure plus appuyée, laissant des traces d'écorchure : raie rouge et même perle de sang. C'est tolérable s'il s'agit d'un intense témoignage d'amour, non si c'est une manifestation de sadisme.

• *L'incrustation :* un ou plusieurs ongles s'enfoncent sur place sans se déplacer. Si la pression est forte, il persiste un marquage, il n'est pas sanglant dans l'incrustation-jeu ; il peut l'être dans l'incrustation que pratiquent les femmes aux moments forts de leur jouissance, en particulier au niveau du dos de leur amant.

• *Le pinçon :* entre les ongles du pouce et de l'index, un peu de peau est pris.

• *Le revers :* c'est une caresse avec le dos des doigts et le plat des ongles. Si les doigts se relèvent un peu, les ongles frottent par leur extrémité convexe.

« *Rien n'est plus puissant pour accroître l'amour comme les marques d'ongles et de morsures*[1]. » Les Orientaux avaient perfectionné l'onigulation et décrit moult modalités. Les marques étaient exhibées en public pour montrer l'ardente façon dont on était aimé. Citons pour le plaisir :

• *La patte de paon :* c'est la marque des ongles d'un pouce sur le sein, des quatre grands doigts sur l'autre sein.

• *La griffe du tigre :* ce sont des griffures en ligne courbe sur le thorax.

• *L'anwartha-Nakhedana :* ce sont trois égratignures profondes faites avec les ongles des trois doigts

---

1. *Kâma Sûtra, op. cit.*

centraux sur le sein, le dos, le ventre. Elles se dispensaient avant une longue séparation — un voyage par exemple — afin que celui (celle) qui restait ne cesse de penser au voyageur.

Les possibilités sont innombrables : c'est aux amants d'en inventer. « *Si la variété est nécessaire en amour, l'amour doit être produit par la variété des moyens..., cette variété que l'on recherche dans tous les arts et amusements... à combien plus forte raison doit-on la rechercher en matière d'amour*[1]. »

Les caresses peuvent être concentrées exclusivement sur une zone érogène : la main, le pied, le sein, le visage, l'oreille, etc. On peut, par exemple, prendre la main pour unique objet de notre sollicitude, pour en tirer la quintessence.

Dans une même région du corps, les caresses doivent être « fondues » : ne sautez pas d'une zone érogène à une autre en décollant la main. En rompant le contact, le partenaire vit une fraction de seconde d'abandon ou d'incertitude.

Ne prenez pas de raccourci, faites la caresse buissonnière : si vous caressez le poignet et que le désir vous prend de caresser la jambe, ne décollez pas la main, ne passez pas du bras à la cuisse directement, même si le bras de votre partenaire est accolé à sa cuisse ; que votre main fasse un aller et retour sur le bras, qu'elle emprunte la courbe de l'épaule, musarde sur le thorax, grappillant au passage le mamelon, fasse une virole sur l'estomac, quelques spirales sur le ventre, glisse sur le pli de l'aine, et atteigne, enfin, la cuisse.

L'itinéraire indiqué ici n'a rien d'inamovible. Agissez selon votre inspiration et votre tendresse, et à chaque fois, différemment. Quand vous cesserez vos caresses, ne rompez pas le contact en retirant la main brusquement : laissez-la posée sur la peau. S'il faut se séparer, terminez comme à regret, par des pointillés ou mieux la « plume ».

1. *Kâma Sûtra, op. cit.*

Les caresses doivent être enchaînées. Ne passez pas d'un segment du corps à un autre en détachant la main, sinon le charme risque d'être rompu pour votre partenaire ; il (elle) aura l'impression désagréable d'être fait(e) de pièces détachées. Il faut réunir les zones, unifier le corps : si vous caressez le bras et que vous désirez empaumer le sein, redescendez dans un premier mouvement jusqu'à l'extrémité des doigts en trait de plume, puis remontez tout le bras en fer à cheval, suivez la convexité de l'épaule, glissez sur le sternum et occupez-vous enfin du sein.

La main doit être inspirée, subtile comme celle d'un prestidigitateur : passez d'un type de caresse à l'autre subrepticement, huilez vos mouvements, les changements de rythme seront doux sous peine de laisser retomber le bien-être et la communication.

La peau perçoit ce que dit la main. Si elle dit : « Je te caresse pour te donner du plaisir et parce que je t'aime », la peau jubile. Si elle dit : « Je te caresse pour te faire jouir », la peau n'apprécie qu'à demi ou pas du tout. Science sans tendresse ruine la caresse. Si elle dit : « Je te caresse en pensant à autre chose », la peau ressent un malaise. Science sans conscience ruine la caresse.

La fleur à la bouche

Anatomiquement et histologiquement, tout prédispose la bouche à jouir et à faire jouir. La peau est très fine, la couche cornée et le pannicule adipeux étant minces ou absents, si fine que sur le bord libre des lèvres et à l'intérieur de la bouche transparaît le sang. La muqueuse labiale est riche en vaisseaux, comme toute zone de jouissance intense, elle va se gorger de sang au cours de l'excitation et sa chaleur va croître. Les nerfs y sont nombreux et confèrent aux lèvres une exquise sensibilité. Néanmoins, on n'y trouve pas de corpuscules de la volupté.

Qu'importe puisque la finesse des téguments met le sang à la bouche et les nerfs au bord des lèvres.

La pulpe des lèvres est faite d'un assemblage de muscles qui forme le complexe le plus fin et le plus précis du corps, tout en étant puissant ; la peau colle aux muscles et suit rigoureusement leurs mouvements. L'ensemble est bien fait pour la préhension et la succion.

La langue est revêtue d'un épithélium truffé de récepteurs sensitifs. Les uns perçoivent le contact, la température et la douleur ; leur densité fait de la langue un organe éminemment sensible. Les autres apprécient le goût des choses. En réalité, la langue ne peut discerner que le sucré, le salé, l'amer et l'acide ; c'est la muqueuse nasale qui indique toutes les autres nuances du goût. Pour le reste, la langue est un massif musculaire gorgé de sang. Il a pour but la succion et la déglutition. A noter qu'au cours du baiser les glandes salivaires se congestionnent et sécrètent.

L'importance de la sensibilité de la langue et des lèvres est attestée par l'étendue de son aire de projection corticale : à elles deux, elles occupent plus de surface que les quatre membres.

Tapissée de peau délicate et humide, riche en vaisseaux sanguins qui se dilatent et se réchauffent, en récepteurs nerveux avides, en une multitude de petits muscles subtils, de glandes qui se gonflent, elle est, anatomiquement et physiologiquement, la zone la plus apte à donner le plaisir avec la zone génitale. Elle est pareillement chaude, onctueuse, intumescente, engainante et d'une exquise sensibilité. Dans la bouche, comme au niveau de la vulve ou du pénis, sang, nerfs et sécrétions sont à fleur de peau.

La proximité du nez, organe du goût et de l'olfaction, renforce l'érogénéité de la bouche. Les odeurs que le sujet perçoit en donnant le baiser avivent son plaisir. Les odeurs générales du (de la) partenaire —

peau, cheveux, haleine, etc. — peuvent réactualiser les odeurs maternelles qui furent associées aux plaisirs de la tétée (satiété, chaleur, bien-être, etc.). Les odeurs ayant participé aux jouissances premières de l'oralité sont inscrites à vie dans l'être.

D'autres odeurs de l'enfance ou de l'adolescence ont pu conditionner l'individu. Pour les femmes, certaines odeurs de l'aimé : tabac, eau de toilette, transpiration, etc., peuvent évoquer la tendresse du père. Pour les hommes, les parfums divers de l'amante rappelleront ceux qui enveloppaient la mère. Œdipe ne meurt jamais, il se tapit.

Il y a aussi les odeurs propres au (à la) partenaire, *sui generis*, qui ont le pouvoir d'attirer et d'attiser l'amant(e) qui donne le baiser : parfum de miel ou de foin de l'haleine, odeur piquante des brunes, parfum capiteux des blondes, senteur sauvage des rousses enivrent et captivent véritablement. Les femmes y ajoutent la fascination de leurs cosmétiques, crèmes, rouges à lèvres, laques et *tutti quanti*.

Enfin, les odeurs émises par les glandes à musc ou phéromones atteignent les narines du donneur de baisers. Les glandes responsables sont situées dans la sphère génito-périnéale ; les molécules aromatiques exercent un pouvoir attractif, plus ou moins sélectif (elles seraient l'une des composantes de l'attirance des individus entre eux).

S'exhalent de l'amante les mille sortilèges de son corps brûlant de désir, comme en Provence le vent mauve du couchant débusque les odeurs de la terre chauffée. Entrant dans son aura, pour lui donner le baiser, l'amant sera véritablement ensorcelé par ces volutes. Elles l'attacheront à elle plus que ses bras, qui pour l'instant l'enlacent, plus que sa peau dont le magnétisme le colle à elle soudain. Quand la brûlure des lèvres survient, c'en est fait de lui, son cerveau s'enflamme et l'univers bascule.

La bouche est une zone hypérérotisée car c'est la première où le plaisir s'installe, et cela très précocement puisque, dans le ventre de sa mère, le fœtus suce son pouce. C'est surtout la tétée qui révèle les plaisirs suprêmes de l'oralité qui se développent chez le nourrisson. La puissante érogénéité de la bouche s'explique parce qu'elle est le siège de la pulsion orale, une des pulsions fondamentales de l'être vivant, une des lignes de force primaires de l'individu. En un mot, c'est un instinct.

De plus, la bouche a été gratifiée de plaisir des millions de fois par une complicité constante entre l'enfant et la mère ou l'entourage qui le gâtèrent. Enfin, elle a été surinvestie par la plupart des mères qui pratiquent la confusion des signaux : chaque fois que le petit manifeste de l'anxiété (pleurs, cris, agitation), quelle qu'en soit la cause (faim, douleurs dentaires, coliques, cauchemars, etc.), la mère l'apaise en lui mettant un aliment ou une tétine dans l'orifice buccal.

Il n'est donc pas étonnant qu'en plus de son rôle alimentaire, la bouche soit un instrument de plaisir : l'enfant suce son pouce et tous les objets à sa portée, et il s'amuse à faire vibrer ses lèvres en soufflant. L'adulte continuera de mettre à la bouche des aliments et des boissons — et plus que n'en réclament sa faim et sa soif —, il y mettra aussi... son amante ou son amant.

La bouche, enfin, est un instrument de connaissance et de préhension. Si l'enfant met tout à sa bouche, ce n'est pas uniquement pour le plaisir mais aussi pour connaître et reconnaître le monde extérieur. En mettant un objet à la bouche, l'enfant le connaît et l'identifie avant tout comme quelque chose d'agréable ou de désagréable, capable ou non de satisfaire son éroticité. Nul doute que la bouche, dans l'activité amoureuse, conserve à côté d'une fonction érotique et affective une trace de fonction cognitive.

Le « palais » des symboles

Si l'on touche l'aimé(e) de la bouche c'est pour le plaisir mais aussi, au plan de l'inconscient, parce que le baiser est porteur de symboles : c'est « ce qu'embrasser veut dire » qui nous anime en même temps.

Embrasser, c'est manger : « Je te mangerais », dit la mère à l'enfant et l'amant à l'amante (et réciproquement) ; et « ils se dévorent de baisers » (il y a là un relent de la phase orale cannibalique). Comme manger c'est goûter, embrasser c'est reconnaître le goût de l'autre, sonder sa « tendresse », mais, surtout, manger c'est ingérer et donc tenter la fusion : les amants ne veulent plus « faire qu'un » à l'instar de l'amour fusionnel qu'ils ont vécu avec leur mère. Ingérer c'est aussi s'approprier : l'amant(e) veut mettre en lui (elle), engloutir l'objet de son amour, désir de possession. Enfin, ingérer c'est absorber les qualités et les qualifiants symboliques de l'autre : l'amoureux veut intégrer une part de sa personnalité, sa beauté, sa féminité, son intelligence, sa tendresse. Au total, si la bouche a un rôle aussi important dans les échanges amoureux, en tant que caresse privilégiée, il y a de bonnes raisons à cela. Par ailleurs, du point de vue du receveur, de celui (celle) qui est embrassé(e), la bouche est le moyen de stimulation le plus agréable.

Des caresses par milliers

La bouche est chaude mais surtout elle est active grâce à plusieurs de ses composantes particulièrement élaborées : les lèvres, la langue, les dents. Un baiser sur la peau n'est pas un simple accolement des lèvres, ce qui ne serait qu'un contact inerte, mort. C'est un mouvement vivant des lèvres ventousant discrètement, c'est-à-dire aspirant plus ou moins d'air et de peau, avec un bruit caractéristique. Selon la pression des lèvres, leurs déplacements et la répétition du contact, on distingue :

• *Le baiser posé :* c'est l'apposition légère et brève des lèvres avec une aspiration douce et bruissante.

• *Le baiser appuyé :* c'est la pression des lèvres avec une aspiration soutenue et plus bruyante.

• *Le baiser pinçant :* les lèvres prennent un pli de peau entre elles.

• *Le baiser traçant :* les lèvres fermées ou ouvertes, sans faire de baiser, se promènent sur la peau, en l'effleurant ou la pressant. Le chemin peut être émaillé de baisers.

• *Le suçon :* les lèvres ventousent la peau par aspiration forte et prolongée, laissant une petite ecchymose oblongue.

• *La titillation :* les lèvres se concentrent sur une zone érogène réduite, la taquinent, la picorent.

• *Les baisers en bruine :* pluie de baisers posés sur une plus ou moins grande étendue.

• *Les baisers en giboulée :* pluie de baisers appuyés.

• *Les baisers promenade :* le baiser se déplace sur une surface (visage, tronc, membres).

• *Le baiser en trait de plume :* le baiser trace le même itinéraire que la caresse digitale en trait de plume, soit il décalque l'anatomie suivant les contours du corps ou les sillons et les reliefs de chaque segment, soit il improvise des figures géométriques ou des lettres.

• *Le baiser en pointillé :* les lèvres ponctuent leur trait, à intervalles réguliers, d'un baiser appuyé.

• *Le baiser en pas japonais :* même chose en ponctuant d'un baiser pinçant.

La *langue* peut dispenser des caresses subtiles et savoureuses.

• *La léchette :* la pointe de la langue sort subrepticement comme la langue d'un serpent et pratique un léchage bref et à peine humide de bas en haut.

• *La léchette en trait de plume :* la langue se déplace sur le corps, suivant par exemple les mêmes itinéraires que la caresse en trait de plume ou en pointillé. Elle constitue un moyen d'exploration infiniment précis des reliefs de la peau : sillons, plis, commissures, fossettes, rebords, crêtes et saillies.

• *La titillation :* c'est une léchette sur place où la pointe alterne les mouvements de bas en haut, les mouvements de droite à gauche (et vice versa) et les mouvements circulaires. Les titillations se concentrent sur une zone érogène — cible miniature comme le gland du clitoris, le frein du gland masculin, ou un peu plus étendue comme la commissure des lèvres, l'orifice de l'oreille, le mamelon, la fourchette de la vulve, etc. La léchette est la plus fine et la plus raffinée des caresses, celle qu'attendent les zones précieuses, les plus exquises et délicates, où elle fait un effet magique.

• *Le léchage :* la langue bien large et nettement humide s'applique avec conscience sur une étendue de peau ou de muqueuse relativement plus importante. C'est ce que font les animaux à leurs petits.

Les *dents* sont les aiguillons de la chair. Selon leur pression, leur nombre, leurs déplacements, on distingue :

• *Le mordillement :* une petite épaisseur de peau est prise du bout des dents, légèrement et brièvement.

• *Le mordillement en trait de plume :* les dents tracent le contour du corps ou suivent ses reliefs et sillons ou dessinent des figures.

• *Le mordillement en pointillé :* le trait, de-ci, de-là, s'épaissit en légère morsure.

• *Le mordillement en pas japonais :* le trait, de temps à autre, s'alourdit en morsure nette.

• *La morsure :* une bonne épaisseur de peau est prise à pleines dents en serrant plus ou moins fortement et plus ou moins longuement. La pression ne dépasse pas le seuil de la douleur. Exceptionnellement elle est douloureuse, c'est une manifestation excessive d'amour et non de sadisme. Les morsures sont à réserver à des zones charnues : bras, fesses, cuisses, etc. Elles sont à proscrire au niveau des zones hypersensibles à peau fine : lèvres, langue, visage, seins.

• *La scie :* les dents serrent légèrement en effectuant des allées et venues latérales comme pour couper un fil.

• *Les dents traçantes :* les incisives écartées, sans appréhender ni presser la peau, en suivent la surface, y laissant deux traces parallèles discrètes ; se fait plutôt sur les profils convexes des membres et du tronc.

Les Orientaux étaient des orfèvres dans l'art de la morsure. Ils en avaient répertorié les variétés selon les marques laissées par les dents sur la peau :

• *Le point* imprimé par les deux incisives centrales.

• *La rangée de perles* produite par toutes les dents.

• *Le nuage brisé* laissé par les incisives écartées les unes par rapport aux autres.

• *La morsure de sanglier* qui est faite de plusieurs rangées de morsures.

• *La kola charcha*, marque profonde et durable que l'amant pratique avant un départ en voyage afin que l'amante pense à lui.

Improvisations

Toute partie du corps peut servir à caresser. Le *front* peut parcourir tout le corps de l'amant(e), le frôlant, y ricochant, s'y imprimant tour à tour. Le *nez* peut suivre des itinéraires plus compliqués, humant la mosaïque d'arômes de la peau chérie, filant, taquinant, furetant, levant une volée de plaisirs de-ci, de-là.

Les *cheveux* peuvent se promener où bon leur semble : sur le visage, sur le corps, sur le sexe, sur les cuisses. Ces caresses soyeuses sont bouleversantes. Y a-t-il quelque chose qui vous fasse bénir la vie autant que ce flot d'or ou d'ambre, tombé du visage aimé sur votre corps qui s'enflamme ? Par sa chevelure, divine parure de sa féminité, la femme vous offre la caresse féminissime.

Les caresses du *pénis* sont gauches mais attendrissantes. L'intrépide corsaire des mers intérieures se traîne hors de son élément, échoué, il tente malhabilement d'explorer le continent. C'est une promenade sentimentale dont les points forts sont les rencontres avec les mamelons, les lèvres et le visage et les jeux un peu gourds qui s'ensuivent. Les sensations sont floues mais l'émotion terrible. La tendresse de l'aimée n'a d'égale que le respect de l'amant.

Les *mamelons* et les *seins* font aussi des pérégrinations maladroites ; le contraste est saisissant entre le contact dur et ponctuel du mamelon et l'impact moelleux et large du globe. Lorsqu'ils atteignent le visage, c'est un plaisir à vous couper le souffle ; est-ce la réminiscence des jours édéniques où nous sentions notre mère nous plonger la tête dans les délices de sa poitrine ? Comme à cet âge, l'homme rend grâce au ciel de l'avoir fait naître !

D'autres parties du corps peuvent distribuer d'autres caresses. Mais je n'en dirai pas plus : il faut bien que subsiste une part de mystère dans le champ des désirs.

10

Les trois cercles

Toute la surface du corps est recouverte de récepteurs sensibles ; on peut donc dire que tout le corps est une immense sphère érogène, d'où toutes les sensations convergent vers la conscience.

Dans certaines régions, la sensibilité est plus concentrée et plus exquise : ce sont les zones érogènes dont les principales siègent autour des orifices naturels : bouche, anus, urètre, vagin, ainsi que yeux, nez, oreilles. Mais bien d'autres régions sont très sensibles : seins, périnée, plis du coude, etc.

Des zones érogènes sont communes à tous les humains ; elles sont classiques, mieux localisables et mieux descriptibles ; réserve faite que l'on est ici dans le domaine de la nuance et de la variabilité. D'autres sont propres à chaque individu ; ces zones érogènes sont, ou privilégiées de naissance (congénitales), ou érotisées au cours de l'histoire de l'individu (acquises).

En fait, toute partie de notre corps peut devenir zone érogène privilégiée, si elle a subi un processus de conditionnement antérieur : l'expérience peut devenir source d'érogénéisation. La mère, l'amante, l'amant, le sujet lui-même peuvent gratifier un territoire cutané de stimulations heureuses et réitérées et en faire un point chaud : taquiner régulièrement, par jeu, le dos d'un enfant, après le biberon ou le bain, peut, sans doute, faire de ce territoire une zone fertile.

Ces zones sont en quantité innombrable, d'une diversité infinie et d'une grande variabilité : ce qui est agréable un jour ne l'est plus le lendemain ; ce qui est troublant pour l'un ne l'est pas pour l'autre. Un jour, une femme voudra une pénétration douce, un autre jour, elle souhaitera un semi-viol à la hussarde ; telle femme sera troublée par la caresse du pubis, telle autre pourra en être agacée.

L'érogénéité d'un corps est donc difficilement descriptible et théorisable ; toute tentative serait schématique et ne pourrait que réduire le phénomène à ses grandes lignes ; mais on peut grouper ces zones en trois régions ou cercles (voir schéma).

- Le troisième cercle : toute la surface cutanée distante des organes génitaux.
- Le deuxième cercle : les régions péri-génitales et les seins.
- Le premier cercle : les organes génitaux.

Une découverte à deux

On peut, devant la page blanche d'un corps aimé, se laisser aller à son inspiration, à sa tendresse ; et le caresser où l'on veut, comme on le sent. Avec dix doigts et une bouche, les variations et les improvisations sont sans limites. L'art des caresses est infini, comme la sensualité.

« Relativement à ces choses, il ne peut y avoir ni énumération, ni règles définies. Une fois le congrès commencé, la passion seule régit tous les actes des parties. Les gestes ou mouvements amoureux, qui naissent de l'excitation du moment, ne sauraient être définis : ils sont irréguliers comme des songes. » Ainsi parle le *Kâma Sûtra*. Mais, ajoute-t-il : *« Encore faut-il que l'homme possède à fond la science de l'amour. »* Plus loin, il affirme : *« Le grand art est de se rendre compte de ce qui leur cause le plus de plaisir et des spécialités qu'elles aiment le mieux. »*

Pour se rendre compte, il faut que les deux partenaires se mettent dans ce que j'appelle « l'état de réceptivité ». Ils devront tâtonner subtilement, attentivement, chaleureusement, comme le peintre cherche sa couleur, comme le pianiste trouve l'accord harmonieux (et non comme le technicien teste des fusibles). La bonne couleur, le bon accord, c'est la réaction plaisante du (de la) partenaire, qui doit être disponible, prêt(e) à vibrer.

Il faut, par jeu et par tendresse, explorer point par point toute la surface cutanée ou muqueuse. Les points d'extrême sensibilité occupent souvent des surfaces réduites, et même miniatures, que ce soit au niveau de la peau ou des régions génitales.

En passant sur le point sensible, on déclenche une sensation exquisément agréable qui s'estompe dès qu'on le dépasse ; pour retrouver le contact exquis, il faut faire marche arrière, chercher, explorer. On ne peut le découvrir ou le retrouver sans l'aide de l'amant(e). Nous nous fierons à ses manifestations de plaisir.

Les signes respiratoires sont caractérisés par une respiration nasale si le plaisir est moyen, orale si le plaisir est grand. Toutes sortes de modifications du rythme respiratoire scandent le plaisir : ce sont soit de profondes inspirations, soit des inspirations amples mais saccadées, soit des inspirations retenues en fin de course puis se libérant en une expiration soudaine ; soit des respirations rapides, haletantes. Le passage de l'air dans la glotte peut provoquer un doux bruit de souffle, des murmures, des râles et d'autres sons évocateurs.

A la fin de la stimulation et du plaisir aigu peuvent se produire une ou plusieurs expirations larges, qui expriment que le (la) partenaire revient de loin et se détend (soupirs d'aise).

Les manifestations vocales sont portées par les bruits respiratoires et confondues avec eux : simple onomatopée, interjections (oh ! ah !), mots brefs (oui, oh oui, ah oui, mon amour, etc.). Il y a là un langage des oiseaux impossible à écrire, mais que chacun comprend d'instinct, s'il ouvre ses oreilles et son cœur.

Les manifestations motrices varient : ou la région stimulée peut s'immobiliser comme pour s'abandonner, ouverte, ou elle peut se tendre vers la main dispensatrice de plaisir, pour s'offrir, pour en réclamer plus, encore et toujours.

Les régions lointaines peuvent aussi se mouvoir : la tête peut se redresser ou se tourner de droite et de gauche ; les mains battre les draps, les froisser ou « s'acharner » sur le partenaire ; les jambes peuvent taper la couche ou se plier et s'étendre successivement ; l'ensemble du corps peut faire le pont (opisthonos). Les paroles, quant à elles, dirigent la main dans l'espace et indiquent le niveau du plaisir : « Plus haut, plus bas, en dedans, en dehors, là, continue, bien, très bien, non, plus doux, plus fort, plus lent, plus vite, etc. »

Même si le donneur était aveugle et sourd, il pourrait discerner les points érogènes, l'apparition du plaisir chez l'autre et son degré de contentement. La pulpe qui stimule est le siège d'une sensation électrique, magnétique, lorsqu'elle passe sur un point où naît le plaisir. Sa propre stimulation rencontre le plaisir qu'elle fait naître : la coïncidence, stimulation donnée plaisir éveillé, provoque un micro-accolement magnétique, une sensation spécifique, *sui generis*.

Après tout, les yeux bandés, ne reconnaît-on pas, avec notre pulpe, les qualités tactiles les plus fines, les plus « insensibles » d'un objet ; tous les degrés de température, toutes les nuances de dureté ou de mollesse, toutes les variétés de surface (lisse, granitée, rugueuse, velue, veloutée, etc.). Qu'on songe aux multiples qualités des tissus que le toucher perçoit. Scientifiquement, les récepteurs cutanés sont capables de percevoir une échelle de nuances sensorielles supérieure à l'oreille, la vue ou le goût. Alors pourquoi pas le « plaisir » ? Ce pouvoir extraordinaire, jusqu'à l'étrange, est mis à profit par les guérisseurs et autres magnétiseurs.

Et Dieu créa la femme...

Quand il eut créé le soleil, les étoiles et la mer, Dieu créa les animaux marins, les oiseaux et les animaux terrestres. Enfin, il créa l'homme, d'un souffle sur la glaise. Alors, il planta un jardin en Éden et il y mit l'homme. Sur chaque vivant, l'Éternel versait une once de sensibilité qu'il puisait d'une corne d'abondance. Quand il eut créé toutes les espèces et l'homme, il rangea sa corne, encore à demi pleine.

C'est alors qu'il s'avisa qu'il n'était pas bon que l'homme fût seul ; il détacha de sa chair une compagne, la femme. Et il déversa sur elle le reste de la corne. Voilà pourquoi notre compagne est constellée de sensualité, comme un manteau de sacre. Ayant achevé son œuvre par un chef-d'œuvre, il jeta la corne.

Tous les auteurs confirment ce que chacun sait : les femmes ont une érogénéité naturelle considérable ; leurs zones érogènes cutanées sont multiples et intenses, toute la peau peut s'embraser. Elles sont capables de s'affoler d'un baiser dans le cou, de s'exalter d'une taquinerie de l'oreille, de se laisser ravir par une bouche sur leurs lèvres et de se pâmer d'une étreinte. Et elles ont la faculté d'accéder à des paroxysmes, tant par leurs seins que par leur clitoris, leur vagin et moult autres points ; elles ont un pouvoir multi-orgasmique, car il n'est pas suivi d'une phase réfractaire comme chez l'homme. La nature a donc favorisé la femme d'une capacité érotique plus grande.

... Et les hommes le péché

Les hommes, depuis des millénaires, essaient de défaire ce que Dieu a fait, cette merveilleuse sensualité de la femme.

Au cours de l'époque préhistorique, voici ce qui a dû se passer, selon Mary Jane Sher : Les premières femmes durent être semblables aux femelles des primates supérieurs dont les hominidés descendaient. Les guenons d'alors — et c'est toujours vrai — avaient une capacité érotique telle qu'elles réclamaient jusqu'à quarante rapports à leur mâle en une période de rut ; au bout de trois jours, celui-ci, épuisé, tombait dans un état de léthargie. Dans la plupart des espèces animales, l'exigence des femelles est plus grande que celle des mâles.

Nos lointaines ancêtres auraient présenté une pulsion sexuelle aussi intense et agressive. Elle se révéla incompatible avec l'organisation sociale et familiale et insupportable aux hommes. Ils profitèrent de leur supériorité musculaire et de leur autonomie vis-à-vis des singeons, pour imposer leur loi et une véritable répression sexuelle. Par une sélection darwinienne, se produisit l'élimination des femmes hypersensuelles et multi-orgasmiques ; n'auraient subsisté que les moins sensuelles et les moins orgasmiques.

Quand s'ouvrit, puis se déroula l'ère historique, la femme et la sensualité continuèrent de faire l'objet d'une répression et d'une dévalorisation de la part de l'homme, des sociétés et des cultes qu'il instaura. Toutes les religions et toutes les philosophies occidentales sont misogynes. Tous les jugements anti-femmes et tous les tabous anti-sexes ont pour but de contrôler et de maîtriser la femme et sa sexualité : pour perpétuer la domination sociale et familiale de l'homme ; pour protéger l'homme incapable de rapports fréquents et prolongés.

Les conceptions d'Aristote — qui sévissent encore aujourd'hui — prétendaient que la femme est un être inférieur sur tous les plans. Les pères de l'Église ont inventé le dogme du « péché de chair » qui perpétue le « péché originel ». Saint Augustin déclara que la femme est « *la porte de l'enfer et l'alliée de Satan* ». Si elle vivait sa sexualité, elle était une « pécheresse ». Elle ne trouvait grâce que comme vierge ou génitrice.

La femme ne devait pas jouir, mais demeurer le vase récepteur de la semence mâle, à partir duquel elle procréait. Le salut était dans l'ascétisme ; il était du reste imposé de faire abstinence les dimanches et fêtes, les jours de communion, lors du carême et pendant les grossesses. Le salut, c'était aussi la soumission complète à l'homme, père ou époux, dont la femme était la servante. L'existence même de son âme était discutée.

Au XIXe siècle, sous l'ère victorienne, le puritanisme fut un regain de répression de la sexualité féminine. Selon un célèbre médecin de l'époque : « *La sexualité de la femme est vacante ; si elle s'éveille, elle reste très faible en comparaison de celle de l'homme. Une honnête femme souhaite rarement pour elle une gratification sexuelle.* » La chanson dit : « *Une femme honnête n'a pas de plaisir.* »

Vint Freud, qui libéra la sexualité..., mais non la femme ! Phallocrate, misogyne, il voulut faire de la femme un homme châtré ! C'est le féminisme et son plus brillant fer de lance, Simone de Beauvoir, qui délivrèrent la femme de la honte de son plaisir et du dégoût de son sexe.

Actuellement, nous retrouvons chez certains hommes la même panique que celle de nos ancêtres préhistoriques, devant l'émergence de la sensualité féminine. La femme apparaît à nouveau dangereuse pour elle-même et pour les autres... La clitoridectomie et la ceinture de chasteté, pratiquées en d'autres contrées et en d'autres temps, vont apparaître dans les fantasmes des mâles dépassés.

Vers un homme nouveau ?

L'homme a-t-il une sensualité de base inférieure à celle de la femme ? « *La nomenclature des zones érogènes de l'homme semble bien pauvre comparée à celle de la femme* », écrit un sexologue. Un autre constate : « *Le peu d'étendue des zones érogènes secondaires chez l'homme* » ; et il explique : « *L'érotique masculine reste étroitement cantonnée dans la sphère génitale qui absorbe toute la charge pulsionnelle ; et même dans cette zone, elle se concentre sur une surface ponctuelle.* »

Il faut réviser cette notion. Certains faits y obligent : les réponses des hommes dont fait état Pietropinto, les témoignages dont j'ai fait part, les confidences que j'ai pu recueillir et les expériences de groupe de travail déjà citées, les constatations que j'ai pu faire dans les groupes de massage californien ; là, la plupart des hommes se montrent d'une sensibilité fine et nuancée, aussi bien comme massé que comme massant ; on ne peut faire aucune distinction entre le corps et les mains de l'homme et de la femme quant à leur réceptivité et leur « pouvoir » ; certes, au début du travail, les hommes se montrent un peu gauches et rigides. Puis leurs mains se délient et s'assouplissent et leur sensibilité se libère. Ce qui tend à prouver que la prétendue hyposensibilité de l'homme est le fruit d'un conditionnement socioculturel. Il est vrai qu'au départ, biologiquement, la femme est plus favorisée ; mais la sensualité masculine n'est pas tellement en deçà : ce sont les contraintes d'un rôle à jouer qui l'ont émoussée.

La femme s'est libérée de plusieurs millénaires de tyrannie masculine et sa sensualité scintille de mille feux. L'homme doit se délivrer de lui-même ; mais ici, il est en retard d'une révolution. « L'homme nouveau » dont nous parlerons, acceptant son authentique sensibilité et sa part féminine, son *anima*, sera un homme riche de toutes ses potentialités émotionnelles. La femme et l'homme seront alors très proches et tellement éclatants ! L'efflorescence de l'une rejoignant l'épanouissement de l'autre.

DEUXIÈME PARTIE

Géographie sensuelle

11

Le troisième cercle

La bouche, le visage, les cheveux, le cou, le bras

Caresses de la bouche

Suivre d'un doigt léger le rouge des lèvres, partir d'une commissure, monter jusqu'au sillon de la lèvre supérieure, redescendre jusqu'à la commissure opposée, refaire le trajet inverse sur la lèvre inférieure et recommencer, bref, redessiner les lèvres procure des sensations subtiles.

C'est un geste psychologiquement érotique. Comme toute caresse d'un organe sensuel, il trouble, il émeut : ce sang, ces nerfs qui affleurent, cette électricité, cette chaleur si tangible, ce fruit exquis sous le doigt — défendu chez les autres — ont quelque chose de bouleversant. C'est aussi un geste esthétique. Rien n'est plus joli que les lèvres, leur dessin, leur vermeil, leur « charnu ». Tous les poètes les ont chantées.

> *Bouche belle, bouche bénigne*
> *Courtoyse, clère, corallyne*
> *Bouche qui fait vivre ou mourir*

C'est, enfin, un geste d'une infinie tendresse. Glisser un doigt dans la bouche et caresser l'intérieur des lèvres, des joues, les gencives, les dents, la langue est très sensuel. C'est très excitant, comme tout contact avec des zones intensément érogènes ; et c'est très troublant car l'introduction du doigt dans la cavité est d'une intimité qui rappelle l'intromission. C'est aussi un « plaisir-peur », car c'est une provocation du même ordre que celle du dompteur mettant sa tête dans la gueule du lion. Les dents sont faites pour mordre, la bouche est un lieu intime, il faut donc un grand degré de confiance réciproque pour permettre cette effraction. Inversement, quelles délices de sucer, de téter et de mordiller le bout des doigts de celui (celle) que l'on aime.

Caresser la bouche de l'autre avec sa propre bouche, en un mot donner le baiser, c'est s'accorder et dispenser des joies à nulle autre pareilles. A part la caresse du sexe, aucune stimulation n'est aussi intense, aucune communication aussi dense. La rencontre de ces deux zones hyperérogènes par nature, et hyperérotisées par usage déclenche un feu d'artifice.

> *Bouche vouldrais tu emboucher*
> *Celluy qui vouldrait te boucher*

Nous avons vu « ce qu'embrasser veut dire » lorsque le baiser s'adresse à toute autre surface du troisième cercle : goûter, ingérer, se fusionner, s'approprier, absorber les qualités de l'autre. Au niveau de la bouche, le baiser est encore plus lourd de sens : l'efflorescence des sensations enrichit les significations précédentes et en ajoute d'autres.

Si embrasser veut dire goûter, ce que l'on goûte ici c'est la bouche, c'est-à-dire quelque chose de beaucoup plus intime que la peau ordinaire, qui peut être de miel ou de fiel selon son hygiène, qui peut être exaltant ou décevant selon son ardeur : « goûter ses baisers », c'est tester son éroticité et sa tendresse.

La bouche est la source du verbe. Embrasser quelqu'un, c'est le prendre au mot (je vous aime, avait-il (elle) dit ou laissé entendre), ou arracher un aveu s'il (elle) n'avait soufflé mot. Bref, baiser la bouche c'est cueillir la tendresse ou la sonder.

La bouche est la source de vie par le souffle : c'est en soufflant sur de l'argile que Dieu a créé l'homme. On est vivant tant qu'on a un « souffle de vie » et jusqu'au moment dernier, où l'on rend son « dernier souffle », où l'on expire. Si l'on entrave la respiration plus de trois minutes, la mort s'ensuit. Mais le bouche-à-bouche peut réanimer la vie qui s'enfuit. Aussi embrasser « à perdre haleine », c'est vivre plus fort. Embrasser, c'est puiser plus de vie à sa source. Embrasser, c'est enfin se fondre en mêlant son souffle à celui de l'amant(e).

La bouche, c'est aussi l'âme, car la parole est faite de bulles s'échappant de l'âme. Quand on « rend l'âme », c'est bien par la bouche qu'elle s'en va. Alors, en embrassant, on connaît un peu les pensées de l'autre, comme lorsqu'on boit dans son verre après lui (elle), et se fusionnent les âmes.

La bouche, c'est la salive. Il ne faut pas être dégoûté pour goûter et boire la salive de l'autre, c'est une marque de haute confiance et un sublime désir de fusion. De plus, la salive, « quintessence des humeurs », a des vertus diverses plus ou moins magiques (symboliques en réalité) : la salive de la mère, appliquée sur la douleur de l'enfant, l'efface ; la salive du Christ rendit la vue à l'aveugle. Pour les Orientaux, l'échange de salive, c'est l'échange de l'essence Yin et de l'essence Yang, c'est l'harmonisation du féminin et du masculin.

La bouche, enfin, c'est l'évocation des sexes. L'analogie hédonique, anatomique et physiologique entre la sexualité et l'oralité est évidente, d'autant que l'introduction de la langue dans la bouche évoque l'intromission du pénis dans le vagin. Desmond Morris[1] fait remarquer que chez la guenon, quadripède, le signal sexuel que constitue la rougeur de la fente vulvaire est bien exposé, visible et efficient. Chez la femme, la position érigée a soustrait le signal en cachant la vulve entre les membres inférieurs. Il a donc dû être remplacé par le rebord vermillon de la fente buccale. D'autant que la position debout et l'apparition des mains font désormais de la face antérieure de l'humanoïde la face d'abord. A l'appui de sa thèse, le savant avance que les singes, et les animaux en général, n'ont pas de lèvres. Cet ourlet sanguin est unique dans le monde animal et propre aux humains.

Dans un couple, le baiser ne devrait jamais être une formalité. S'il est une entrée en matière, un prélude au coït, il devrait se poursuivre pendant et après l'union. Il devrait exister en dehors du coït, comme plaisir en soi : on pourrait faire des « soirées » (matinées ou après-midi) baisers, réapprendre le baiser, le mieux goûter, déguster, varier et s'endormir bouche contre bouche.

Selon leur durée, il existe, entre le bécot et le baiser à perdre haleine, toute une palette de baisers. Selon leur intensité s'offre aux amoureux une gamme variée d'embrassements.

Les baisers légers, doux, délicats sont bons comme la tendresse ; ils émaillent le cours des jours heureux, ou ponctuent de gentillesse des ébats plus vifs. Les baisers gourmands, affamés ou dévorants traduisent un regain de désir qu'ont fait naître une séparation, l'arrivée du printemps ou toute autre circonstance. Brûlants, fougueux, passionnés sont les embrassements des premiers temps de l'amour, quand les sentiments flamboient. Sensuels et voluptueux sont les baisers des amants qui ont choisi d'apprécier la quintessence des délices de cette vie.

1. Desmond Morris, *Le singe nu*, Éd. Grasset.

Les lèvres peuvent se toucher subtilement, se join-dre plus fortement ou s'accoler impérativement. Elles peuvent être fermées, entrouvertes ou ouver-tes ; molles, passives ou toniques. Elles peuvent aspi-rer ou téter la lèvre supérieure ou inférieure de l'autre.

La langue reste dans sa loge ou s'active. Sa pointe peut délicatement titiller par petites touches les lèvres opposées, ou subtilement les effleurer en sui-vant leur dessin. Elle s'attarde aux commissures, si exquisément sensibles. Plus hardie, elle les lèche pleinement. Sortant encore plus de sa réserve, elle pénètre dans la bouche de l'aimé(e). Par léchette ou léchage, elle caresse la face interne des lèvres supé-rieures ou inférieures, les gencives et les dents supé-rieures et inférieures. Si celles-ci s'ouvrent, elle franchit leur rang et explore la face interne des gen-cives et des dents, en haut et en bas, la voûte pala-tine, le plancher de la bouche, le frein et le dessus de la langue du (de la) partenaire. Les langues se caressent, jouent un lent et troublant pas de deux, rivalisent d'habileté et de tendresse. On peut aussi aspirer ou sucer la langue aimée.

Les dents demeurent jointes, se desserrent prudem-ment ou s'ouvrent généreusement. Elles peuvent toucher, cogner discrètement les dents de l'amant(e), mordiller très très doucement ses lèvres supérieures ou inférieures et sa langue.

Plus le baiser dure, plus les vaisseaux se dilatent, plus les récepteurs se sensibilisent et plus le plaisir monte. Il peut aboutir, exceptionnellement, à un état orgasmique. Mais, comme toute caresse, le baiser sans tendresse n'est qu'une fricassée d'anatomies.

Les livres d'érotologie orientale ne tarissent pas de descriptions de baisers :

• *Le Spurita ou baiser pressé :* la lèvre inférieure du partenaire est tenue entre les deux lèvres de l'amant(e).

• *Le baiser serrant :* même chose avec la lèvre infé-rieure.

• *Le Tiryak :* les lèvres supérieures du (de la) partenaire sont mordillées extrêmement doucement entre les dents de l'autre.

• *Le Vitaroshtha :* même chose avec les lèvres supérieures.

• *Le combat de langue :* il faut tenter de toucher le palais de l'aimé(e) avec la langue.

• *Le baiser droit :* les lèvres des deux partenaires sont parallèles.

• *Le baiser tourné :* les lèvres de l'un sont perpendiculaires aux lèvres de l'autre.

• *Le Pindita :* la femme prend avec les doigts les deux lèvres de son bien-aimé, passe sa langue dessus et les mordille.

Tout homme rêve d'accoster l'aimée, de violer sa bouche, d'y voler ses cris, d'y boire sa salive jusqu'à l'ivresse, d'y entrer jusqu'à manger son cœur. L'embrassant, il s'embrase. A ses lèvres persiste des jours durant un cercle de feu. C'est qu'à chaque aube la femme prend à deux mains le soleil levant et le porte à ses lèvres qui le boivent. Il lui en reste, à la bouche et aux ongles, un rougeoiement qui donne à ses baisers, à ses caresses un goût de feu.

Caresses du visage

De même que le sexe attire les caresses à l'exclusion du corps, de même les lèvres constituent la cible unique du désir et de la tendresse au détriment de l'ensemble du visage. Pourtant, toujours découvert, toujours accessible, même au cours de la journée, il pourrait être l'objet de beaucoup de sollicitude. Il faut dire, qu'à part l'oreille, il ne comporte pas de zones érogènes. Il ne peut être que le champ de la tendresse. Hélas, la tendresse n'est pas la chose au monde la mieux partagée !

Quelle émotion, quel plaisir il y a cependant à caresser doucement le visage de celui (celle) que l'on

aime. A effleurer avec dévotion, de quelques doigts, son front, ses tempes, ses joues ; à suivre d'un doigt la courbe des sourcils, la crête du nez, le dessin des lèvres puis l'ovale du visage jusqu'à la pointe du menton, pour le mieux reconnaître ! Comme c'est émouvant d'enserrer le visage entre ses deux mains ! Puis, les glissant vers l'arrière, d'empaumer la nuque. Enfin, tenant la tête de l'aimé(e) comme pour une offrande, de lui embrasser doucement le front, le nez, les joues, les lèvres.

Les caresses du visage ont quelque chose de maternant, de protecteur, d'admiratif. C'est du reste ce que perçoit l'amant(e), qui se sent ainsi accepté(e) et valorisé(e).

Tandis que les doigts caressent, les yeux admirent. Un moment, ils s'arrêtent sur les yeux de l'aimé(e), fascinés par leur couleur, leur profondeur, leur flamme, les paillettes qui y miroitent. Ils y lisent la confiance ou la malice, la gratitude ou le désir, y sondent l'âme, les tourments qui l'agitent sous le calme apparent de l'instant.

On peut envier la sensibilité tactile des aveugles, et jalouser leurs amants(es) ; c'est oublier l'importance de la caresse des yeux et de la communication irremplaçable par le regard. C'est vraisemblablement pour éviter de se voir, de se voir intensément, intimement et d'être vus, que beaucoup d'êtres négligent les caresses du visage. Et les femmes soupirent : « *Il ne me regarde même plus.* »

Mais, celui qui a pour l'autre une grande affection et cherche à en être très proche s'abîme dans son regard. Troublé et aimant, rassuré ou rassurant, il baise pieusement les paupières, le front, les tempes, les joues. Comme elle est appétissante cette peau de pêche ! Puis, exalté, il picore de bécots les mêmes lieux, et en arpente les hauts lieux : la pointe du nez, les pommettes, le menton. Ô visage aimé que ne te revoit-on plus souvent avec les yeux d'un(e) fiancé(e), ceux de la découverte et de la conquête ; que ne sait-on se voir, le temps passant, avec les yeux de la foi et de la tendresse !

Effleurant les lèvres d'un baiser au passage, allons taquiner l'oreille.

> *Oreille qui au cœur imprime*
> *Ce que la bouche luy exprime*
> *Oreille à qui il fault parler*
> *Qui veult jusqu'à la cuysse aller*

Zone véritablement érogène, sa stimulation jette quelques brassées de bois sur la flambée du désir. On évite les baisers : ils font mal aux tympans et irritent. L'oreille, c'est le domaine de la langue. Il y a là, pour elle, tant de dédales à explorer. La pointe en suit les contours, consciencieusement, sur la ligne de crête. Puis elle se glisse sous le rebord de l'ourlet. Suivant la gouttière, elle tombe dans le conduit mais ne le gratifie que d'un ou deux petits coups de sonde. Elle remonte se promener dans la conque, par monts et par vaux, redescend sur le lobule. Rien n'est plus appétissant que ce morceau de roi. Léché tout d'abord sur les bords, dessus, dessous, que de frissons ne provoque-t-il pas, spécialement lorsque la langue passe dans le sillon entre oreille et cou. La bouche s'en agace et ne peut plus résister. Les lèvres s'en emparent, le sucent, le tètent, avides. Et, les dents n'y tenant plus, le mordillent, le « mâchuquent », et doivent se retenir de le croquer.

Mais l'amant(e), dont l'émotion croît, manifeste vivement maintenant : il faut porter l'estoc dans le creux de l'oreille. La pointe plonge dans le conduit, y fouaille sans répit et sans merci. Exalté par la gourmandise de l'un, le désir de l'autre est à son comble. Les lèvres vont alors chercher la bouche qui gémit. Il est un temps pour les romances et un temps pour l'âpre et tendre duel.

La sensibilité auriculaire est telle que certaines femmes en tirent une jouissance voisine de l'extase.

En tout cas, celles qui, au cours des caresses génitales, sont au bord de l'orgasme, y jaillissent subitement si l'on ajoute la stimulation de l'oreille.

L'oreille peut aussi se caresser avec l'index ou le majeur qui fait le même chemin que la langue : trace le rebord de l'ourlet, en l'effleurant, glisse à l'intérieur dans la gouttière de l'ourlet, descend dans la conque qu'il visite, creux et arêtes. Le lobule est atteint, palpé sensuellement entre pouce et index comme pièce de velours. Puis, le ou les doigts excitent doucement le dessous du lobule, remontent dans le sillon derrière l'oreille, la contournent en haut, et se retrouvent devant le pavillon. Là, en arrière de la rouflaquette, est une zone glabre, douce, très sensible. Après quelques effleurements à pulpe feutrée, les doigts repassent derrière l'oreille. C'est le moment de prendre, entre les quatre grands doigts et le pouce, l'ensemble du pavillon et de le palper délicatement, comme une coupe de taffetas.

Caresses des cheveux

Cheveulx dorez rayons sur le soleil
Si tres luysanz qu'ils font esblouir l'œil

Caresser les cheveux d'une femme est un geste de tendresse et de désir, car la chevelure, qu'elle soit bouclée ou lisse, en queue ou en natte, en chignon ou en flots, est plus qu'une parure ; c'est un attribut de la féminité, un signe de différenciation sexuelle.

La femme y porte la plus grande attention : le coiffeur est, avec l'amant et le médecin, l'un des trois hommes qui l'approchent et la touchent régulièrement. Les cheveux, c'est la femme. Ils ne se sont pas trompés les justiciers misogynes qui, à la Libération, ont rasé les femmes infidèles.

Toucher les cheveux de son amante est donc troublant. Soit qu'on les lisse d'un ou de plusieurs doigts légers, dans le sens de leur longueur, s'ils sont longs et peignés ; soit qu'on passe les doigts écartés et un peu recourbés à leur racine, un peu comme un peigne, s'ils sont courts.

Le cuir chevelu se réjouit de toutes les stimulations : il aime que la pulpe des doigts le masse. La pression doit être affirmée et atteindre la table osseuse. Mais elle doit se maintenir sur place. Si l'on désire changer de point d'impact, il faut lever les doigts et les laisser traîner lentement en surface jusqu'au prochain point d'application. Le cuir aime aussi que les ongles officient avec subtilité : doigts écartés, recourbés en crochet et demeurant sur place, ils s'incrustent superficiellement, puis décrivent des effleurements en raie, déplaçant l'ongle dans une direction perpendiculaire à l'axe du bras (et non en raclant).

Il y a des zones exquises sur toute la surface de la sphère capitale. C'est à l'amant(e) de les découvrir. L'une est bien connue : en arrière, à la base du crâne, dans une fossette entre la mastoïde et l'attache des gros muscles de la nuque se trouve une source de frissons. Une autre est aussi classique : la fossette sous l'occiput.

La bouche peut succéder à la main : sur le cuir et dans les fossettes surtout, la chaleur de la bouche, le souffle brûlant de la respiration, le titillement de la pointe de la langue, les mordillements des incisives allument quelques traînées de poudre qui augurent bien de la suite.

La caresse du cuir chevelu donne une impression de grande tendresse, une détente du corps, un certain apaisement mental. Elle peut aussi éveiller quelques frissons qui parcourent la surface calme du corps comme une risée.

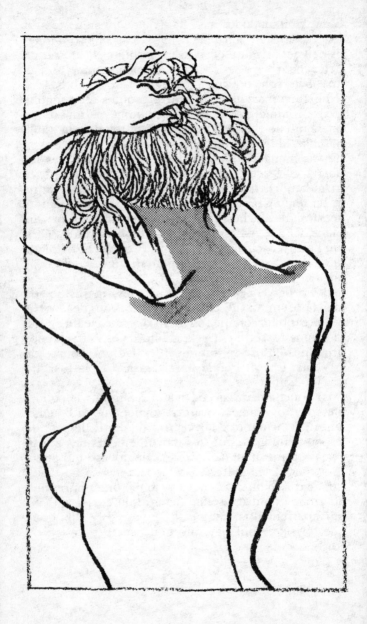

Caresses du cou

Zone d'attache, gracile ou puissante, le cou, où transite la vie sous forme de gros vaisseaux et d'un axe nerveux essentiel, a toujours tenté les amoureux. Notons que dans le monde animal, c'est le cou de la poule que saisit le coq, c'est lui que mord le lion qui grimpe la lionne, etc.; et, curieusement, comme si l'amour flirtait avec la mort, c'est à la nuque en regard de la moelle épinière et de la région caroti-dienne, en face des troncs gorgés de sang, que s'inté-ressent l'homme et les animaux.

La femme est particulièrement friande de la face antérolatérale du cou de son amant. Elle y laisse des marques de dents et des ecchymoses en pétales, qu'arborent fièrement les Orientaux, mais qui gênent les Occidentaux. C'est le champ des mordille-ments, des suçons, et aussi des baisers légers et des léchettes subtiles. Autant de stimulations qui prennent l'homme à la gorge et l'amènent à résipiscence. L'homme, lui, est friand des gros muscles saillants de la face latérale et de la nuque. Ces derniers sur-tout font l'objet de sa convoitise. Sur l'amante, cou-chée sur le ventre, il les mord, tantôt à belles dents, tantôt doucement, couvrant le corps féminin de fris-sons. Une vague de plaisir contracte les fesses et les cuisses et rebondit aux talons. Les mordillements alternent avec les morsures sur la frange du cuir chevelu, les fossettes sous l'occiput, tout le cylindre du cou, jusqu'au collier si sensible. Des baisers légers ou goulus, des léchettes taquines, ajoutés aux caresses de la main, achèvent de mettre l'amante dans un admirable état.

Caresses du bras

Courbe exemplaire, l'épaule de la femme symbolise sa beauté et sa délicatesse. Carrée, musclée, celle de l'homme exprime sa force et sa solidité. Ronde, l'épaule appelle le creux de la main. Geste instinctif dans l'intimité de l'alcôve, il l'est aussi dans de nombreuses circonstances où la tendresse parle : dans la promenade où l'on prend l'aimé(e) par l'épaule, le face-à-face où l'on pose les mains sur les épaules, pour le (la) regarder, l'écouter, le (la) rasséréner ou lui déclarer sa flamme.

La divine sensibilité de l'épaule s'étend à ses attaches : les creux au-dessus et en dessous de la clavicule, le sillon entre le pectoral et le deltoïde (l'épaulette), et, en arrière, les fossettes sus et sous-épineuses (au-dessus et en dessous de la saillie de l'omoplate). La convexité de l'épaule et ses marges réagissent de préférence aux sollicitations douces : effleurements, onigulations superficielles, baisers légers, mordillements gentils qui entraînent un grand trouble et font se nicher l'aimé(e) caressé(e). Mais si la chaleur de l'échange monte, les zones se réjouissent de pincements, pétrissages, griffures, incrustations, baisers gourmands et morsures.

Le bras comporte trois zones irrésistibles : sur sa face externe, et un peu en arrière, une ligne qui va des fossettes de l'omoplate à la saillie externe du coude. Sur la face interne, une ligne qui va du creux axillaire à la saillie interne du coude. Enfin, la face postérieure, en son centre, recèle une zone où la peau est fine, satinée et exquisément sensible. Seules des sollicitations douces sont bienfaisantes : effleurement de pulpe ou d'ongles qui font tressaillir tout l'être et entament sérieusement sa résistance.

Le coude est une zone érogène de première magnitude, en particulier au niveau du pli antérieur, le long du sillon transversal et des deux sillons en V qui soulignent le fuseau du biceps. Il faut y semer

des effleurements légers et lents, à pulpe frisante, tel un zéphyr un jour de grand beau temps, des baisers doux du bout des lèvres, tel un papillon qui se pose. Y semer enfin des léchettes ténues tel un chat qui lape du lait trop chaud. Les mordillements sont imperceptibles, comme le renard qui tient entre ses dents l'œuf qu'il a volé. Les caresses suivent de préférence les sillons.

Les saillies du coude à l'extérieur et à l'intérieur, ses marges au-dessus et au-dessous du pli antérieur, sont également sensibles et demandent la même subtilité. La stimulation appropriée de toutes les zones est assez diabolique comme le prouvent les réactions de l'amant(e), confondu(e) de plaisir et dont l'excitation croît de plusieurs degrés.

L'avant-bras, surtout ses faces antérieure et interne, est très réceptif et préfère les caresses légères. La face interne a véritablement le plaisir à fleur de peau, laquelle est presque aussi fine et douce que celle du sein. La pulpe y fait éclore des ondes d'horripilation étonnantes.

Toutes les sollicitations décrites dans le chapitre précédent s'appliquent ici à l'ensemble du cylindre du membre supérieur : toutes les caresses pulpaires (trait de plume, pointillé, pinceau, plume, fer à cheval, anneau coulissant, etc.), toutes les onigulations (trait de plume, griffure, incrustation, etc.), tous les baisers, les mordillements et les jeux de langue.

Les plis du poignet sont une mine d'or aux veines aussi riches que celles du coude. Il faut y passer et repasser une pulpe frisante, suivant les sillons ou les coupant selon l'axe de la main. Il faut s'y attarder, lire de la pulpe les reliefs de ce microcosme, comme les yeux détaillent une carte d'état-major ; donner des baisers comme des papillons, des léchettes de chat ; appuyer des lèvres reconnaissantes, admiratives. Puis, explorer de la pointe de la langue chaque sillon, les relevant consciencieusement, patiemment.

Quelques morsures avec les incisives témoignent que l'excitation du receveur déborde sur le donateur. On ne pourrait présumer des transports qu'engendre la tendresse d'un si joli petit poignet.

> *Main qui autant que la bouche peut dire*
> *O digne main qui jusque au ciel approche*
> *O doulce main, main belle, main pollye*

La main..., ô la main ! la main d'une femme ! Tout l'être y est, toute la féminité, tout l'amour. On pourrait par tendresse, par désir, par admiration, par gratitude, la chérir des heures et des jours.

Elle est ce que le Créateur a fait de plus beau : on pourrait la détailler, la tourner et la retourner sans se lasser, c'est le plus bel objet d'art, le plus précieux joyau. Et c'est aussi une personne qui a sa vie à elle. Un petit animal plutôt agile, aérien, primesautier, insaisissable, sauf par la main de l'amant, qui vous la « demande » et à qui vous l'« accordez ».

Elle est ce qui dispense le trouble et le plaisir, ce qui éveille avec dextérité, de chaque centimètre carré de peau, des notes cristallines, ce qui saisit et explore avec une infinie délicatesse les secrets des sexes. Elle est ce qui donne l'amour et la tendresse : elle affirme, elle confirme, elle apaise, elle réconforte. Il faudrait se prosterner devant elle, la couvrir de baisers religieux, l'effleurer respectueusement. Mais le désir est proche de la dévotion, l'appétence voisine de la reconnaissance. Aussi, l'envie de la presser, de l'embrasser chaudement, de la dévorer, perce. La sollicitude s'empresse. Après ce débordement impossible à contrôler, l'amant peut raffiner ses attentions.

Le dos de la main, lieu du baisemain, est le versant du respect : baisers légers, effleurements de pulpe émeuvent l'âme et le corps de l'aimé(e). La paume, siège de la préhension, est la face charnelle : mû(e) de désir et de gratitude pour cette surface généreuse, auteur de tous ses plaisirs, l'amant(e) se précipite dans le creux de la main, la remplit de baisers chaleureux puis étend ses bienfaits aux éminences thénar (côté pouce) et hypothénar (côté auriculaire), leur décochant même un coup de dents.

La paume est ravinée de sillons : ligne de vie, ligne de cœur, ligne de chance et autres lignes, selon les dénominations de la chiromancie. Rien ne trouble plus que d'effleurer ces sillons, la tête s'en perd. Les gitanes le savent qui en profitent pour subtiliser les bourses. Les amants aussi qui tentent souvent d'investir les corps par ce biais. Mais ils font mieux que la manouche, car à leur pulpe succède la pointe de la langue. Laissez-vous aller, ne résistez pas, rien n'est plus délicieux. Le malicieux devin explore sans relâche mais subtilement ces lieux : il y a là tout un paysage de rivières et de monts, qui fait penser à une carte de France où règne la douceur de vivre.

Descendez ensuite avec la pulpe et la langue sur la face palmaire des doigts, presqu'île du bonheur, d'une délicieuse sensibilité. Passez sur leur face dorsale, taquinez les espaces interdigitaux. Flattez les doigts, pressez-les entre pouce et index, étirez-les, baisez-les sans relâche, mordillez-les très doucement, sucez-les, tétez-les. Ce sont, *in fine*, les acteurs de vos joies et de vos plaisirs. Aucune sollicitude ne sera jamais assez grande envers eux.

Et répétez-leur, avec fièvre, « ô mains, je vous aime ».

12

Le troisième cercle

Le torse, le ventre, le dos, les fesses, la jambe

Caresses du torse

La face antérieure du thorax comporte une zone hyperérogène : les seins, dont la sensibilité est telle que je l'ai classée dans le second cercle. Mais le thorax recèle d'autres surprises.

Les creux sus-claviculaire et sous-claviculaire sont des fossettes de peau fine et sensible, très accueillantes aux baisers légers et aux léchettes malicieuses. L'aisselle et la zone axillaire qui la prolonge vers la taille sont revêtues d'une peau à grains fins, dont l'effleurement avec la pulpe ou l'ongle produit des ondes de frissons plus qu'agréables, voire émoustillants. La gorge de la femme est une vallée où il fait bon se promener d'un doigt léger, la pulpe et l'ongle y laissant de plaisants sillons. Au centre, chez l'homme, se trouve la toison où la femme aime passer à rebrousse-poil une main exploratrice et appréciatrice.

Un frisson d'animalité lui parcourt l'échine et lui fait pousser des ongles. Féline, elle en griffe le torse d'airain. Puis, craignant d'avoir réveillé l'appétit du fauve, elle l'apaise d'une bruine de baisers sur le giron, ou y dépose avec considération un baiser de relique. Certaines femmes tendres à l'excès, ou passionnées, mais toujours téméraires, caressent de leurs seins le thorax touffu. Le rebord costal, à la limite de l'abdomen, est d'une sensibilité particulière qui rejoint celle des côtés et de la taille et qu'éveillent de doux affleurements...

Enfin, sur toute la surface du thorax, les doigts et la bouche s'adonnent à toutes sortes d'exercices de prestidigitation. Il faut savoir déborder des seins où se limitent d'ordinaire les caresses.

Caresses du ventre

> *Ventre rond, ventre joly*
> *Ventre qui est plain de bonheur*
> *Ventre gratieux au toucher*
> *Encore plus à l'acointer*

Le ventre de la femme émeut viscéralement l'homme. Quelle immense page blanche pour y écrire tous les graphismes de la tendresse ! Quelle mystérieuse voûte aux profondeurs insondables, où gîte la vie, où le plaisir résonne ! En cette amphore il vécut lové, bercé, flottant ; en cette amphore il tente d'aborder, éveillant les échos du jouir amplifiés à l'infini.

Le ventre c'est d'abord le lieu de la main : recueillie, chaude, elle se pose bien pleine au sommet du dôme. Reconnaissante, elle transmet son apaisement. Attentive, à l'écoute comme celle du médecin, elle sent les frémissements de la chair féminine et s'autorise alors à s'ébranler. Toujours bien large, elle caresse « charnellement » en appui léger toute la convexité. Puis, se décollant un peu, elle y glisse, frôleuse. Ensuite, se soulevant, elle détache un ou plusieurs doigts pour des effleurements et autres caresses en tout genre et en tous sens.

Les jeux de pulpe comprennent traits de plume sur

les contours, cercles concentriques autour de l'ombilic, arabesques, pincements larges et doux et *tutti quanti*. Les jeux d'ongles comportent raies de toutes sortes, pinçons, griffures, etc. Le ventre est le champ de toutes les caresses.

Les marges se révèlent également très réceptives ; tant la taille que les hanches et à fortiori le pubis. La taille, somptueuse déhiscence du diabolique diàbolo féminin, qui rend la femme gracieuse et frêle, appelle la main masculine. Saisie, troublée, troublante, elle remplit d'aise les deux partenaires. Elle se prête aux effleurements qui éveillent chez l'aimée des ondes d'horripilation, aux pincements et aux prises larges et familières, comme pour prendre un lapin par la peau du dos.

Sur la hanche, la peau se tend, rembourrée par les os sous-jacents et de puissants muscles. Sa sensibilité est plus vive que celle du ventre et même de la taille. Les effleurements pulpaires y engendrent des microséismes dont les ondes font vibrer tout le corps. C'est une vaste surface convexe sur laquelle les doigts peuvent démontrer leur virtuosité. Après toutes sortes de mouvements de pulpe, les ongles entrent en piste, rayant, griffant, pinçonnant. Alors la main se fait plus gloutonne, pinçant, empaumant, puis pétrissant, étendant enfin son action de la taille à la cuisse.

Bien entendu, là où la main est passée, la bouche pouvait passer ou repassera, plus experte en certains endroits, pour émerveiller le corps et ensoleiller la peau.

Le ventre de l'homme se caresse en son centre comme le torse. Même musculature puissante, même toison, donc même attitude féminine : des griffures de toutes sortes alternent avec des baisers de toutes les variétés. Les ongles vermillon, la bouche sanguine, les dents d'ivoire explorent avec volupté le pelage du mâle.

C'est une scène terrifiante que ces jeux de deux

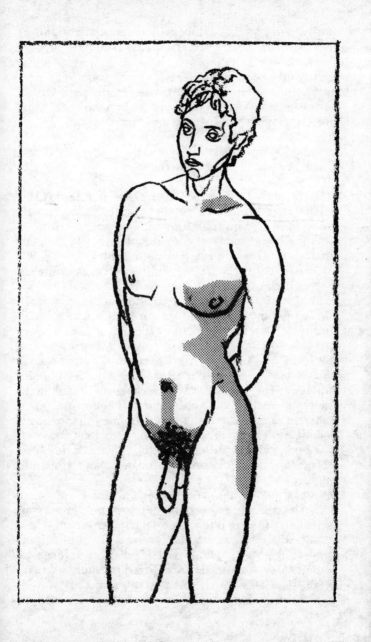

fauves qui feulent, grincent des dents et retiennent leurs griffes. Sous la tendresse, le désir s'aiguise et pourrait les faire rouler dans un corps à corps incroyable et délicieux. S'ils savent tous deux conserver leurs pattes de velours, la femme peut glisser son attention vers la taille et la hanche masculine qui frémissent autant que la sienne.

Caresses du dos et des fesses

De la nuque au talon, en passant par le dos, les fesses et le creux des genoux, toute la face postérieure de l'être humain fourmille de zones exquises. Ce sont les grandes orgues du plaisir où l'on peut jouer à l'infini des fugues inoubliables.

Cette extraordinaire sensibilité est sans doute un souvenir des temps où hominiens, à peine issus des primates supérieurs, nous nous accouplions encore par le versant postérieur, ce qui était un abord logique pour de ci-devant quadrupèdes. Il fallait alors que les touches du plaisir soient accessibles aux mains et à la bouche. Elles servaient, dans l'approche séductrice, à éveiller chez la femelle des plaisirs qui faisaient fondre ses réticences et l'amenaient même à réclamer l'acte sexuel. Pendant celui-ci, elles servaient à maintenir ses bonnes dispositions et à décupler ses agréments. Cet abord est toujours prisé pour le merveilleux accompagnement de caresses qu'il permet et la profondeur de pénétration qu'il confère.

Quand les humains érigés ont fait faire volte-face à leurs amours, s'abordant dès lors par le versant antérieur, le dos put rester le champ d'action des mains. En effet, pendant l'étreinte, les mains, surtout celles du partenaire en position inférieure, jouent force sonates de caresses, pincements, griffures et pressions sur le dos du conjoint. C'est autant par les bouches et les sexes confondus que par

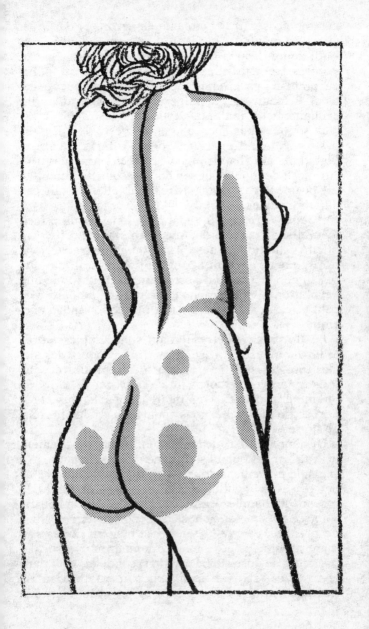

l'action possessive et violente des mains et des bras, que les amants se fondent et se confondent.

Au début, les mains errent et musardent, légères. Progressivement, elles accentuent leur pression. Et, au point d'orgue, elles violentent le clavier, pénètrent la chair de la pulpe et des ongles dans un déchaînement final. Mais tout doux les mains, nous n'en sommes pas encore là et, du reste, le but n'est pas forcément d'y arriver. Soyez gratuites de grâce. Pour l'instant, l'aimé(e) est allongé(e) à plat ventre sur un lit de mousse et son dos frissonne. L'amant(e) est perplexe car tout l'attire, et il (elle) ne sait par où commencer.

Il (elle) caresse du regard ce long corps offert, merveille de la création. Aucun animal n'a cette simplicité esthétique, que n'ornent ni couleurs, ni fioritures, que ne cachent ni poils, ni plumes. Il faut que ses lignes et ses volumes soient parfaits pour que l'évolution lui ait arraché toute parure. La nudité ne peut être que le résultat d'une perfection morphologique.

Les formes de l'être humain sont simples, pures et harmonieuses. On comprend que depuis des siècles tous les artistes s'évertuent à reproduire, sous tous les angles, le corps nu de la femme et celui de l'homme. En tout cas, si nous n'appartenons pas à l'espèce la plus belle, nous appartenons à la plus narcissique.

Or donc, les yeux de l'amant(e) suivent l'évasement du cou sur les épaules, la ligne du dos, la chute des reins, le pincement de la taille, le rebond admirable des fesses, leur sillon aux mystères insondables, le fuseau des jambes entaillé du creux des genoux.

Parce que quelque chose de beau provoque l'envie de prendre, et que la tendresse et le désir les animent, la bouche et la main prennent leur essor. La première se pose sur le cou, la seconde atterrit dans le creux des reins. Et commence une improvisation intranscriptible. Les arpèges et les accords prodigieux et voluptueux des deux protagonistes sont indescriptibles, leurs arabesques et leurs figures inénarrables. A peine puis-je décrire les zones fécondes, tant elles sont nombreuses et nombreux les moyens de les fertiliser. Tout est à baiser, mordre et mordiller. Tout est à effleurer, griffer, palper.

Je sais la nuque tentante et tentatrice. Un baiser doux y fait détaler une meute de frissons que d'autres doux baisers essaieront de rattraper, le long du cou, des épaules, du dos. Certains enragés tenteront de les attraper à travers fesses et jambes jusqu'aux talons. La bouche dépose des baisers sur la nuque, furète dans les fossettes de l'occiput, à la racine des cheveux, descend dans les sillons du cou. Les dents s'agacent et mordillent la chair d'où s'envole une nuée de plaisirs. Tout le corps tressaille. A parier que le ventre résonne des échos du plaisir. Le (la) partenaire manifeste les premiers signes d'affolement, encore bien contenus.

Alors, on peut faire glisser la bouche le long des courbes de l'épaule, les parsemer de baisers légers, qui s'élargissent et s'approfondissent en baisers gourmands et en suçons, puis s'aiguisent en mordillements. La langue, de-ci, de-là, fait une sortie furtive et rusée, ou joue les fusains sur les courbes de l'épaule. Un traitement aussi grisant est réservé au dos. La bouche suit les saillies des vertèbres, saute de l'une à l'autre, jouant du fifre allègrement, agrémentant son œuvre de mordillements et de léchettes. Les sillons de chaque côté des vertèbres bénéficient des mêmes délices. Les sensations, ici, sont plus apaisantes : après l'exaltation du cou, c'est la douce langueur du dos.

Quittez les voies romaines du centre du torse et allez vous promener sur toute son étendue. Beau dos, large dos, heureuse plaine ! Flânez, glanez, picorez des lèvres, ensemencez de la pointe de la langue, labourez, creusez des dents, c'est le plaisir qui manque le moins ! Reprenez la voie royale pour descendre vers les reins. Marchez d'un bon pas. Vous atteignez les marais des lombes. Ralentissez, traînez un peu : se lèvent des volées de frissons.

Le terrain se relève, allez-y, ce sont les collines qu'il vous faut gravir. A mi-pente, se trouve un lieu exquis, exactement à mi-chemin entre le creux des reins et le début du sillon interfessier. C'est une zone extraordinaire. Les baisers y provoquent une étrange et paradoxale impression : une coulée de bien-être paisible envahit le corps tandis qu'une envie de faire l'amour fuse dans le pubis. Faites une pause à ce point de vue étonnant. Ce qui suit va réclamer du souffle.

Je vous laisse à penser l'affolement que vont produire la bouche et la langue abordant de concert le sillon interfessier. A l'entrée de la gorge se trouve une petite fossette si sensible que sa stimulation entraîne une déflagration de délices chez le (la) partenaire : c'est un véritable détonateur. On peut s'y attarder, si l'on aime jouer avec le feu. Sa rencontre a rendu prudent. L'exploration continue sur la pointe des lèvres et de la langue. Il n'est pas conseillé d'entrer dans la faille ; avancez plutôt sur l'escarpement, suivez-le jusqu'au pli sous la fesse. Puis allez courir vous détendre sur le sommet des collines.

Cueillez-en les fleurs de vos lèvres, goûtez le pollen de la pointe de la langue, grappillez les baies de vos incisives. Alors, si le cœur vous en dit, descendez dans les gorges, à vos risques et périls, car vous pourrez y être emporté dans un tourbillon de désirs qui vous fera abandonner la joyeuse déambulation dans le troisième cercle.

Je vous conseille plutôt de reprendre votre bâton de pèlerin et de vous diriger vers les membres inférieurs. Redescendant les collines, vous tomberez, avant que d'atteindre le glacis des cuisses, dans un sillon profond, où la proximité des sources chaudes du plaisir suprême fait fleurir de voluptueux lotus. Il vous faudra les cueillir avec dévotion.

A regret, la bouche glisse sur le plateau de la face postérieure des cuisses, où elle s'étonne de trouver d'autres champs de fleurs, où elle laisse des sillages de bonheur. Car c'est aussi un lieu qui, à lui seul, vaut un circuit complet, riche d'une flore et d'une faune de plaisirs que met en émoi le passage du voyageur. Ce sera pour une autre fois.

L'étape, il faut la faire dans le creux poplité, derrière les genoux. C'est le domaine des baisers doux ou picorants, et de la langue surtout. Nul lieu ne recèle autant de trésors de frissons qui gagnent tout le corps, ni autant d'étincelles de plaisirs qui zèbrent tout le membre. Vous voyez le long des mollets, des cuisses, des fesses, la peau s'ébrouer et les muscles se cabrer. S'il vous reste du souffle, allez faire le funambule sur la ligne de crête des mollets et du talon d'Achille : ils se prêtent à mille pirouettes et jongleries de bouche.

Si les mains n'ont pas pris l'initiative, elles prendront le relais. Elles peuvent aussi avoir accompagné les baisers, à moins que lèvres et doigts ne se soient alternés. Tout est possible, tout est permis. Il est impossible de décrire leur virtuosité. Les doigts et les mains infiniment plus libres, plus déliés, plus agiles que la bouche, s'en donnent à cœur joie sur le clavier immense. Ils suivent les mêmes voies que la bouche ; dans le même sens ou à contre-courant. On peut appliquer ici toute la gamme des caresses citées dans le chapitre précédent. Le champ est libre et sans limites. Je n'indiquerai que quelques possibilités.

Légers, les doigts et les ongles explorent les bosses et les fossettes de l'occiput, y dénichant d'agréables frissons. Descendant un peu sur le cou, ils peuvent se faire pressants. Le pouce et l'index, par exemple, pincent les cordes des muscles à leur attache sur l'occiput. Ou bien un ou plusieurs doigts exercent un massage de cette zone. Ces actions entraînent une détente musculaire et mentale instantanée.

Redevenant superficiels, les doigts glissent sur la parabole du cou et des épaules. Cet effleurement ébranle de contentement tout le corps de l'amant(e). Les ongles, par quelques raies, incrustations et pinçons en *pizzicati* ponctuent son plaisir. La main, maintenant, appuie de bon cœur sur les muscles sous-jacents — les trapèzes — toujours contracturés car ils portent le poids de la tête et des soucis. Qu'elle fasse mieux : qu'elle prenne entre pouce et grands doigts toute l'épaisseur de la peau et du muscle et la pétrisse. Un bien-être fou envahit le (la) partenaire dont les tensions et résistances se relâchent.

Toute la gouttière centrale du dos, de l'occiput jusqu'au sillon interfessier est d'une sensibilité exceptionnelle. L'effleurement de la pulpe et le frôlement des ongles y déchaînent un tohu-bohu de sensations voluptueuses qui se dispersent tous azimuts. Des doigts affectueux et coquins quittent ce sentier battu pour une escapade à travers dos, le diaprant de plaisirs divers. Il ne leur est pas interdit de faire un détour jusqu'à la naissance du sein, que cette visite surprise émeut et qui insiste pour que vous restiez. Mais il ne faut pas se perdre en chemin. Revenez à la gouttière centrale. Exercez, de la pulpe, une pression sur la torsade des muscles qui descendent de chaque côté de la colonne vertébrale. Ces muscles sont trop tendus, surtout chez les gens crispés qui « en ont plein le dos ». Votre massage détend et apaise.

Améliorez encore ce bonheur en glissant et rebondissant, de l'occiput au sillon interfessier, sur les petites bosses que font les vertèbres. Puis, vous arrêtant sur chacune d'elles, appuyez légèrement. Rien n'est plus délassant et troublant.

Chemin faisant, vous arrivez, remontant du creux des reins, en direction des fesses, sur cette zone extraordinaire signalée précédemment, qui correspond aux apophyses épineuses et aux zones latérales à celles-ci — des dernières vertèbres lombaires et des premières sacrées. La pression des os et des muscles y détermine une détente incroyable, et, contradictoirement, un regain d'énergie. Vous vous sentez bien et fort. Un étrange besoin de pénétrer ou d'être pénétré vous vrille le périnée. Cette zone est la charnière autour de laquelle le corps se plie et se déplie dans les mouvements d'interpénétration. C'est le point d'ancrage de la poussée de l'homme vers la femme et de la femme vers l'homme, dans leur ballet amoureux.

Le sommet des fesses s'effleure d'une pulpe respectueuse et admirative. Elle frémit alors comme la peau d'un cheval sous la piqûre d'un taon et se durcit. Qui n'a jamais vu s'horripiler, frémir et se cabrer une fesse sous l'impulsion d'un doigt, mourra sans avoir connu la vivacité de la chair, la vibration d'un corps. Les caresses peuvent alors s'appuyer et la main, s'écartant, masser les parties les plus charnues et les plus charnelles de notre anatomie. Car, non seulement la fesse est très sensible, mais elle est aussi, comme chacun sait, un symbole sexuel, ce qui exalte d'autant le cerveau.

Certains cyniques et profanateurs réduisent la femme à ses fesses et ramènent l'amour à des histoires de fesses. Ce qui est sûr, c'est que ces hémisphères demeurent un signal sexuel authentique et majeur. La démarche de la femme renforce leurs effets. Et l'esthétisme aidant l'instinct, la femme prête grande attention au profil de cette région. Quant à l'homme, quel que soit son degré d'intellectualité, et de chasteté, il reçoit ce signal en plein archéo-cerveau et il lui faut le poids séculaire de sa culture et le poids séculier de sa religion pour ne pas suivre sa pulsion et passer à l'acte.

Sensibilité, symbolisme, c'est assez pour que la fesse attire les petits et les grands sadiques. Les petits sont les pinceurs, exceptionnellement les piqueurs de fesses dont toute femme risque un jour de faire les frais. Les grands, ce sont les détenteurs d'autorité qui punissent pécheurs et délinquants par fessées, à mains nues, ou armées de martinets ou de bâtons. Cette zone est tellement érogène que les bénéficiaires, si j'ose dire, peuvent y trouver un certain plaisir, comme le confessait Jean-Jacques Rousseau.

Juste en bas de la gouttière du dos, quand elle se fait sillon interfessier, se trouve une petite fossette qu'on pourrait bien appeler la porte du paradis : la stimulation douce et attentive entraîne de telles réactions du (de la) partenaire qu'on peut craindre qu'il (elle) en demande plus, trop vite. Elle l'inonde d'un plaisir divin qui lui fait donner carte blanche pour des lieux sacrés. Avancez-y, si vous voulez, mais il y a de fortes chances que, grisé(e), et votre partenaire étourdi(e), vous abandonniez vos projets de vous caresser « gratuitement ».

Si vous ne vous sentez pas bien assuré(e) dans vos résolutions, franchissez les gorges du paradis à mi-pente, c'est déjà fort de sensations. Votre aimé(e) par ses ébrouements en témoigne. Vous retrouvez dès lors les plis sous-fessiers, le plateau des cuisses, le creux du genou, les mollets, les pieds. Tracez-y tous les bonheurs possibles. Toutes ces surfaces sont exquises et jubilent d'être adulées. L'œil et la main s'y réjouissent, la peau y fleurit de mille sensations et flamboie de mille joies. Il y a là, comme partout, des moissons pour toute une vie.

La peau des membres inférieurs est particulièrement sensible chez la femme, le désir irradie de chaque pore, et colle la main qui caresse ; l'effleurement de la face postérieure de la cuisse et du creux poplité, s'élargissant subrepticement à l'intérieur des cuisses et des genoux, enfièvre sa peau et allume des gerbes de plaisir qui attisent toute la belle personne. Heureuse mortelle que celle qui reçut un fragment de soleil le jour de sa naissance ! Heureux homme que celui qui peut s'approcher de l'astéroïde enchâssé !

Caresses de la jambe

Chaque fois que l'on aborde une partie du corps féminin, on est tenté de dire : « Rien n'est plus beau, rien n'est plus sensible. » Il est vrai que, visage, nuque, épaules, bras, seins, ventre, fesses, pubis, etc., associent la perfection esthétique à une vive sensualité. Et chaque partie par ses qualités symbolise la féminité.

On peut dire de la jambe de la femme qu'elle est, par ses lignes et ses galbes, une création parfaite et une évocation féminissime. C'est du reste, avant la bouche, les seins et les fesses, le signal le plus utilisé en publicité. C'est également la cible la plus visée par le regard de l'homme.

Aux époques prudes, il suffisait du pied menu d'une marquise et du pied mutin d'une bergère pour étourdir un hobereau. En d'autres temps, la seule vision d'un genou mettait en transe les soupirants. A la belle époque, les gambettes des « Cancans » affolaient des parterres d'hommes. Et les jarretelles des demi-mondaines faisaient se battre en duel des messieurs en gibus. Il y a une décennie, minijupe et panty soumettaient la gent masculine à des stress répétés.

C'est que les jambes, leurs lignes, leurs mouvements frappent aussi les hommes en plein archéocerveau et appellent à des félicités dont ils ne se lassent jamais. L'espace entre les mollets, qui fend la silhouette féminine, évoque la fente vulvaire qu'elle prolonge en quelque sorte. La convergence des deux fuseaux amène également l'attention en un point qui correspond au sexe. Enfin, l'ouverture de ce merveilleux compas est une pensée qui fuse instinctivement en tout homme. Bref, les membres inférieurs de la femme ont, pour les yeux de l'homme, une forte charge sensuelle. Qu'on le veuille ou non, les jambes féminines sont une promesse de bonheur. La peau y est extrêmement sensible. Si les romanti-

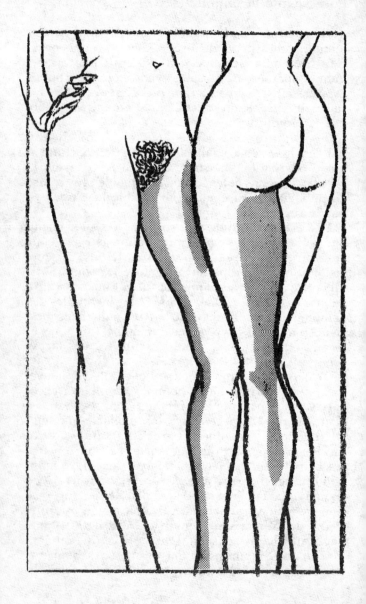

ques tentent de gagner le cœur de la femme en jouant avec sa main, les flambeurs investissent son corps en enfiévrant ses jambes. La région s'enflamme comme amadou.

Les faces latérales des genoux, spécialement la face interne, sont très sensibles, ainsi que le creux poplité en arrière. Effleurements digitaux ou onigulaires entraînent un hérissement de désir dans tout le membre et un frémissement de plaisir dans tout le corps qui soudain se tend.

> *Cuisse mon bien, ma joye*
> *Cuisse qui a la chaleur telle*
> *Qu'à y toucher chose est mortelle*

La cuisse est excessivement réceptive sur toutes ses faces. Les faces interne et postérieure étant les plus fertiles en sensations. C'est en sollicitant avec inspiration et doigté ces zones que l'amant déclenche un trouble irrésistible chez l'aimée, la chute de toute résistance et l'ouverture des jambes.

La face interne possède une peau tellement sensible que seuls des effleurements doux de la pulpe et des ongles conviennent. Les sensations éveillées sont diaboliques car elles gagnent directement les organes génitaux qu'elles mettent en émoi.

La face antérieure, appréciant les stimuli plus forts et plus variés, constitue un champ d'application pour toutes les caresses : la pulpe peut dessiner toutes sortes de figures, y poser tous les pas, y marcher en araignée, y coulisser en fer à cheval, ou en anneau serrant, la pincer, l'empaumer, la masser, la pétrir. Les ongles peuvent la rayer, la griffer, s'y incruster, la pinçonner. Les sensations ont une qualité plus ludique qu'excitante.

La face interne des jambes a la même précieuse sensibilité que la face interne des cuisses et des genoux. Elle réclame donc les mêmes subtilités qui déterminent la même excitation du sexe, mais à un degré moindre. La face postérieure, ou mollet, plus charnue, accepte toutes les caresses décrites et celles que vous imaginerez. La face externe, plus osseuse, n'apprécie qu'effleurement digital et frôlement d'ongles. L'ensemble du dièdre antérieur de la jambe se trouve bien d'une caresse superficielle en fer à cheval, ou un peu plus appuyée en anneau coulissant.

En vérité, il est bon de prendre en main la totalité du membre inférieur, de la hanche au pied. C'est également un long clavier qui demande un mouvement ample, d'un bout à l'autre des octaves : d'un geste large, la main glisse de haut en bas, liant cuisse, genou et mollet, spiralant d'une face à l'autre, virevoltant de l'avant à l'arrière et réciproquement ; elle unifie toute la face interne du pli inguinal au talon — qu'une égale et délicieuse sensibilité caractérise — d'un long effleurement pulpaire ou onigulaire, en va-et-vient, en arabesques et autres figures ; se retourne en revers et refait le chemin en sens inverse. Ensuite, la main monte sur le devant du cylindre admirable et fait glisser le pouce et l'index placés en fer à cheval, puis en anneau serrant, pince, pétrit, s'insinue sur la face externe, empaumant la délicieuse colonne, et pelote la fesse, la cuisse, le genou, le mollet. C'est un ballet indescriptible où toutes les figures alternent, aussi varié et imprévisible que le vol d'une nuée d'anophèles.

La bouche suit les traces des doigts. Ici, elle pose de légers baisers de dévotion ; plus loin, elle appuie des baisers fougueux. Ici, les lèvres dessinent le profil du membre ; ailleurs, elles ricochent en petits bécots. Sur les faces charnues (cuisses, face antérieure et mollet), les dents mordent et mordillent. Sur les faces exquises (face interne des cuisses, des genoux, de la jambe), la langue officie ; avec bonheur, elle offre ses bontés et déborde sur les zones limitrophes : le pli de l'aine, et le talon. Elle trace au fusain les contours parfaits du membre, elle comble les vides de larges touches, elle agrémente les surfaces de touches pointillistes.

Le pied à lui seul peut faire l'objet d'une adoration prolongée. Comme les mains, ce sont des sortes de petits animaux qui ont leur vie propre; sensibles, malicieux, complexes.

De chaque côté du talon d'Achille, et contournant les deux chevilles, au flanc des mollets finissants et des talons, se trouve une gorge. Elles aiment, les jumelles, les effleurements, les éraflures et les griffures. Elles aiment aussi que l'on place le pouce dans l'une et l'index ou le majeur dans l'autre, et que l'on pince le talon d'Achille, en tressautant sur toute la longueur. Elles aiment enfin bécots, baisers et léchettes.

Le dos du pied apprécie que la pulpe l'effleure, que les ongles y traînent, le raient ou s'y incrustent. Il adore que la bouche y ricoche de bécots, ou s'y écrase goulûment. Comme partout, c'est l'alternance de sensations légères et fortes qui fait vibrer les cordes.

Les bords externe et interne frétillent sous le frôlement des phalanges ou des lèvres. Mais ils préfèrent être pressés entre pouce et index, être pinçonnés entre deux ongles ou mordillés. La plante est le plus souvent intouchable par des stimulations superficielles, car trop chatouilleuse. Mais elle accepte les stimuli plus forts : pression, incrustation, pincement, gros baisers mouillés, larges comme les premières gouttes d'une pluie d'orage. Sous le talon se trouve le point d'acupuncture dont la sollicitation exalte la puissance sexuelle.

Dans les espaces interdigitaux, l'index ou le majeur se glisse, titille, pince, pinçonne. Les orteils, un à un, sont pressés entre pouce et index, malaxés, tordus, étirés. La pulpe palmaire est pincée, rayée, les ongles de chaque orteil pincés. « *Il touchera chaque orteil, il pincera les extrémités des ongles*[1]. »

---

1. *Kâma Sûtra, op. cit.*

Puis chaque doigt de pied est baisé, mordillé, sucé, tété. Enfin, tout le pied, dans un geste d'unification, d'appropriation, de gourmandise est empaumé, massé, plié, plissé, étendu, tordu, embrassé, léché, mordu.

Tout cela n'est qu'un aperçu des mille et un jeux auxquels se prête le pied. Déjà, la mère adorait jouer avec le pied de son bébé et celui-ci en riait aux éclats et s'en trouvait béat. Pour l'amant, c'est une caresse exquise et pleine de tendresse. Pour l'amante, c'est un bien-être physique et l'assurance d'être aimée jusqu'au bout d'elle-même.

L'homme reçoit à son tour les mêmes faveurs, de la hanche aux orteils. S'il sait libérer sa sensibilité, écouter ses sensations, il peut jouir autant. Quant à la femme qui le caresse, elle prend plaisir à voir saillir et se durcir les muscles sous le pelage. Elle s'efforce surtout d'apprendre à l'homme sa sensualité qui est à l'image de la sienne, de la lui révéler avec patience et conviction. Ni les poils, ni les muscles ne suppriment ce que la peau a de merveilleux chez lui, comme chez elle : le pouvoir de créer l'euphorie.

13

Le second cercle

Le second cercle comprend des zones d'une haute érocité qui sollicitent vivement les organes génitaux. Ce sont le pubis, le périnée, la région anale et les seins. Ces zones sont proches du foyer brûlant de l'amour ; on pense que si l'on y met le doigt, on mettra la main au feu et que le corps tout entier flambera. Ceci n'est vrai qu'en termes de stratégie habituelle.

Ici, vous l'avez compris, il ne s'agit pas de faire telles caresses pour obtenir tel but, selon un programme stéréotypé. Ce que l'on cherche, c'est la caresse en soi, pour son plaisir propre, la détente qu'elle procure, la tendresse qu'elle inspire, à l'instant même, sans projet.

Aussi, si ces caresses offrent des délices souveraines, il faut les déguster pour elles-mêmes ; si leurs messages sont fort agréables, ils ne sont pas forcément des invites à d'autres festins. Cependant, si les festivités s'étendent, si de gratuites les caresses deviennent préliminaires et que grâce à cette préparation, éclatent d'éblouissants feux d'artifice, c'est très bien. A condition de ne pas tomber à chaque fois dans les mêmes automatismes.

Le sein de l'homme

Le mamelon de l'homme est très peu fertile en plaisir. Chez 50 % d'entre eux, sa stimulation est même désagréable. Chez l'autre moitié, l'effleurement du mamelon et de l'aréole avec le doigt ou la langue peut troubler, sans plus. Un conditionnement subtil développerait sans doute l'éroticité locale.

Par contre les effleurements des « pectoraux » sont tendrement ressentis par tous les hommes ; le sillon sous-pectoral étant le plus sensible. Les pianotements et les tapotements que les femmes aiment y pratiquer, de même que les griffures ou les palpations qu'elles raffolent d'y exercer et les baisers légers qu'elles y parsèment, réjouissent la chair masculine. Ces jeux féminins, délicats, élégants, sur un torse troublent, par le contraste, les deux partenaires ; et ils attendrissent l'homme, le confortent dans sa virilité.

Le sein de la femme

> *Tétin de satin blanc tout neuf*
> *Tétin qui fait honte à la rose*
> *Quand on te voit il vient à mainz*
> *Une envie dedans les mains*

Fécond, le sein féminin l'est surtout en plaisirs ; l'homme peut envier à sa compagne ce supplément de bonheur. Son exquise et irrésistible sensibilité en fait un site hautement érogène ; à telle enseigne que, par les délices qu'ils y font naître, les amants ensorcellent les belles. C'est que la caresse du sein met en émoi le sexe de la femme, comme en témoignent sa turgescence et sa lubrification ; c'est à ce point que les Anciens croyaient à une communication nerveuse directe entre seins et vulve ; certaines femmes, du reste, peuvent accéder à l'acmé, par cette caresse.

De toute façon, l'association de stimulation du mamelon aux stimulations génitales multiplie les sensations.

Le sein doit sa sensualité à la finesse des téguments du globe et de l'aréole qui met leur riche innervation à fleur de peau ; il n'est pas sûr qu'il s'y trouve des corpuscules de la volupté. L'érogénéité du sein s'explique aussi par sa généreuse vascularisation ; sous l'excitation, l'aréole, le mamelon et la glande mammaire se gorgent de sang ; cette congestion est partie prenante du plaisir, comme dans toute zone érogène.

L'attrait de l'homme pour le sein féminin est universel. Cette envie irrésistible de le caresser, d'où vient-elle ? Le comprendre, c'est mieux apprécier et mieux donner la plus belle des caresses.

Prendre un sein, c'est réagir à un signal sexuel. En effet, le sein est un attribut, qui, par la vision, déclenche chez le receveur la stimulation de l'instinct sexuel. Toutes les espèces animales sont pourvues de « déclencheurs » — selon l'appellation de Lorenz — qui émettent des signes captés par les récepteurs appropriés et mettent l'instinct en branle. Ces signes s'adressent à la vue, au toucher, à l'ouïe ou à l'odorat.

Une fois capté par nos organes des sens (yeux, peau, nez, oreilles), le message est transmis à notre archéo-cerveau, siège de nos pulsions instinctives ; celui-ci va aussitôt enclencher une action en vue de réaliser l'acte sexuel. Par exemple, la vue d'un sein s'y réfléchit et s'y transforme en une envie de prendre et le sein et la femme ; d'autant que l'impact s'irradie au thalamus, cerveau de l'affectivité, et nous met en émoi. Il faut, quand ce n'est pas le moment ou si la dame n'y consent pas, que le cortex — cerveau de la raison — nous refrène. La civilisation, c'est l'art de différer les instincts.

En élaborant les seins féminins tels qu'ils sont, l'évolution aurait joué un bon tour à l'homme, selon

Desmond Morris : pour les femelles de nos ancêtres, les singes primates, les signaux sexuels consistaient en une paire de fesses rondes et charnues centrées sur les lèvres roses de la vulve ; à la vue du mâle, elles se mettaient « en position » en lui tendant leur postérieur — ce qu'elles font toujours, voyez dans les zoos ; puis les humanoïdes se mirent debout et il leur poussa des mains, ce qui eut deux conséquences : d'une part, la station debout escamota la vulve entre les cuisses et les fesses perdirent leur rôle de signal principal ; d'autre part, la préhension fit passer le centre d'intérêt de la face postérieure à la face antérieure de l'individu ; la nature devait donc y redistribuer les signaux, ce qu'elle fit par « auto-imitation ». Le rouge des lèvres imitait le rouge de la vulve comme la rondeur des seins imite la rondeur des fesses. L'évolution a placé une copie conforme des signaux postérieurs sur le versant antérieur.

C'est d'autant plus plausible que les seins, tels qu'ils sont, paraissent biologiquement inutiles. Chez les animaux, l'allaitement se fait par les mamelles petites et qui se réduisent à de simples tétines en dehors des périodes de lactation. La femme est la seule, dans l'échelle animale, à avoir des seins permanents ; ils sont, de plus, placés en évidence, en avant-scène, et signalés vivement par le cercle de feu des aréoles, qui sont vraiment un luxe octroyé par la généreuse nature. A quoi peuvent-ils bien servir, sinon de signaux ?

Voilà pourquoi l'éducation des femmes vise à leur inculquer la « décence », laquelle consiste à cacher ce sein que l'homme voudrait trop voir. Ce faisant, elle décuple l'envie masculine, l'interdiction appelant la transgression et la transgression pimentant les délices. Le sein, ayant un goût défendu, devient encore plus appétissant. D'autant que, si la femme cache ses appas, elle les cache mal ; elle joue avec le feu. Toute la mode de tous les temps a consisté à les faire voir sans les montrer, ou alors simplement par quart ou par moitié ; seules les « vaporeuses », sous le Consulat, ont offert leurs seins dans toute leur splendeur.

Faut-il craindre que l'évolution des mœurs, la mode des seins nus en particulier, ne banalise le signal et ne mithridatise l'homme contre leur pouvoir érogène ? Non, car il y a beaucoup d'appelés et peu d'élus ; l'homme est condamné à voir beaucoup et à peu toucher.

Le sein de l'amante bouleverse et comble de joie, car il renvoie à notre première expérience érotique, aux lieux de nos premières émotions et de nos premiers émois ; le sein, c'est le paradis retrouvé ; l'amante, la mère qui revit. L'homme prend « le sein » que sa mère lui « donnait ». Au cours de sa longue liaison amoureuse, il a cent mille fois associé bien-être, tendresse, plaisir et sein ; ce conditionnement est imprimé d'une façon indélébile dans chacune de ses cellules.

Si l'amant tressaille de plaisir, c'est aussi que le sein, en soi, a de quoi le faire jouir. La peau du sein a une douceur unique, une qualité tactile incomparable qui émeut. L'ensemble du sein a ce pouvoir « magique », nonobstant tout fantasme, qu'ont toutes les zones érogènes qui, si elles captent le plaisir, l'irradient aussi. Est-ce simplement la chaleur de sa vaso-dilatation ? Y a-t-il un magnétisme ? des radiations ? La pulpe des doigts, au contact, ou même à l'approche du sein, est le siège de sensations physiques troublantes.

L'allégresse de l'homme redouble du ravissement de la femme. Tout plaisir est contagieux ; celui manifesté par la femme est bouleversant : les murmures, les gémissements, les joies psalmodiées, les halètements, les étreintes soudaines, les ongles qui s'incrustent, les mouvements ont de quoi impressionner l'homme.

Les réactions locales, qui accompagnent ces manifestations générales, traduisent l'efflorescence du désir : sur le dôme blanc, l'aréole se soulève et s'empourpre, et le mamelon s'engorge, s'érige et se carmine. L'homme s'exalte en voyant éclore cette fleur de sang et de feu. Ses lèvres s'enflamment en cueillant la chair fleurie et ses doigts s'enivrent. Aucun alcool, pas même l'absinthe, ne peut donner pareille félicité.

Par la caresse du sein, l'homme met en scène nombre de ses fantasmes. Saisissant le sein par les mains, par la bouche, l'amant absorbe et l'amante et la femme. En ingérant l'amante, il réalise le rêve d'un amour extrême où l'on ne fait plus qu'un, le rêve de fusion. Mais sa démarche peut être égocentrique : l'appropriation de l'aimée. En ingérant la femme, il tente d'accéder à la féminité. Dans l'attrait qu'a l'homme pour la femme, il y a une sorte de curiosité pour le sexe qu'on n'a pas et ses attributs. Ayant fait un pas vers la femme, l'homme s'émerveille de ce pays mystérieux qu'il découvre ; il regarde, il va de surprise en surprise, comme un enfant découvre la mer et le sable.

Puis il ose toucher, goûter, humer ; l'émerveillement se fait vertige ; l'attrait, convoitise. La main s'enhardit, caresse, s'imprègne, pétrit ; puis empaumant le sein, il porte à ses lèvres le plus beau fruit de la terre et sa bouche l'aspire et passe en lui le plus exquis de la femme. Ivre de féminité, il veut s'en parer et s'en emparer. Le désir se fait plaisir, il veut s'y engouffrer. Pendant quelques instants, un séisme le secoue, il croit être la femme à l'homme fondue. Puis le plaisir crève et le voilà sur la grève près de la femme, échoué. Cent et cent fois, il refera le même rêve de conquête de l'insaisissable féminité.

Enfin, en caressant le sein, l'homme puise à la beauté. La rondeur du sein, sa peau satinée, le cercle écarlate de l'aréole donnent à l'homme des joies d'esthète. Dès l'aube de sa vie, il a appris la beauté au sein de la femme : son amour de la forme parfaite que sont le cercle et la sphère ; son amour des collines et des coteaux ; sa tendresse pour les objets ronds, les vases, les galets, qu'il aime prendre et caresser ; son attrait pour les fleurs ; tout cela, c'est au sein de la femme qu'il le doit. C'est la femme qui donne à l'homme son sens artistique et à l'artiste sa vocation. N'a-t-on pas dit que le peintre peignait sur le corps de sa mère ? On peut également s'interroger sur ce que la caresse de son sein apporte à la femme.

En offrant son sein, la femme s'accorde du plaisir. En effet le sein, par sa structure, a les moyens de procurer la jouissance et d'évidence, il remplit ses promesses, comblant la femme d'une façon stupéfiante. Chez certaines femmes entamant leur vie sexuelle, sa sensibilité peut être moindre ; un conditionnement subtil la développera.

La femme jouit également par introjection du plaisir de l'homme ; pas tant de sa jouissance physique actuelle que de ses délectations fantasmatiques : elle revit, en se mettant à sa place, ses propres rémanences du paradis perdu ; c'est elle qui tète la mère et retrouve les délices de la première enfance.

Offrir son sein, c'est aussi offrir sa féminité. Le sein est par excellence un symbole féminin, avant les fesses reléguées à l'arrière-plan et le sexe, escamoté par la nature. Tous les modes d'expression artistique de tous les temps ont élu le sein pour signifier la féminité. Le cinéma et la photo ont emboîté le pas, qui choisissent leurs stars et modèles en fonction de leurs rondeurs.

La femme elle-même en fait un critère d'identité sexuelle ; la poitrine est, pour elle, un objet de sollicitude et de fierté ou de soucis ; même celles qui la rejettent (les jeunes filles et les femmes qui voudraient l'amputer par la chirurgie ; les religieuses qui l'écrasent sous des bandages) ; car, ce faisant, elles témoignent du rôle « sexuant » de cette parure. Donner ce que l'on a en propre et que l'autre n'a pas fait jouir, d'autant qu'on lui a interdit de donner et que toute la stratégie de la féminité consiste à offrir sans céder. Aussi, le jour où elle franchit le pas, son âme tressaille doublement : du plaisir de donner et de l'allégresse de commettre un délicieux délit. L'appréciation et la gourmandise de l'homme confirment la femme dans sa féminité et la rendent narcissique.

Enfin, dans l'offrande de leurs seins, il peut y avoir chez certaines amantes un fantasme de maternage. N'y a-t-il pas, chez la plupart des femmes, une mère qui sommeille ? Les voilà nourrices et protectrices de leur homme-enfant.

Caresses du sein

Beaucoup de femmes se plaignent que leur partenaire ne passe pas assez de temps aux joies de ce site. Il y a pourtant tant de caresses à y inventer.

Admirable et irrésistible, le globe s'effleure d'un ou de plusieurs doigts, légers comme des plumes ; c'est à peine si la pulpe touche l'incomparable peau, comme elle fait de la mousse qui recouvre les vieux troncs. La pulpe glisse, précautionneuse, immatérielle et extrêmement attentive, sur la surface si lisse, si douce, suivant les courbes ; grisés, aériens, les doigts improvisent toutes sortes de figures sous l'inspiration du moment.

Ils décrivent des cercles au pourtour de la sphère ; puis se déplacent concentriquement sur sa convexité, aboutissant sur l'aréole et frôlant le mamelon, juste pour le taquiner, en passant. Ils ne s'attardent pas et vont musarder à flanc de coteau, y traçant des arabesques aussi imprévisibles que le vol d'une libellule, allant et venant, montant et descendant, retenant leur impatience, fascinés par l'incroyable douceur du satin. La main insiste sur l'hémisphère inférieur qu'elle sent si sensible. L'aimée frissonne de désir, l'amant tressaille de bonheur.

Les caresses se font alors plus larges et plus appuyées, au moyen de la main arrondie en conque. Soudain, n'y tenant plus, l'homme empaume le sein, l'enserre, le soutient, le presse et même le pétrit légèrement, sans éveiller de douleurs. Son ivresse n'a d'égale que l'euphorie de son amante. Il reste un long temps immobile, à s'en délecter.

Mais au sommet du sein, brûlant le creux de sa main, le cercle de feu de l'aréole et l'éruption du mamelon le provoquent. Sa main se détache et plane au-dessus du mamelon en l'effleurant à peine, sa pointe traçant les lignes de la paume ; un doigt, l'index, le majeur ou le médius, vient se poser du bout de sa pulpe sur le disque aréolaire, qu'il suit, gravitant autour du téton ; la peau chaude, tomenteuse, onctueuse, redouble son trouble. Le mamelon, frôlé, bourgeonne de plaisir ; l'amant s'y consacre alors, l'agaçant d'un doigt qui tourne subtilement autour de lui, puis le titillant avec raffinement ; tendu d'aise, implorant d'être pris, il sera saisi entre pouce et index, pincé doucement, puis pressé plus fortement, continûment ou discontinûment ; ensuite roulé ; enfin tiré doucement puis plus fermement. A aucun moment, il ne faut éveiller de douleurs.

A ce moment, la bouche ne peut plus se contenir, si le globe est pour la main, le mamelon est pour les lèvres. A moins qu'il ne soit inhibé par la peur archaïque de l'inceste, ou une fausse dignité ou de fausses pudeurs ; l'homme n'a qu'à suivre son instinct et son habitude, qu'il feint d'avoir perdus avec ses dents de lait. Frotter de ses lèvres humides le mamelon érigé ; le happer, l'étirer, le presser ; lécher l'aréole par petites touches, promener en cercles la pointe de la langue sur son cadran ; lécher le mamelon à petits coups, promener la langue sur ses contours, puis le laper goulûment ; sucer doucement le bourgeon bien mouillé, l'aspirer suavement, le relâcher, l'aspirer plus énergiquement jusqu'à engloutir l'aréole et une partie du dôme ; le rouler entre la langue et le palais, l'y écraser, le mordiller avec des dents précautionneuses comme les pas qui tâtent la glace, tout cela s'appelle téter. C'est un jeu d'enfant, dont raffole tout homme, naturellement.

On peut multiplier les bienfaits ressentis par l'amante, en prodiguant la même sollicitude aux deux seins, ou en associant des caresses à d'autres parties du corps. On peut par exemple, tandis que la main est au sein, donner des baisers à la bouche ou au sexe ; ou, tandis que la bouche effleure le sein, donner des caresses au visage ou au sexe ou partout ailleurs. Ou, enfin, alors que les deux amants sont unis par le sexe, donner au sein des baisers ou des caresses.

La synergie des stimulations mamelonnaires et clitoridiennes provoque des transports cataclysmiques. La synergie d'une stimulation mammaire et d'une « caresse intérieure » a des effets bouleversants.

Les jardins du palais

Bien que proches des lieux sacrés, les zones du second cercle sont les plus frustrées. Pli de l'aine, pubis, face interne des cuisses, faces externes de la vulve, périnée, région anale et autres jardins du palais ne voient passer que des mains — ou des bouches — pressées qui vont droit au sexe — comme le déplorent trop de femmes (et trop d'hommes) ; certains visiteurs hypocrites, qui se croient malicieux, y avancent un doigt pour tâter le terrain ; d'autres y « préludent » des assauts irrésistibles ; bref, en ces jardins fabuleux on ne rencontre que des chasseurs à courre, des braconniers ou des stratèges. Mais très peu d'amants bucoliques.

On pourrait cependant s'y promener sans forcément projeter l'accès au palais, considérer, qu'en elle-même, chacune de ces zones est un but et une mine de sensations, comme toute parcelle du corps. Plus on détaille et déguste chaque facette de la sensualité, plus on agrandit le champ du désir et plus l'espace du plaisir tend à l'infini.

Laissons la main flâner dans ces jardins, remonter chaque allée, contourner chaque parterre, explorer chaque bosquet. Laissons la bouche et la langue cueillir les mille fleurs qui les constellent. Laissons le visage s'enivrer des senteurs sauvages qui s'en exhalent.

La main, qui erre librement sur la surface lisse du ventre, découvre, à chaque fois étonnée, l'extraordinaire soie des boucles pubiennes ; peu de contacts sont aussi agréables. Soudain l'homme devient grave et sa main se retient : c'est le triangle divin, le taillis consacré, entre la colline abdominale et la vallée vulvaire ; zone frontière où l'espoir pousse l'homme et où la crainte le refrène, crainte d'être arrêté, de ne pas être à la hauteur des attentes, si la route est libre.

Aussi la main piétine, tant pour jouir de la douceur ineffable des lieux que pour se redonner du courage. Une femme n'est jamais — ne devrait jamais être — acquise d'avance. La main musarde dans la chaleur moite des sous-bois, les doigts écartés se fraient un passage entre les fougères, les ongles grattent discrètement l'humus onctueux.

La femme accuse les caresses qui mettent en émoi ses profondeurs ; sur ce versant pubien de l'abdomen, la sensibilité s'exacerbe et prend une qualité plus « sexuelle », entrant directement en résonance avec les organes génitaux ; c'est que des corps érectiles — les caverneux — prennent racine de ce côté. C'est, pour elle aussi, la minute de vérité et le grand moment ; que l'on soit novice ou aguerrie, c'est toujours l'instant délicieux et terrible de l'irruption dans un autre monde, celui de l'intimité.

L'homme, tel le prince charmant, s'apprête à écarter les fourrés qui cachent et barrent la vallée royale qui mène au palais où la belle au bois dort. Puis il se ravise : pourquoi toujours les mêmes chemins ? Quittant le mont de Vénus, il emprunte le ravin du pli de l'aine, suit son inclinaison ; il y patine du bout des doigts, l'éraille d'un ongle détaché, esquisse quelques figures et, suivant la pente, arrive à l'entrée du sillon entre vulve et cuisse. Tendrement, il tente de se glisser, fait quelques signes de la première phalange et le miracle s'accomplit : la dame ouvre toutes grandes les grilles du parc.

Si elle ne le faisait pas c'est que le visiteur se serait montré plus pressé qu'empressé. Il lui faudrait alors aller flatter les « gardiens de la virginité » (*custodiam virginatis*), les muscles adducteurs qui serrent les cuisses l'une contre l'autre ; ils se trouvent à la face interne des cuisses. Grâce à Eros, la peau y est si fine et si sensible que de subtils effleurements, partis de l'intérieur des genoux et remontant en arabesques convaincantes, les font céder. Certains jours de coquetterie, il arrive qu'il faille pousser les battants d'une main galante, aidée de quelques murmures incantatoires chuchotés au creux de l'oreille de l'aimée.

Une femme a toujours raison de se faire prier, la valeur de son cadeau n'en est que plus appréciée ; mais c'est souvent la dernière résistance des grandes amoureuses ; après, elles ne lésinent plus sur les dons et leur merveilleuse impudeur les grandit justement. L'homme, qui n'a qu'un appendice sexuel extérieur à lui, qui ne l'engage que superficiellement, ne saura jamais vraiment ce qu'est ce geste fou de la femme qui ouvre les jambes. Elle en devient infiniment respectable et l'homme plus respectueux. De sa chair cruentée, offerte, elle donnera la vie à l'homme puis à l'enfant.

Alors la main aimante descend le sillon entre la vulve et la cuisse ; la peau est hypersensible, chaude, moite, comme la peau contiguë de la cuisse. Les membres, largement écartés en éventail, déplissent le pli qui s'offre dans toute sa sensualité. Des caresses superficielles de la pulpe et de l'ongle arpentent le fond du sillon et débordent sur le versant vulvaire et sur celui de la cuisse, en arabesques et diverses figures, finement ciselées et miniaturisées.

Progressant vers l'arrière, la main arrive au point de jonction des grandes lèvres, la commissure (voir schéma) ; entre celle-ci et l'anus se trouve le périnée, une aire réduite d'une extrême sensualité. Effleurements pulpaires aussi discrets que ceux d'un père sur le front de son premier bébé, titillations de même nature, frottements d'ongle aussi prudents que pour enlever une poussière de l'œil, incrustations de même légèreté, voilà les sollicitations qui conviennent et qui mettent l'amante, abandonnée, dans un état de béatitude étonnant. De temps à autre une pression de la pulpe sonde le fond du périnée et y lance un plaisir profond.

Puis la main revient en avant, dans le sillon controlatéral, qu'elle gâte pareillement ; joyeuse de la joie donnée, elle va égayer le taillis pubien. Revenant à la vulve, plaçant un pouce dans un sillon, les grands doigts dans l'autre, elle presse l'ensemble des deux grandes lèvres et leur contenu, doucement, comme la joue d'un enfant. Puis, elle renforce sa pression, la relâche, alternant appui et détente, comme on le fait sur la poire d'un vaporisateur de parfum. Ensuite, elle concentre son action à un territoire restreint, pris entre pouce et majeur, et se déplace d'un bout à l'autre de la vulve. Elle peut offrir à l'amante le luxe d'une incitation encore mieux intentionnée : à tâtons, à travers l'épaisseur des grandes lèvres, elle repère le renflement du clitoris, en avant, et des bulbes vestibulaires, à la verticale du vagin ; des pressions rythmiques, des massages chaleureux de ces joyaux projettent l'aimée dans des surprises ravissantes et des délices surprenantes.

Le désir et le plaisir des deux protagonistes n'ont

d'égal que l'offrande de la belle et la tendresse du prince. Un même bonheur les inonde. Ils mêlent leurs bouches et leurs chants. Ils gravitent dans un même vertige.

La main n'y tient plus et n'a de cesse d'entrer solennellement dans le palais, dont les portes s'ouvrent d'elles-mêmes. Car la vulve en ignition, gonflée du flux sanguin, baignée du flot de ses sources, bâille spontanément.

Mais il faut savoir tout visiter des jardins d'Aphrodite ; à l'arrière du palais se trouve un parc qu'il ne faut pas manquer. Il sera abordé avec la délicatesse — physique et morale — d'un visiteur exceptionnellement admis dans des lieux secrets et somptueux, et qui en est digne. L'extrême amour de l'aimée, confiant dans l'amour immense de l'aimant, permet ce privilège.

Les berges du sillon interfessier sont d'une sensibilité explosive ; les sensations déclenchées passent sur tout le corps féminin, comme le souffle d'une bombe. On y compose toutes les caresses imaginables, avec la préciosité d'un graveur de cristal.

La marge de l'anus, pourpre de teint, aux plis fins et radiaires, est un astre admirable enchâssé au fond de la vallée. Tous ses rayons sont sensibles mais plus particulièrement ceux du quadrant inférieur, côté périnée ; les déflagrations provoquées ne sont plus de l'ordre de la dynamite mais de la fission nucléaire. L'amoureux, à qui l'on demande déjà d'être un esthète et un poète, doit se faire artificier pour allumer juste ce qu'il faut de plaisir, sans se laisser emporter irrésistiblement dans un cataclysmique corps à corps.

Restons dans le champ de la caresse gratuite ; goûtons les plaisirs les plus fous sans nous laisser projeter automatiquement dans le coït. Soyons des dieux du plaisir sans fin et non d'inconsistants pantins immolés à chaque offrande sur un feu de paille et consumé.

L'amour profond, sincère abroge les limites de la pudeur car il supprime toutes limites entre les êtres. Ce que veulent les amants, c'est se donner plus, s'appartenir plus. Dans leur fougue à s'approcher au plus près, dans leur recherche extrême de l'union, sinon de l'unité, dans leur quête désespérée du synchronisme et de l'accord des consciences, des existences, ils empruntent la voie du plaisir et du corps. Le plaisir, moyen plus que but, lie, mêle, fond les êtres dans un même creuset. Le corps, moyen le plus immédiat, le plus tangible, concrétise l'accès à l'autre.

On voudrait être encore plus proche, être en l'autre. Que ne peut-il ouvrir sa peau, du pubis au menton, pour nous accueillir, comme on écarte une pèlerine, comme on fend une combinaison à fermeture Éclair. Ah! nous glisser en lui, en elle et nous y lover... Hélas, pour pénétrer dans son corps, nous ne disposons que de brèves déhiscences : la bouche, les oreilles, les yeux, le vagin et l'anus.

Aussi, quand l'amant entre du doigt dans l'astre anal, puis dans le canal anal, il donne et se donne un plaisir extrême, certes, mais surtout il vit ce geste comme une fusion à l'autre.

La bouche et la langue — celle-ci principalement, ô délice des délices — vont où les doigts sont allés. Leur passage dans le sillon entre cuisse et vulve ravit littéralement l'aimée par les multiples éclats de plaisir engendrés. Sur le périnée, sur les berges fessières, la joie confine à l'euphorie. Quant aux titillations de l'astre anal puis de l'antre, surtout au point de six heures — heure solaire —, elles délivrent des bonheurs à emporter l'âme.

Le canal anal, est, chez la femme, de l'avis de tous les sexologues et des intéressées, une zone érogène authentique; sa stimulation du doigt ou de la pointe linguale est acceptée, souhaitée et agréable, donc licite.

Le doigt est introduit lentement, progressivement,

en le mouillant de salive, si nécessaire ; la pulpe caresse doucement la soie intime. Sont ainsi sollicités la muqueuse du canal, mais aussi la gaine vaginale qui est contiguë (une cloison mitoyenne de cinq millimètres, élastique, sépare les deux espaces), et les tissus du pelvis. Le plaisir est comblant et viscéral ; il prend aux tripes et monte au cœur.

Cette intrusion dans les viscères, dans le corps, est vécue par les deux amants comme une sublime tentative d'interpénétration. Le vice est dans la tête, non dans le geste.

Les caresses de la bouche apportent en plus, au donneur, l'ivresse olfactive. C'est un fouillis d'odeurs inextricables où dominent, selon le site, certaines composantes. Senteurs sauvages sur le pubis : odeurs âcres des feuilles en sous-bois, les soirs d'automne, ou âpres effluves de la harde poussée par l'équipage. Odeurs océanes dans les plis externes de la vulve : au soleil levant, la mer montante porteuse de lumière réveille les goémons dans l'estuaire d'Auray. Odeurs sucrées, fleuries en arrière : ambre, musc, santal et vétiver mêlés des marchés antillais, ou parfums entêtants des reposoirs, les jours de rogatoire, quand, sur les cascades de roses, traînent les volutes d'un encensoir.

Toute différence anatomique mise à part, l'amant peut bénéficier des mêmes caresses, avec la même félicité. Les différences sont, en outre, une tentation plus grande au niveau du pubis, un surcroît de plaisir au niveau du périnée et un moindre bonheur aux marges du puits anal.

En caressant le pubis, l'aimée offre à son amant des plaisirs savoureux, ses ongles hersant la peau chaude entre les racines des boucles ; elle-même ressent les délices de la tentation d'aller plus loin, d'autant que le sexe de l'homme est à portée de main et de bouche et qu'il manifeste, sans retenue, sa présence et son contentement.

La stimulation appuyée du périnée apporte des

jouissances intenses et un regain d'énergie génitale et générale. C'est que les corps érectiles y prennent naissance ; la pression de leurs racines tend l'érection et relance le besoin de pénétrer. C'est aussi que cette région est, pour les Orientaux adeptes du tantrisme, le siège du premier « chakra » ou « chakra racine » ; c'est le centre de base de l'énergie biopsychique chez l'homme ; c'est une véritable prise de terre qui prend sa force dans l'énergie tellurique, quand le mâle est assis sur le sol, et qui la diffuse à tout le corps ; pendant des millénaires, des centaines de millions d'Orientaux, par le yoga ou l'acupuncture, ont stimulé leur libido (au sens de pulsion de vie autant que d'instinct sexuel) en excitant ce point ; pourquoi voulez-vous n'en pas tenir compte ?

Par contre, si les berges fessières sont redoutables de sensibilité, la marge de l'anus et l'antre offrent des agréments variables et parfois médiocres. Ou l'homme est un être prédestiné à pénétrer et non à être pénétré ; ou la plupart rejettent la possibilité d'un plaisir anal de peur d'être pris pour des pédérastes. Mais beaucoup plus que l'agrément, c'est la fusion symbolique des deux êtres, par chair interposée, que vise cette caresse. De se donner autant l'un à l'autre rend la femme et l'homme inséparables.

14

Le premier cercle de l'homme

Si j'envisage en premier lieu le sexe de l'homme, ce n'est pas par discourtoisie et phallocratie, c'est par une démarche logique qui va du plus simple au plus complexe.

La plus somptueuse des caresses, celle qui catapulte l'homme sur les cimes du plaisir, c'est celle que reçoit son pénis de la main ou de la bouche de l'amante. Elle se donne plus qu'autrefois, mais sans doute pas encore aussi souvent, ni aussi bien que les hommes le souhaitent. C'est du moins l'avis de ceux qui se sont confiés ou qui ont répondu à diverses enquêtes, dont celle de Pietropinto. A la question *« que peut faire votre partenaire pour vous exciter davantage ? »* 34,4 % répondent : *« être plus active »*, 24,3 % : *« davantage de rapports bucco-péniens »*, 17,8 % : *« toucher davantage le pénis »*.

Dans leur majorité, les hommes déplorent que les femmes négligent ou bâclent ce type de caresses ; ils désirent qu'elles s'y consacrent avec plus de tendresse et de raffinement et sans mesurer leur temps.

La caresse du pénis

Le pénis n'est pas qu'un bélier destiné à provoquer les orgasmes des deux protagonistes (ceux de la femme, ceux de l'homme), ni un instrument balistique juste bon à coulisser dans le fût vaginal. Il n'est pas non plus un organe exclusivement voué à être branlé jusqu'à éjaculation. Il n'est pas enfin une zone sensible juste bonne à être sollicitée en prélude à un objectif systématique : le coït. Non, le membre viril est en soi une zone érogène digne de la caresse et très friande de cajoleries. Sa richesse érotique, le nombre et la suavité des points de plaisir n'ont d'égale que l'imagination de la partenaire.

Dans le domaine de la caresse gratuite, la sollicitude qu'on lui témoigne n'a qu'une limite : savoir jusqu'où ne pas aller trop loin ; ne pas l'amener à un niveau d'excitation trop haut, proche de la tension d'éjaculation. Si l'on atteint le « point de difficile retour » et que l'on revient en arrière, l'homme ressent un pénible désagrément. Dans ce cas, mieux vaut poursuivre la stimulation, par caresse ou coït, jusqu'à l'éjaculation. Si l'on atteint « le point de non-retour », l'irrésistible orgasme éclate.

Dans l'un et l'autre cas, c'est la fin de la caresse et, à cause de ce que l'on sait de la phase post-orgasmique de l'homme, la fin de la fête. Il faut doser la caresse, en étant attentive aux manifestations et aux déclarations de l'amant ; si le désir semble trop monter, il faut diminuer ou cesser la stimulation ou en changer. Savoir s'arrêter à temps, c'est faire durer le plaisir. Caresser un pénis, c'est manipuler de la dynamite.

Cette tendresse est très bénéfique, car elle habitue le pénis à ne pas s'emballer, à ne pas réclamer d'emblée l'intromission ; elle entraîne l'homme à contrôler son excitation ; elle lui apprend à attendre, dans le cadre des préludes, l'intumescence progressive de la femme, condition de son épanouissement. Une femme subtile et un homme maître de lui peuvent prolonger longtemps la caresse du pénis.

Il est des cas où la caresse du pénis n'est pas un jeu sans projet, mais vise un but précis. Elle peut être, au départ, une invite ; la femme signifiant par ce geste qu'elle désire faire l'amour. Elle peut être aussi le prélude à l'union sexuelle ; l'amante a ici pour but de procurer l'optimum d'excitation et de plaisir à l'homme de façon à maximiser le plaisir réciproque du coït et de l'orgasme, si orgasme il y a. La caresse, dans d'autres cas, est destinée à relancer une érection qui retombe : tandis que l'homme, maîtrisant sa propre excitation, prolonge les caresses qu'il dispense à son amante, afin de la mener au comble de l'excitation, son érection ne peut se maintenir en permanence ; quand survient le désir d'intromission — chez l'un ou l'autre ou les deux partenaires — la caresse de la verge lui redonne sa vigueur. L'érection peut aussi défaillir en cas de fatigue ou de préoccupation, mais la caresse vient à son secours. La caresse s'emploie également à faire patienter un pénis qui piaffe : tandis que l'excitation féminine prend lentement et majestueusement de l'altitude, quelques délicates attentions le contentent. Enfin, la caresse peut avoir pour but de déclencher l'orgasme ; le pénis est caressé jusqu'à l'éjaculation. C'est un jeu auquel recourent exceptionnellement les couples ; quant à choisir, la femme comme l'homme préfèrent « la caresse intérieure ».

L'épicentre du « moi »

L'homme, en offrant son pénis, cherche à jouir certes, mais il faut savoir qu'il demande plus... Bien entendu la jouissance procurée par la stimulation pénienne est des plus fortes, la charge érotique de cette zone étant extraordinairement condensée ; elle peut se comparer à celle du clitoris, à la seule différence que le plaisir y est d'emblée, sans préparation, d'un très haut niveau ; et peut faire perdre leur contrôle à beaucoup d'hommes.

Ce que demande en plus l'amant à l'amante c'est de reconnaître et de valoriser sa virilité, c'est de le glorifier. Le narcissisme, ou amour porté à l'image de soi, est l'investissement sur soi de sa libido ; un minimum de narcissisme est nécessaire, car il faut s'aimer pour aimer la vie. Comme, plus ou moins consciemment, le pénis est pour l'homme une partie essentielle de l'image du moi, s'aimer c'est aimer sa virilité en faisant aimer son organe viril. D'autant que cette virilité a été menacée et blessée à plusieurs reprises.

Dans l'enfance, le garçon découvre que le pubis des filles est lisse ; il fantasme qu'elles sont castrées et prend peur, car il aime sa mère (c'est le complexe d'Œdipe ou ensemble des désirs amoureux pour le parent du sexe opposé, ici la mère) ; du coup, il pense que son rival de père va le châtrer pour le punir et vit dans la terreur d'être castré (c'est le complexe de castration). Heureusement, vers l'âge de sept ans, le garçon « résout » son Œdipe et liquide son complexe de castration. Cependant, chez beaucoup d'hommes, il en reste une dévalorisation et une culpabilisation de leur sexe ; l'offrir à l'amante peut les réhabiliter.

A l'âge adulte, l'homme peut être blessé dans sa virilité par un avatar sentimental ou un accident d'insuffisance d'érection, dit « fiasco », qui l'ont fragilisé ; il peut aussi être dévalorisé en imaginant ou en constatant que sa verge est trop petite ou trop peu tonique. L'offrir à la partenaire, c'est espérer qu'elle le pansera et lui rendra son assurance.

Ces faits prennent une dimension extraordinaire lorsqu'on sait la valeur symbolique du sexe de l'homme. Ce n'est pas seulement le pénis, organe mâle, mais c'est surtout le phallus, valeur symbolique de l'organe, qui est en jeu.

Dans l'Antiquité, le phallus fut un objet de vénération ; les Anciens adoraient des dieux ithyphalliques, c'est-à-dire munis d'un colossal pénis en érection. Le phallus représente la puissance souveraine, le principe lumineux, la virilité transcendante et magique.

Or, on sait que toutes les légendes et les religions sont inspirées par les inconscients, surtout par l'inconscient collectif. On peut être assuré que, même de nos jours, le pénis est plus que le pénis, qu'il a toujours une signification surnaturelle, à notre esprit défendant.

C'est dire le rôle capital de la femme dans la vie d'un homme; selon son attitude devant son pénis, elle peut le blesser, l'achever ou le sauver. Les femmes profondément aimantes et intelligentes n'hésitent pas à adorer la verge de leur amant, comme lui vénère leur vulve; il ne s'agit pas d'accepter la primauté du sexe mâle, d'avaliser une phallocratie, mais, dans l'égalité des sexes reconnue, de donner au sexe de l'homme aimé sa valeur, de lui rendre un hommage doublé d'une tendresse folle et d'une gratitude infinie.

Par ce geste, la femme doit faire plus que jouer, détailler; elle doit apprivoiser, bichonner le pénis; et par la voix, le flatter, l'encourager, l'admirer. Même s'il n'en croit pas un mot, l'homme à qui l'on dit qu'il a « le plus beau pénis du monde » est sacrément revalorisé et adore celle qui a adoré le centre de son moi. La femme qui caresse le pénis s'accorde un plaisir certain, mais il y a plus: ce faisant, elle se montre active et donne une grande preuve d'amour.

Le plaisir lui-même est plus complexe qu'il n'y paraît, car la femme jouit autant dans sa tête que dans sa peau, celle de ses mains et de sa bouche. Prendre le sexe masculin, c'est d'abord obéir à une pulsion biologique et au désir qu'elle avait engendré; le passage à l'acte, en réduisant la tension de l'excitation, apporte le plaisir. Prendre le pénis c'est, de plus, enfreindre hardiment un interdit posé pendant une longue période de sa vie; de la transgression naît la jouissance. Le plaisir, enfin, vient par contagion: en prenant le pénis, la femme entre en contact avec une zone érogène excitée qui a le pouvoir d'exciter à son tour tout ce qu'elle touche ; le plaisir ressenti par la verge se transmet à la main et à la bouche ; se transmettent aussi les manifestations générales de plaisir (mouvements, sons, etc.) du partenaire, qui troublent et réjouissent l'amante.

En caressant le pénis, la femme participe activement à l'échange sexuel : elle en finit avec la passivité d'antan où elle se contentait d'être une auberge espagnole ou un somptueux réceptacle ; elle devient officiante et maîtresse des plaisirs et du maître des plaisirs. Elle peut vérifier, *de visu* et « preuves en main », son pouvoir érotique, ses capacités d'amoureuse, sa possibilité de commander l'érection et la détumescence.

Par cette caresse, en outre, la femme donne un remarquable gage d'amour. En dépit de la libération des mœurs, le contexte socioculturel dans lequel la femme a grandi a laissé un fonds de méfiance ou même de dégoût pour le pénis et des traces de culpabilisation. La réticence et l'aversion de certaines femmes sont le fruit de la phobie sociale de la verge.

Enfin, en saisissant cette partie de l'homme, la femme satisfait son « envie de pénis » ; non pas seulement son envie de l'organe mâle qui fait jouir, mais l'envie du phallus, si l'on en croit la conception des psychanalystes. La petite fille découvre que le pubis des garçons est orné d'un appendice là où elle est lisse ; elle se croit lésée, châtrée par sa mère ; c'est le complexe de castration basé sur le fantasme que son absence de pénis est due à un retranchement. Ce préjudice, qu'elle cherche à compenser, c'est « l'envie de pénis ».

A noter que le pénis est vécu — alors et ensuite — comme un objet détachable qu'on peut se procurer et s'administrer à la place du clitoris. La différence entre les sexes n'est pas d'avoir qui un pénis, qui un vagin, mais d'avoir ou de ne pas avoir un pénis : le primat du phallus détermine l'organisation génitale et plus généralement psychique.

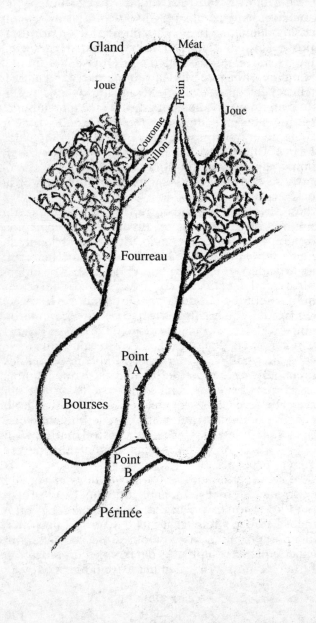

La fille espère obtenir de son père, dont elle est amoureuse, le pénis (c'est le complexe d'Œdipe), et ce en l'avalant. Après la résolution de ce complexe, l'envie du pénis qui, selon Freud, persiste toute la vie, prend trois directions : ou elle se fait désir de l'homme entier en tant qu'appendice du pénis ; ou elle devient désir d'un enfant qu'on assimile alors à un pénis retenu en soi ; ou elle est désir de jouir du pénis par le coït et les caresses.

Si les conceptions freudiennes sont exactes, on comprend l'importance pour la femme de disposer du pénis de son amant. Cependant, les féministes et certains psychanalystes contemporains refusent le primat du phallus qui, selon eux, n'est qu'une hypothèse d'école, sans doute erronée.

Les points exquis du plaisir

Le gland est recouvert d'une peau fine, un épithélium sans couche cornée ; il est bourré de corpuscules de la volupté de Krause, principalement au niveau de la couronne, du frein et des côtés du frein (voir schéma). Il est sensible au frottement.

Le fourreau de la verge est fait d'un tégument mince ; il est sensible à la pression : striction en anneau ou en manchon. A sa base, à la face inférieure, existe un point hypersensible : sa stimulation par pression ponctuelle détermine un regain d'érection, c'est le point A ; il correspond dans le coït au resserrement de l'orifice vaginal. Admirable nature ! merveilleuse femme !

La peau des bourses, ou scrotum, est faite d'un épiderme mince sur un derme sans graisse mais muni de muscles peauciers, les dartos ; de plus, un muscle mince parcourt la sous-peau, les crémasters. La contraction de ces muscles ramasse et remonte les bourses, leur donnant un aspect plus esthétique. Le scrotum est sensible aux attouchements légers.

A travers les bourses, les doigts palpent le périnée où ils sentent une colonne dure qui prolonge la verge : c'est la base d'implantation des corps érectiles (corps spongieux et corps caverneux). Cette zone est très sensible à la pression qui entraîne une relance de l'érection : c'est le point d'érection B.

Les caresses de la main

Le gland recèle la sensibilité la plus exquise, la plus irrésistible de tout le corps masculin. Les points exquis sont stimulés avec une pulpe digitale mouillée et subtile ; elle effleure continûment et consciencieusement le gland en tournant sur sa ligne de crête ; ou elle le stimule par petites touches ; ou elle se concentre sur le frein et ses côtés, en le titillant.

Le fourreau peut être stimulé par toutes sortes d'effleurements du bout des doigts ou par pression de l'anneau formé par le pouce et l'index, ou par l'ensemble de la main empoignant le membre viril comme une hampe de drapeau. La pression peut être continue ou discontinue, elle peut s'exercer sur place ou se déplacer par petits bonds sur la longueur du membre.

L'ensemble de la verge peut être branlé : l'anneau des doigts ou la gaine de la main serre le pénis ; et sans desserrer sa pression, et donc sans lâcher le contact avec la peau, coulisse du gland à la base et vice versa. C'est la peau, non adhérente en profondeur, qui, en fait, coulisse sur les corps érectiles tendus à l'extrême ; c'est une simulation du coït. Ce mouvement est instinctif chez l'homme et, sous une apparente simplicité, comprend des nuances que seul il peut saisir ; la femme ne le réalise pas d'instinct — sauf à ce qu'on dit les Orientales — et ne fera jamais aussi bien que l'homme lui-même ; c'est un aspect de la dissymétrie des érotismes ; nous verrons que, inversement, l'homme est encore moins doué pour la stimulation clitoridienne que ne l'est la femme pour la pénienne.

Ce sera à l'amant d'expliquer les bons endroits, la bonne tenue, la bonne pression, le bon mouvement, l'amplitude, le rythme et la durée optima ; à l'amante d'être bonne élève ; ce n'est pas tant une question d'habileté que de tendresse sensuelle et d'application.

Enfin, la stimulation peut se concentrer sur le point A : le point d'érection de la base du fourreau se stimule par une pression ponctuelle avec la pulpe d'un doigt ; ou elle appuie rythmiquement, ou elle roule sur l'arête dure du corps caverneux ; elle déclenche un plaisir local qui fuse dans le périnée et la verge et la rigidifie. C'est un jeu payant que de chercher ce coin de paradis.

La peau des bourses apprécie les effleurements, les grattements, les pincements (de la peau, pas de son contenu !). Ramasser dans le creux d'une main, douce et ferme, l'ensemble bourses-testicules remplit d'aise. C'est un geste apaisant, réunifiant, infiniment tendre et revalorisant.

La racine de la verge se situe dans le périnée, entre scrotum et anus ; elle contient le point d'érection B ; sa pression lance un plaisir irradiant le bassin et déclenche une érection majestueuse et plaisante. Il faut appuyer fermement, soit par petits coups comme sur un bouton de sonnette, soit en faisant rouler les doigts sur la racine saillante, dans une sorte de massage digital.

Les tendresses de la bouche

C'est le nec plus ultra de la caresse, c'est le plaisir suprême ; la bouche est ce qu'il y a de plus doué et de plus adapté pour ces soins ; lèvres, langue et palais sont doux, onctueux, chauds, subtils, engainants.

Ce plaisir physique est exacerbé par la joie mentale de voir l'extrême tendresse de l'amante permettre à ce rêve de se réaliser : le rêve de voir la femme aimée par son sexe attendrie, à son sexe prosternée ; car c'est le lieu de son désir, comme sa vulve celui de l'homme ; ce désir qui sous-tend sa vie, qui est source de ses pensées, âme de son agir ; qui la fait femme, séduisante et séductrice ; ce désir, réplique de celui de l'homme, qui donne un sens à son existence, la pousse à la rencontre de l'homme, sa moitié, son complément ; ce désir, symétrie de celui de l'homme, qui donne au monde son harmonie et lui confère le mouvement perpétuel. La voilà ravie, aux pieds de l'objet de son désir, la voilà saisie, à l'aboutissement de sa quête, la voilà bouleversée, au terme de sa conquête.

La bouche de l'amante caresse le pénis comme elle le ferait d'une bouche ou d'un mamelon. La langue commence par de petites léchettes sur le dôme du gland, peu sensible ; puis elle glisse vers les zones explosives : la couronne dont elle fait le tour à petits coups de pointe taquine ; puis d'autres tours ; puis des tours en maintenant le contact, sans plus s'en décoller ; elle s'arrête enfin sur le frein et par léchettes et titillations, elle produit le plus vif, le plus terrible des plaisirs ; c'est avec le coït la jouissance la plus grande qu'un homme connaisse. La langue déclenche des ivresses presque égales en stimulant les joues, de chaque côté du « filet ». Elle peut, alors, se faire plus large et s'engager dans un léchage gourmand de l'ensemble du gland, à la façon dont les chats lèchent leur pelage.

Ensuite, elle étend sa gourmandise au fourreau, elle le lèche sur toutes ses faces, puis se consacre à la face inférieure, la plus sensible ; elle le gâte de longs léchages allant du gland à la base et vice versa ; enfin, laissant ces larges accords, la langue, de sa pointe, joue note par note, tâtonnant comme un compositeur, le long d'une ligne allant du frein balanique au scrotum. C'est Byzance : de-ci, de-là les touches sonnent juste, la fugue s'ébranle, l'homme vibre jusqu'à l'âme et chante en contrepoint. L'ivresse dionysiaque se situe en haut du clavier, dans le prolongement du frein, sur ses amarres.

Les lèvres entrent alors dans la danse. Fermées, mais humides, elles déposent un petit bécot malicieux sur le sommet du gland ; puis un autre plus fervent. Puis, boudeuses, elles glissent sur lui tangentiellement, d'une commissure à l'autre, comme si le gland était un bâton de rouge à lèvres, à la différence qu'ici ce sont les lèvres qui se déplacent.

Plus hardies, elles font franchir au gland leur ourlet pulpeux et ensalivé et le mettent au contact de leur versant interne ; le gland étant alors pris entre les deux lèvres, elles s'amusent à le serrer par petits pincements successifs ; puis la tête se déplaçant de droite à gauche et réciproquement, elles le font glisser dans leur fente oblongue ; ensuite, la tête se déplaçant d'avant en arrière et réciproquement, elles le font coulisser dans leur gaine charnue, le suçant comme bâton de guimauve.

Boulimique, enfin, la bouche s'empare du gland et de la verge, les engloutit plus ou moins profondément et même jusqu'au gosier, les fait coulisser dans un va-et-vient rythmique entre langue et palais, les suce, aspire, tète. La langue tourne autour du gland incarcéré, le lèche, le triture. Les dents s'esquivent au cours des mouvements pour ne pas endolorir la tendre muqueuse ; mais dans les phases de repos, elles la mordillent avec une infinie délicatesse, comme s'il s'agissait d'une bulle de savon.

La bouche rend à l'air libre la verge et entreprend de descendre sur le fourreau le long de la colonne pénienne ; elle le gratifie sur toute sa surface de larges baisers bruyants, puis d'un semis de petits bécots. Elle se concentre, ensuite, sur la face inférieure, la plus luxurieuse : les deux lèvres fermées mais mouillées l'effleurent, du frein jusqu'au scrotum, en un mouvement continu, reviennent, repartent ; puis elles se décollent par intermittence, le cloutant de petits baisers. Ensuite, elles s'entrouvrent, et, humides, brûlantes, elles glissent du gland aux bourses, allant et venant ; ici et là, des lèvres modulent un pinçon, la langue délivre un suçon, les dents improvisent un frôlement.

C'est une somptueuse composition de flûte traversière, lente et troublante comme un adagio. L'homme, qui n'avait jamais imaginé un tel bonheur, rend grâce à Éros et bénit le destin qui lui a offert une femme aussi inspirée, aussi chaleureuse. Jamais il ne pourra la quitter.

Mais voilà que sa bouche descend sur les bourses dans une de ses mains tendrement ramassées et les baise et les lèche, les chérit et les cajole ; et leur chuchote des compliments.

Reste à l'homme, fondant de tendresse et brûlant de désir, à adorer cette adorante.

15

Le premier cercle de la femme

Source d'amour, fontayne de douceur
Petit ruysseau appaysant toute ardeur
Mal et langueur, ô lien solacieux
Et gratieux, séjour délicieux

De l'ignorance des hommes

Beaucoup trop d'hommes ne savent pas se délecter de la caresse des délicates étoffes intimes de la femme et lui procurer des joies prodigieuses. Sans doute manquent-ils d'informations sur la sensualité, en dépit du foisonnement d'ouvrages de sexologie. « *La majorité des hommes ignore parfaitement la sensualité féminine.* »

Mais il ne suffit pas de connaître l'anatomie, encore faut-il « sentir » la femme. « *Ils ont l'air de connaître tous les points sensibles, mais ils restent théoriques, ils ne sentent pas la femme. Ils manquent trop de "sensitivité" et d'imagination pour détecter les points sensibles de la femme.* »

Il est donc souhaitable que les hommes s'intéressent plus à ce qui est bon pour leur compagne et s'efforcent de saisir les nuances de leur sensibilité. « *Je n'ai jamais trouvé un homme capable de me caresser convenablement avant que je lui dise, ou même que je lui montre ce que j'aimais. Pourquoi ne prendrait-on pas des leçons de clitoris, de vagin ou de pénis ; on prend bien des leçons de violon... »*

Oui, pourquoi pas ?

Un hommage au sexe de la femme

Tendre et attentive avec la main, admirative avec les yeux, pieuse et chaleureuse avec la bouche, la caresse du sexe féminin valorise une zone qui est paradoxalement objet de convoitise et objet de dédain.

Si l'on en croit les Arts, les diverses civilisations anciennes, autant que je sache, ont toujours inégalement représenté le sexe de la femme et celui de l'homme. Dans la statuaire égyptienne, crétoise et gréco-latine, le sexe masculin figure naturellement et sans voile.

Bien plus, dans ces civilisations comme chez beaucoup de peuples primitifs, le phallus faisant l'objet d'un véritable culte, le membre viril prend, sur les statues, des dimensions considérables (dieux ithyphalliques) ; parfois la statue entière n'est plus qu'un phallus érigé. Dans ces cas, bien entendu, la figure ne représente plus le pénis, organe du plaisir mais le phallus, symbole du pouvoir et de la fertilité.

Inversement, la statuaire méditerranéenne antique ne représente même pas ce qui est visible du sexe de la femme : le joli bombement du mont de Vénus, son émouvante toison et la perspective de la vulve. A fortiori, on n'a jamais sculpté la vulve et ses raffinements intimes, comme on l'a fait pour le phallus.

La civilisation judéo-chrétienne s'étendant à l'Occident y introduisit la notion de péché de luxure ; le christianisme, dès les premiers siècles, jeta l'anathème sur le sexe et les artistes voilèrent les nus, ou dessinèrent des anges. Ceux qui, faisant renaître l'art antique ou tentant de libérer leur créativité, osèrent arracher les voiles, continuèrent de censurer le sexe féminin. Même les plus proches de nous, qui ont pourtant scandalisé par certains nus féminins, comme Manet, Rodin, Renoir, n'accordent aux femmes qu'un sexe d'ange ou de fillette.

Actuellement, il est encore malvenu, sinon interdit, d'exposer en public ou de présenter dans les mass media une peinture figurant le sexe féminin tel qu'il est. Il y a donc un phénomène de civilisation universel qui escamote les organes génitaux externes de la femme. Cette pudeur est-elle dictée par le respect ou par la honte ? On peut répondre « honte », en ce qui concerne les pays atteints par le christianisme : la mère de son Dieu resta vierge et conçut sans péché ; sous son influence, les premiers anatomistes qualifièrent les organes génitaux de « parties honteuses » et les nerfs et les artères y accédant, de nerfs et d'artères « honteux ».

Hélas, en notre siècle de libération, un homme, pourtant génial, Freud, allait maintenir dans la honte le sexe féminin. Pour le père de la psychanalyse, l'organe de la femme est l'organe masculin coupé, la femme est un homme castré. Il prétendit même que la vue de la vulve donnerait aux mâles la terreur de la castration, tandis que la vue de la verge donnerait aux femmes des « complexes » et des « envies ». A la mutilation organique, il ajouta la dépréciation esthétique, affirmant lourdement que, situés *inter urinas et fæces*, les organes génitaux féminins ne participent pas à la beauté. Cela, ajouté à certaines autres de ses théories, fait de Freud le plus grand misogyne.

Il ne faut donc pas s'étonner que leur sexe, tellement dévalorisé, continue d'être mal vécu par les femmes. D'autant que des raisons naturelles ne les incitent pas à l'aimer spontanément. Il est caché, invisible, donc inconnu ou même mystérieux ; il est une zone complexe, commune à d'autres orifices. Quand il se manifeste à la puberté, anatomiquement et physiologiquement, ce qui arrive — la pilosité, le sang — ne peut séduire la fillette; pour l'adulte, les menstrues demeurent, selon l'expression ancienne, une souillure ou une corvée. Encore heureux quand ne surviennent pas les fameuses « pertes blanches » (ou leucorrhées), parfois vertes, provoquées par des infections génitales. Bref, dans le vécu de la femme — et de l'homme — le sexe féminin ça tache, ça sent, c'est sale; c'est juste bon pour les besoins pressants du pénis.

Aussi, on comprend de quelle tendresse la femme se prendra pour l'homme qui, sans dégoût pour cette zone, y met tendrement et admirativement la main, les yeux, la bouche. La femme narcissisée au plus intime se sent fière d'être femme; les caresses la « révèlent » psychologiquement, en même temps qu'érotiquement. « *Je me suis sentie totalement reconnue et acceptée comme femme depuis qu'il m'embrasse cette partie la plus taboue de moi-même. Depuis qu'il l'aime, j'aime ma féminité.* »

Beaucoup de femmes considèrent que consentir à mettre sa bouche à cet endroit est la plus grande preuve d'amour que peut leur donner leur amant; et, de leur part, accepter qu'il le fasse est la marque d'une immense confiance. « *Mettre son visage à cet endroit-là, c'est le plus beau cadeau qu'un homme puisse offrir à une femme.* » Il faut dire que l'adoration des amants n'est pas l'effet de la cécité de l'amour.

Il est faux que le sexe féminin soit sale, sauf infections banales ou vénériennes exceptionnelles, et toujours guérissables. C'est un endroit parfaitement propre et aseptique; les quelques germes qui s'y trouvent sont utiles et non pathogènes. Il est infiniment plus sain qu'une bouche qui, elle, contient des millions de germes, dont certains pathogènes. Quant aux règles, elles n'ont rien de malsain : qu'a de répugnant une hémorragie ?

Il est faux qu'il soit malodorant, sauf infection ou manque d'hygiène; les odeurs *sui generis*, mixées au musc, sont agréables et captivantes. Henri IV, dit

« Le Vert Galant », écrivait à sa maîtresse : « *Ma Mie, de grâce ne vous lavez pas.* »

Archifaux qu'il soit laid ! N'entendent-elles pas, les femmes, leurs amants fascinés par la saignée de leur corps, étourdis de sang et de feu, murmurer comme il est beau le désir d'une femme ; n'entendent-elles pas les chants de ces adorants de la féminité : « O Femme, je suis au cœur de ton continent, en ce jardin tropical dont la chaleur humide et les senteurs me grisent. Par mes doigts, par mes lèvres, par ma langue, je butine et je cueille, j'effleure et j'effeuille, je hume et je goûte ton corps florifère. Calices vermillon, corolles écarlates, pétales érubescents, sépales corallines et franges carminées, vous m'enivrez de vos essences. Corymbes capiteux qui exhalez le campêche et l'ambre, boutons incarnats qui vous gorgez et vous tendez, vous me saoulez de vos inflorescences. »

« O Femme, ô florilège, embaume-moi de tes fragrances, ensevelis-moi de tes velours garance. O Femme, je suis aux sources de la vie. L'eau d'amour, l'eau féminine, l'eau jaillie de ton rocher par l'homme frappé, sourd du plus profond, ruisselle, scintille et ravine plis et replis. L'eau bue à chaque faille profuse, carat par carat, comme gouttes de vie. O quintessence de la féminité qui me rebaptisait chaque nuit... O Femme, comme il est beau ton plaisir. »

Oui, l'homme peut vénérer le sexe féminin car c'est le lieu de sa conception et de sa naissance et celui de ses plaisirs suprêmes, tellement intenses, tellement captivants que le corps de la femme lui donne le vertige d'un au-delà du plaisir, le projette dans le rêve d'un immatériel, lui offre la tentation d'un cosmos.

La caresse vulvaire est un acte majeur qui honore autant donneur que receveur ; les baisers, en particulier, chassent la honte qui y fut attachée et cicatrisent les plaies des fausses castrations qui y furent inventées.

La caresse « gratuite »

Ce livre voudrait abolir une certaine tyrannie qui veut que tout rapprochement de la femme et de l'homme se conclut, ou pire, se résume à un coït au cours duquel les deux partenaires doivent avoir un orgasme. Par principe, la caresse gratuite est celle qui ne vise forcément ni le coït ni l'orgasme.

Je ne veux pas remplacer une tyrannie par un sectarisme et une obligation par une interdiction. La caresse gratuite n'est pas un système mais un état d'esprit. Le sujet programmé, tendu vers l'objectif impératif — coït, orgasme — rétrécit sa sensibilité et s'enlise dans la routine. Par contre, si l'on pose comme principe qu'un contact n'a pas automatiquement un but et qu'on peut se toucher pour le plaisir de se toucher, on élargit le champ du désir et le registre des sensations.

Cependant, si l'orgasme survient à la femme, c'est très bien, ou si la femme réclame le coït, sincèrement et non comme moyen d'abréger un rapport pénible, c'est très bien aussi. Car la plupart des femmes sont en retard d'un orgasme ; et l'orgasme de la femme n'est pas la fin de la relation. On la sait multiorgasmique et l'on sait que ses orgasmes ne sont pas suivis, comme chez l'homme, d'une période réfractaire plus ou moins longue, pendant laquelle le désir et la capacité jouissive régressent ; l'orgasme de la femme n'est pas la fin du duo, elle est une suite sans fin.

Chez l'homme, l'orgasme est une conclusion, une fin sans suite ; terminé le bel amour, frustrée la dame. Il faudra donc éviter chez lui l'obtention systématique d'un orgasme et se méfier de sa survenue intempestive. Or, il se produit facilement, sur commande, en quelques minutes, par des stimulations simples. Cette facilité d'accès à l'acmé justifie qu'on lui demande de le différer et même d'y renoncer certains jours.

Mais si, par jeu, par plaisir, et conscient de la suite

des événements — ou plutôt de l'absence de suite —, l'orgasme de l'homme est décidé, par tour de main ou tour de reins, c'est bien aussi. Certains hommes, les jeunes en particulier, ne perdent ni leur désir ni leur toute-puissance après l'assouvissement.

En ce qui concerne la femme, le principe de la caresse gratuite — cette attitude détachée par rapport à l'orgasme — lui permet de se dégager d'une tyrannie qui scotomise sa sensualité et l'empêche d'élargir son champ sexuel ; et ce faisant, on favorise la survenue fortuite d'un orgasme, fruit de la gratuité. « L'orgasme est une prime au désintéressement. »

Y a-t-il des objections à cette conception des relations sensuelles ? Tout d'abord est-ce réalisable ? Les hommes, diront certains, les femmes, affirmeront les autres, ne savent pas ou n'aiment pas caresser. J'espère par cet ouvrage leur en donner la manière et le goût.

Les hommes, penseront beaucoup, ne sont pas capables de tenir leur désir et de retenir leur orgasme. Je pense que l'acquisition d'un nouvel état d'esprit le permet ; si l'on pose comme principe, un beau jour, qu'un contact n'est pas une course à l'éjaculation, les hommes pourront tempérer leur ardeur et, gratifiés par ce qu'ils découvriront, seront convertis à cette nouvelle mentalité.

Pour aider les hommes à se refréner, il faut que les femmes sachent jusqu'où ne pas aller trop loin ; qu'elles commencent par les caresses du troisième et deuxième cercle et réservent à plus tard les caresses du premier cercle. Si elles caressent le pénis, qu'elles soient conscientes de manipuler une bombe et demeurent attentives à ne pas atteindre le seuil d'explosion ; qu'elles veillent à arrêter à temps leurs stimulations et s'occupent alors de détendre l'amant par des caresses du corps.

« *Certains soutiennent que le pelotage est immature, qu'il s'agit de quelque chose qui n'est pratiqué que par ceux ou celles qui ne peuvent pas aller jusqu'au bout. Ce n'est pas vrai. Les caresses depuis les temps immémoriaux ont été une forme très importante de la sexualité, mais les lois judéo-chrétiennes les ont condamnées[1]... »*

Le « petting » ou « flirt avancé » qui se pratique entre adolescents est radicalement différent : il exclut totalement l'intromission et l'éjaculation. Il résulte d'une impossibilité d'aller plus loin et non d'un choix délibéré.

Onan fut l'un de ces pécheurs que fustige l'Ancien Testament ; il s'adonnait à la jouissance sans coït obligatoire. Il y eut aussi les habitants de Sodome qui pratiquaient l'amour anal ; et Samson qui aimait se faire caresser les cheveux. Tous furent punis de diverses façons par le Dieu Vengeur. Comme furent châtiés la femme adultère et les autres pécheurs en luxure du Nouveau Testament.

Pourquoi faut-il que les religions judéo-chrétiennes continuent de jeter l'opprobre sur la caresse alors qu'elle est chantée dans *Le Cantique des cantiques* :

> *Qu'il me baise des baisers de sa bouche*
> *Que sa main gauche soit sous ma tête*
> *Et que sa droite m'embrasse*
> *Tes lèvres distillent le miel ma fiancée*
> *Il y a sous ta langue du miel et du lait*
> *Ta taille ressemble au palmier*
> *Et tes seins à des grappes*
> *Je me dis : je monterai sur le palmier*
> *Car l'amour est fort comme la mort*
> *Ses ardeurs sont des ardeurs de feu.*

Alors que le Christ s'est laissé laver et caresser les pieds par Marie-Madeleine ?

Il est regrettable que le terme d'onanisme soit uti-

1. Shere Hite, *op. cit.*

lisé avec une connotation péjorative et que les plaisirs extra-coïtaux soient sottement et sordidement taxés de masturbation à deux et réprouvés. On culpabilise de la sorte une forme de tendresse qui choisit de faire durer le plaisir, d'élever le désir au rang de plaisir continu et de se préoccuper de faire accéder l'autre à une plus grande sensualité.

Si la caresse n'est pas un péché, comme le prétendent certains, elle n'est pas non plus un danger comme l'avancent d'autres. Les stimulations mettent les zones érogènes en état d'excitation ou « phase d'intumescence » qui se caractérise par une vaso-dilatation des vaisseaux ou congestion et une mise en tension des muscles, deux phénomènes ressentis comme agréables. Cette congestion et cette tension sont maintenues en plateau un certain temps, pendant lequel les zones érogènes et le corps en général se chargent en énergie comme un condensateur.

A un moment donné, soit par la sommation des excitations, soit par l'addition d'une excitation plus forte, la charge atteint un seuil explosif : la congestion étant maximale, la tension musculaire extrême, se manifestent alors des contractions involontaires des divers muscles génitaux et périnéaux ; c'est la phase de contraction involontaire. Deux éventualités sont dès lors possibles :

Ou les stimulations cessent par la volonté du stimulant ou du stimulé ; la progression vers l'explosion s'arrête au « point de difficile retour » ; c'est l'implosion de la charge ; les événements sont partiellement et péniblement réversibles. Le ressenti des sensations vire à l'aigre : l'agréable vaso-dilatation devient désagréable congestion, la plaisante tension devient douloureuse contracture.

Ou les stimulations persistent et atteignent « le point de non-retour », irréversible, qui échappe à la volonté ; c'est l'explosion de la charge qui libère l'énergie accumulée : c'est l'empyrée, puis la détente. La congestion se décomprime, les contractions se relâchent. L'énergie se restaure automatiquement dans tout le corps par autorecharge.

Sur le coup, l'implosion se traduit par de l'irritation, un malaise, un cafard, des larmes ; les organes génitaux gonflés de sang et spasmés donnent une sensation déplaisante et même douloureuse de tension non soulagée. A la longue peuvent s'installer des troubles psychiques chroniques (irritabilité, anxiété, tendance dépressive), un état de fatigue, une congestion chronique se traduisant par des douleurs, des lourdeurs pelviennes et des algies lombaires.

Tout cela peut être prévenu. Il faut éviter, si l'orgasme n'est pas souhaité, d'atteindre le « point de difficile retour » en dosant les stimulations en deçà. Savoir, comme on l'a dit, jusqu'où ne pas aller trop loin. Si ce point de « difficile retour » est atteint, il faut mener les stimulations jusqu'au déclenchement de l'orgasme, selon les moyens habituellement efficaces : coït, stimulations digitales par le partenaire ou autostimulation. En aucun cas, l'homme ne coupe unilatéralement les stimulations ; s'il doit abréger ses caresses parce qu'un orgasme intempestif lui advient, il rétablit l'équité en s'efforçant de combler son amante.

Si, chez la femme, le point d'orgue n'est pas obtenu (ou la femme est « révélée » mais rate accidentellement son envol, ou elle ne l'est pas et n'a pas encore connu l'orgasme), il faut tout faire pour lui apporter la détente en manifestant une grande tendresse et en dispensant des caresses corporelles, le nec plus ultra étant le massage californien.

Si les deux partenaires n'ont pas adopté communément la disposition d'esprit de la caresse gratuite ; s'ils ne savent pas rester en deçà du « point de difficile retour » ; si, l'ayant atteint, ils ne déchargent pas leur tension extrême ; si, enfin, par un sectarisme stupide ils ne s'accordent jamais d'éclatement ; en un mot s'ils trahissent l'esprit de la caresse gratuite, l'absence de paroxysme est frustrante. Mais ceux qui

restent en deçà de la zone de réversibilité pénible
nagent dans un océan de bien-être et de tendresse.
Ce qui est le plus important, c'est le désir comme
plaisir, c'est le plaisir par désir. Il s'agit de goûter
le plaisir feu de bois plutôt que de se volatiliser du
plaisir foudre.

16

Les sites du premier cercle de la femme

Autrefois, le sexe de la femme était, pour la plupart des hommes, un simple orifice ; de nos jours, ils savent qu'il est une formation fastueuse mais complexe et ils sont désorientés. La vulve est l'ensemble de l'écrin de la femme dont les deux principaux joyaux sont le clitoris et le vagin. Les schémas suivants nous permettent d'en admirer les détails.

Caresses de la vulve

Histologiquement, les grandes lèvres, à leur face externe, sont faites d'un épiderme à couche cornée et d'un derme dont le pannicule adipeux consistant leur donne une bonne épaisseur. Par contre, la face interne des grandes lèvres, comme les nymphes et le vestibule, bref toute la peau intime de la vulve, a une muqueuse sans couche cornée et sans graisse ; c'est donc une peau fine. Les nerfs y sont nombreux (origines libres dans la peau, corpuscules dans la sous-peau), mais il ne semble pas y avoir de corpuscules de Krause. Les vaisseaux y abondent. La richesse de l'innervation et de la vascularisation est caractéristique d'une zone érogène. Les bulbes vestibulaires sont une concentration vasculaire formant un corps érectile qui se gorge de sang à l'excitation ;

ils communiquent avec le clitoris et les plexi périvaginaux.

Le doigt qui caresse ces délicates muqueuses est léger, délié, il suit les détails de la topographie par tendresse et pour faire naître de savoureuses sensations. La pulpe passe et repasse sur la large surface des grandes lèvres, émouvantes et rebondies comme de bonnes joues, glissantes comme du satin, brûlantes comme des petits pains sortant du four. Aucune caresse n'est aussi onctueuse, tendre et intime à la fois. Si les sollicitations durent, des plaisirs voluptueux prennent leur essor, remplissent le corps de l'aimée et sortent par sa gorge en fervents chants d'amour. La zone la plus fertile est celle qui recouvre les bulbes, qu'on sent rénitents sous la pulpe, de sang gorgés.

Le doigt suit aussi les sillons dessus et dessous les nymphes, lisse celles-ci sur l'envers et l'endroit ; entre le pouce et le médian. Ces franges sont prises, pincées doucement, suivies d'un bout à l'autre. Ce ne sont que des exemples ; c'est à l'amant d'inventer les mille sollicitudes dont sont dignes ces orchidées.

La bouche prend le relais ; elle embrasse la vulve comme elle le ferait pour la bouche : « *Pour baiser le Yoni, on imitera le baiser sur la bouche*[1]. » C'est véritablement un baiser intense, tellement bouleversant pour le donneur comme pour le receveur.

N'est-il pas émouvant pour l'homme de revenir à ses sources, de renaître une fois encore ? N'est-il pas émouvant pour la femme d'accoucher de cet homme-enfant ? N'est-il pas tendre cet homme qui lèche son aimée comme la chatte son chaton ? Et confiante cette femme qui se fait chaton ? Faut-il que les lois soient inspirées par de pauvres névrosés pour rendre délictueuse, comme dans certains États américains, cette scène admirable !

La bouche est ici l'agent le plus agréable. Les lèvres se promènent, glissent sur la surface des gran-

1. *Kâma Sûtra, op. cit.*

Vulve

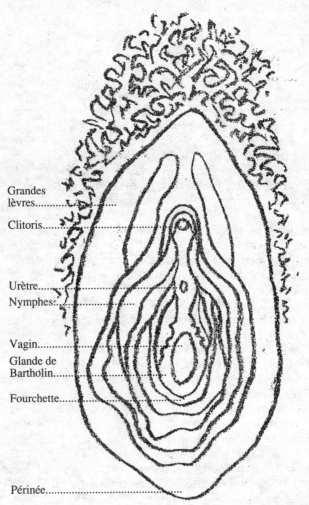

Grandes
lèvres.................

Clitoris..............

Urètre...............

Nymphes...........

Vagin................

Glande de
Bartholin.........

Fourchette.........

Périnée..............

des lèvres, les pincent, les aspirent ; puis elles suivent les nymphes, les bordurent, les happent, les sucent, les pincent.

La langue, de son plat large et souple, lape avidement les surfaces joufflues, gonflées de sang, tendues de désir des grandes lèvres. La pointe précise, esthète, dessine les lignes, les ganses, les dentelles ; curieuse, buissonnière, elle se faufile dans une fossette, contourne une papille ou un pertuis, soulève une nymphe, s'insinue dans un sillon ; taquine, elle titille de-ci, de-là ; gourmet elle goûte le nectar de la féminité ; audacieuse, précurseur elle se risque au fond du vestibule. Ensuite, il se peut qu'avec délicatesse, les dents fassent mine de manger celle qu'on aime à la croquer.

L'amant, le visage plongé dans la rosée des corolles déployées, inhale des arômes qui lui brûlent le cerveau. Ivresse du musc et autres vapeurs certes, mais aussi effet perfide des odeurs rémanentes d'un autre âge, lorsque bébé, il vivait, avec la femme, un corps à corps exaltant, lorsque enfant il vivait, avec les femmes, à hauteur de leur pubis ; un auteur célèbre confesse combien le troublait l'odeur de sa mère lorsqu'il blottissait sa tête dans ses cuisses, à travers jupe. Un autre, Montagner, a prouvé par une série d'expériences que l'odeur de la mère jouait un rôle essentiel mais inconscient chez l'enfant. La femme elle-même qui sent ses parfums s'exhaler pendant l'amour en est émue. L'homme né de l'ouverture de ses cuisses retourne y mourir d'amour.

Et il continue de butiner, ne négligeant aucun délice, s'attardant sur les points les plus sensibles : la papille du méat urinaire, la face antérieure du vestibule, ses faces latérales où saillent les bulbes congestionnés et surtout la fourchette d'une exquise éroticité.

Oui, voilà une braise qui, agacée de bécots, tisonnée de léchettes, attisée de baisers, s'enflamme soudain et embrase l'aimée. Zwang avance qu'il s'agirait d'une « zone sonnette », vestige de l'époque où les hominidés étaient quadrupèdes. Il fallait, à l'accès de ce versant, une allumette pour mettre le feu aux poudres.

L'amant serait inspiré de faire des échappées de caresses vers le clitoris, le vagin, l'anus, en attendant de s'y consacrer entièrement. Il comblerait de bonheur son amante s'il dispensait, en même temps, des faveurs digitales aux seins et à toute la surface de son corps chéri.

Caresses du clitoris

La caresse du clitoris, par l'homme, peut être gratuite, effectuée pour le bien-être qu'elle procure, ou elle peut être « payante », pratiquée pour déclencher l'orgasme.

Quand les femmes stimulent elles-mêmes leur clitoris, elles obtiennent la jouissance dans 95 % des cas ; quand c'est un homme qui les caresse, la jouissance ne survient que dans 44 % des cas, selon les statistiques de Shere Hite. Comme celle-ci s'était adressée à un échantillon de femmes dont on peut penser qu'elles avaient le clitoris bien « entraîné » (proportion importante de célibataires et de lesbiennes), on peut estimer que ce chiffre de 44 % est bien favorable aux hommes et qu'en réalité, dans un échantillon plus large de femmes, un nombre moindre obtiendrait l'orgasme par les œuvres de leur amant. Il est donc douloureusement évident que la plupart des hommes ne savent pas caresser le clitoris et ont tout à apprendre.

Les hommes et le clitoris

Beaucoup d'hommes ignorent l'existence du clitoris. Je fus atterré quand un homme, enseignant, marié depuis dix ans, déclara ne pas savoir ce qu'était le clitoris. Alerté, j'allais m'apercevoir de l'ampleur des mauvaises relations entre les hommes et le clitoris.

Certains connaissent le clitoris mais ignorent l'existence d'un orgasme clitoridien ou en méconnaissent l'importance ou la légitimité. « *Il me caresse pour m'exciter, pas pour me donner un orgasme. Je voudrais qu'il continue et me permette de me laisser aller jusqu'à jouir. Pourquoi n'aurais-je pas droit à l'acmé, à la détente, comme lui, parce que je l'obtiens par le clitoris ?* »

La plupart des hommes ignorent la caresse « gratuite » du clitoris, j'entends par gratuite celle qui ne conduit pas au coït. « *Ils me stimulent juste pour que je sois prête pour eux, il ne leur vient pas à l'esprit de me caresser pour mon plaisir.* »

On retrouve ici les méfaits du modèle traditionnel de la sexualité.

Il y a des hommes qui savent l'importance du clitoris mais refusent de « s'y mettre », soit par répugnance physique, le sexe féminin les dégoûte ; soit par manque d'attrait car ils n'aiment pas le sexe de la femme ; soit enfin par préjugé ou tabou. Il y a aussi les malheureux qui ne trouvent pas le clitoris ; ils ne connaissent pas sa situation, ni sa morphologie et n'arrivent pas à le dénicher. Ils passent leur temps à chercher où peut bien se nicher ce « sacré bouton ». « *Vingt-trois ans de mariage et tu as toujours autant de difficultés à trouver mon clitoris et tu restes toujours à la même place. Il te fait donc peur ?* »

Trop d'amants ne savent pas stimuler le clitoris : « *Il frotte trop fort, comme s'il voulait le limer et m'irrite ; il ne sait pas doser. Il appuie trop directement, en plein dessus et me met au supplice. Il est trop saccadé ou trop lent ; il ne trouve pas le rythme ; et il ne m'excite pas assez longtemps.* »

Les femmes demandent qu'on les caresse plus et mieux. Elles devraient se décider, nonobstant leurs fausses pudeurs et leur timidité, à dire leur besoin de caresses et d'orgasme clitoridiens.

La femme ne descend pas de l'homme

Un certain nombre de phallocrates, dont Freud et quelques-uns de ses successeurs, ont fait croire que le clitoris était une petite verge, un organe vestigiale. Dire que le clitoris est une petite verge est aussi sot que de dire que le tube schnorkel qui émerge d'un sous-marin immergé est un petit paquebot. C'est en outre phallocratique et misogyne de prendre la verge comme unité de mesure et de référence.

Dire qu'il est un organe « vestigial » ou « rudimentaire » est antiscientifique : il y a vestige lorsque l'évolution a modifié un organe chez deux individus d'une même lignée mais séparés par un espace de temps considérable ; le coccyx par exemple est un vestige de la queue de nos ancêtres les singes. Mais, que je sache, la femme ne « descend » pas de l'homme, elle lui est contemporaine ; entre verge et clitoris, il n'y a pas une différence évolutive, mais une différenciation sexuelle.

En vérité, le gland du clitoris est l'extrémité visible et perceptible d'un vaste et complexe ensemble érectile dont le reste est interne (voir schéma) : la hampe, les deux corps caverneux et les bulbes vestibulaires, eux-mêmes reliés aux plexi vasculaires des nymphes, des grandes lèvres et aux plexi vaginaux. La partie visible du clitoris ne représente que 4 % du système érectile.

Ce système se gorge de sang, au cours de la phase d'excitation. On constate à l'œil et au doigt le rougissement et le gonflement du clitoris, des nymphes et des grandes lèvres et le boursouflement du vestibule ; au toucher on note, de plus, la turgescence des tissus. Au total, l'afflux de sang est supérieur à celui du pénis ; mais alors que l'érection de celui-ci est spectaculaire, l'intumescence de la femme est tout interne, mais subjugue ceux qui savent en prendre la mesure. Le clitoris n'est donc que la partie émergée de l'iceberg, le joyau central d'une importante pièce de joaillerie ; et un organe d'une sensibilité ou d'une efficacité à nulle autre pareille.

Un plaisir divin

En méprisant le clitoris, Freud et certains de ses héritiers faisaient chorus à des siècles de misogynie et de culpabilisation ; dans la foulée, ils ont également dénigré les plaisirs clitoridiens et à priori l'orgasme clitoridien est discrédité. Les femmes qui s'adonnaient à ces joies ne pouvaient être qu'immatures ou névrosées, sinon elles auraient eu recours au seul plaisir vaginal, tellement supérieur ! Heureusement, on a fait litière de ces affirmations qui ont dévalorisé tant de femmes depuis un demi-siècle.

De même que l'organe existe à part entière, incomparable et admirable, de même le plaisir qu'il dispense est valable en soi, ce qui veut dire qu'il n'est pas le succédané d'un plaisir vaginal, en rien supérieur, qu'il n'est pas seulement le préliminaire de ce plaisir vaginal, mais qu'il est, dans la caresse gratuite, d'une intensité, d'une acuité, d'une tonalité supérieures à tous les plaisirs du corps, y compris ceux des seins et du vagin ; il a sur celui-ci la supériorité d'apparaître beaucoup plus instantanément. Enfin il est, dans la caresse orgasmique, d'une intensité et d'une qualité superlatives, envahissant le corps et captant la conscience ; l'orgasme clitoridien vaut le vaginal, avec de simples différences chromatiques, géographiques et psychiques.

Son extraordinaire sensibilité érogène, le clitoris la doit à sa structure : une peau fine, sans couche cornée ; une richesse vasculaire considérable qui permet une intense congestion ; une richesse nerveuse incomparable qui lui confère une sensibilité « explosive », grâce surtout à l'abondance de récepteurs de la volupté de Krause ; le point le plus chargé en ces fameux corpuscules nerveux étant la face postérieure du gland, à l'insertion des freins.

Corps érectile et zone bourrée de capteurs de plaisir, le clitoris est un organe érogène de plein droit. Sa sensibilité est superlative et incomparable, telle que les sensations engendrées sont à mi-chemin entre la volupté et la douleur, telle qu'on l'a comparé à un détonateur. Les poètes, eux, le chantent comme un merveilleux rubis, enchâssé dans le plus somptueux écrin, véritable pierre de touche de tous les plaisirs, authentique sésame du pays des merveilles.

A la découverte du clitoris

Niché au fond d'une vallée, elle-même cachée par les taillis des jardins parfumés, le sexe de la femme apparaît pour l'homme comme un palais mystérieux, aux dédales nombreux, aux trésors introuvables et aux parures trop précieuses. Il n'ose s'y risquer. S'il le fait, la Belle au Bois Dormant trouve à son Prince Charmant des allures de pachyderme, aveugle de surcroît.

Il serait donc souhaitable que la femme apprenne à l'homme le plan de son palais. Encore faudrait-il qu'elle le connaisse elle-même. Voilà comment elle établira l'inventaire pour elle-même, puis comment elle fera faire le tour de la propriétaire au visiteur. Dans le cas contraire, le visiteur s'inspirera de ce qui suit.

Pour repérer le clitoris à l'œil, il faut un bon éclairage. Si les amours sont bucoliques, le plein soleil rend encore plus admirable le trésor. Les cuisses étant largement ouvertes, il faut écarter les grandes lèvres, puis les nymphes, les remonter des doigts et des yeux ; en haut de la fente, elles se soudent en un repli en capuche de pèlerine : c'est le « capuchon » du clitoris ; il faut tirer très doucement ce capuchon vers le haut, un rubis saille, de la grosseur d'une petite groseille ou d'un pépin de muscat : c'est le clitoris.

Pour repérer le clitoris au doigt, les cuisses étant ouvertes, il faut écarter grandes et petites lèvres ; au sommet de la fente sous le pubis, on sent un petit renflement sous un repli : c'est le clitoris. Lorsqu'il est très développé on peut sentir les détails : une petite extrémité sphérique (le gland) posée sur un bâton qui roule sous le doigt (corps ou hampe). Si c'est la femme qui s'explore, elle ressent une sensation exquise en passant sur lui. Si c'est l'homme, il voit sa compagne réagir violemment. La femme peut aider son amant dans ses recherches, de la voix et du geste.

Caresses du clitoris

La difficulté vient de la dissymétrie entre la stimulation dont l'homme a l'habitude, celle du pénis, grossière, ample, forte et les exigences nuancées du clitoris, que l'homme n'a pas vécues. Une autre difficulté vient de la variabilité, selon les femmes, des points exquis, des mouvements et des rythmes nécessaires : il n'y a pas deux femmes semblables.

Le point exquis, la pression, le mouvement, le rythme sont déterminés par tâtonnements, en tenant compte des réactions de la femme : sa respiration, ses gémissements, ses mots, ses mouvements indiquent à l'homme l'intensité du plaisir, l'absence de plaisir ou le désagrément.

La femme qui, par autostimulation, a découvert ses points précis et leurs modalités d'excitation devrait les enseigner à l'homme. Il ne peut faire mieux que de l'imiter. La femme n'a pas à appréhender d'être prise pour une « vicieuse » ou une lesbienne ; elle ne doit pas craindre non plus de rompre le charme poétique par des indications matérielles (« plus haut, plus bas, à gauche, à droite, plus vite,

Clitoris

Racines..................................

Genou....................................

Hampe...................................

Capuchon.............................

Gland...................................

Frein.....................................

Bulbe vestibulaire.............

moins vite, plus fort, moins fort »). Elle ne doit pas hésiter à prendre la main de l'amant pour le guider, lui donner le mouvement et le tempo. Il y a la façon de le dire et de le faire ; le jeu en vaut la chandelle.

Si l'homme est incapable d'assouvir sa compagne et lui fait rater l'orgasme, il ne doit pas s'étonner de la voir s'assombrir ou même « rager » : elle ressent une crampe périnéale, une crispation nerveuse et de l'angoisse. Une fois, deux fois, cinq fois passent, mais si l'homme renouvelle par trop ses maladresses, la femme éprouve du dédain pour lui et peut-être pour les hommes en général. Désabusée, elle refuse la caresse, à l'avenir, et précipite l'arrivée du coït et la fin de la corvée. Peut-être se satisfait-elle elle-même ou fait-elle appel à ses consœurs. A moins qu'elle n'installe une maladie psycho-somatique.

Je ne pense pas l'homme balourd, peu sensuel ou égoïste. C'est son éducation qui a tronqué sa finesse, sa sensibilité, sa générosité. L'homme se faisant tendre, délicat, sensuel, attentif par le bout de ses doigts, par tout son corps et par ses oreilles, doit trouver le point-gâchette qui catapulte son aimée sur une orbite céleste. C'est important pour l'homme de savoir caresser le clitoris, et il le peut s'il le veut. Pour qu'il se fasse une idée, par analogie, de l'exquise sensibilité du clitoris, qu'il la compare à celle du frein de son gland.

Le point exquis est accessible sous des angles divers. Chaque femme a son abord préféré : les unes sur le gland, les autres sur la hampe, les autres encore sur le genou du clitoris. Sa situation est très précise, à quelques millimètres près. Sortie de cet épicentre microscopique, la stimulation n'est plus efficace. Le bon endroit est connu de l'aimante, qui l'a découvert par autostimulation ; si elle ne le lui indique pas, ce sera à l'amant de le détecter en promenant doucement une pulpe attentive dans les parages du clitoris.

Selon les femmes, ce point se trouve aux coordonnées suivantes :

• Sur le dessus du gland, sur l'arête du dièdre que constitue le capuchon.

• Sur le dessus de la hampe, à l'union des nymphes ou même plus au-dessus, au voisinage de l'os pubien.

• Sur le côté du clitoris, en regard des faces latérales du capuchon ; le doigt est alors dans le sillon entre capuchon et grandes lèvres.

• Au-dessous du clitoris, parfois même deux centimètres plus bas ; le doigt est entre gland et méat urinaire.

• En couronne, tout le tour du gland ; le doigt tourne sur le pourtour.

Vu la taille du clitoris (et plus encore du point « électrique ») et la grosseur relative de la pulpe digitale, il est difficile de discerner si l'on stimule le genou, la hampe ou le gland. Le plus souvent, l'excitation est globale ; de plus elle n'est pas immédiate, il y a toujours une certaine distance entre le point précis et le point d'impact et souvent une interposition de tissu, ce qui du reste est souhaitable car le contact direct avec le clitoris entraîne irritation et douleur. Il est préférable de le caresser à travers le capuchon, les nymphes ou même les grandes lèvres, en les faisant glisser sur lui.

Le clitoris préfère que la stimulation se fasse avec une surface relativement large, la caresse étant alors plus douce, moins ponctuelle. De toute façon, la surface devra être lubrifiée. Ce qui suit est d'une précision helvétique plutôt que poétique ; mais il s'agit d'aider, avec clarté, les hommes.

Caresse avec un doigt :

• L'index : bien que classique, il n'est pas le plus capable.

• Le médius : c'est le préféré car le plus doux et le plus médian (par définition), ce qui permet de bien centrer la main dans l'axe de la vulve, paume sur le mont de Vénus ; l'index et l'annulaire restés libres caressent en symétrie les nymphes et la face interne des grandes lèvres.

• Le pouce : il est dirigé vers le bas, posé sur la région clitoridienne ; les quatre grands doigts sont sur le pubis.

Caresse avec plusieurs doigts :

• L'index et le médius : chaque doigt se place sur chaque face externe du clitoris.

• Index, médius et annulaire : index et annulaire sont sur la face externe du clitoris, le médius est sur l'arête du capuchon.

• Index droit et index gauche : ils frottent entre eux le capuchon et le clitoris comme on frotte un épi de blé entre les mains, mais subtilement.

• Quatre grands doigts : les deux doigts centraux (médius et annulaire) frottent entre eux le capuchon et le clitoris ; les deux doigts latéraux (index et auriculaire) papillonnent sur les nymphes.

• Pouce et index (ou médius et annulaire) saisissent doucement dans leur pince le capuchon et le clitoris (ou même les nymphes, le capuchon et le clitoris) et caressent, entre leur pulpe, le clitoris.

• Caresse avec la paume de la main : sa face charnue roule sur la région clitoridienne.

• Caresse avec toute la main : paume et face palmaire des doigts « surfent » sur le clitoris.

La pression optimale varie selon les femmes de légère (titillation subtile) à assez forte ; il ne faut ni « poncer » ni écraser. Si la femme elle-même exerce parfois des actions fortes, c'est au cours de stimulations à cuisses fermées ou à travers la vulve. Ici l'amant se trouve au contact du clitoris. De toute façon, il commence par une pression douce, qu'il accroît graduellement, sans à-coups, au fur et à mesure de la montée du plaisir pour devenir ferme à l'orée de l'orgasme et pendant ; il la maintient sans relâche jusqu'à ce que la femme demande grâce.

Le mouvement le plus généralement apprécié est un mouvement circulaire, selon une rotation horaire : le ou les doigts tournant autour du clitoris en petits cercles. Pour se déplacer, le doigt ne doit pas se relever, la pulpe ne pas se décoller du point d'application, ce sont les muqueuses qui glissent et coulissent (celles du capuchon, des nymphes). L'amplitude est de l'ordre de quelques millimètres.

D'autres mouvements sont possibles. Dans un souci d'efficacité, je les présenterai schématiquement :

• Va-et-vient dans l'axe de la vulve.

• Pression douce du clitoris à travers le capuchon entre pouce et index ; la pince des doigts se serre et se desserre alternativement ou roule précautionneusement le corps érectile.

• Branle douce du clitoris entre deux doigts : pouce et index (ou médius) ou index et médius.

• Roulement transversal sous les doigts.

La vitesse la meilleure dépend de chaque femme ; ce qui est important, c'est qu'elle soit constante, sans à-coups. Certaines femmes aiment un crescendo : la caresse, lente au début, s'accélère progressivement au fur et à mesure que le plaisir croît pour devenir assez rapide à l'approche de l'acmé et pendant ; ici aussi, il faut éviter les à-coups.

Le rythme doit être régulier, soutenu sans arrêt, sans cassure pour entretenir au mieux l'excitation et pour que l'amante puisse compter dessus. La constance assure la sommation, l'accumulation de stimulations et la croissance de l'excitation. Tout changement de pression, de mouvement, de tempo fait tomber le niveau d'excitation. Il ne faut donc pas changer de main, ni de position de façon intempestive.

La durée de la caresse clitoridienne est commandée par la femme. La caresse ne s'arrêtera jamais avant que la femme ne le demande ; elle ne devra jamais être suspendue quand survient l'orgasme. Le clitoris se rétracte et disparaît alors ; l'amant ne devra pas pour autant perdre le contact avec le point exquis, ni réduire la pression ni ralentir le rythme.

Beaucoup de femmes joignent les cuisses quand le plaisir s'élève; l'amant devra poursuivre, de toute façon, la caresse. L'association de caresses et de baisers aux autres parties du corps accessibles (lèvres, seins, anus) multiplie le plaisir.

Beaucoup plus subtile que le plus subtil des doigts, la bouche permet des caresses fabuleuses du clitoris. Aussi, c'est la caresse préférée de la plupart de nos compagnes.

Sur le plan érotique, elle est superlativement excitante, procurant plaisir et orgasme sensationnels; néanmoins si le plaisir est supérieur à la caresse digitale, les possibilités d'orgasme seraient légèrement inférieures : 42 % des femmes atteindraient l'acmé par les soins de la bouche contre 44 % pour le doigt. Ce n'est pas étonnant, c'est la rencontre de deux sensibilités aussi exquises et subtiles l'une que l'autre : la muqueuse vulvaire et la muqueuse buccale; le summum théorique et réel étant la rencontre de la pointe de la langue et du point exquis, les deux zones les plus sensibles du corps.

Sur le plan physique, elle est agréable, car la femme, sur le dos le plus souvent, peut se relâcher et s'abandonner à ses vertiges. Sur le plan psychologique, elle est le plus bel hommage qu'un homme puisse rendre à son aimée; c'est le geste qui la narcissise le mieux. Inversement, c'est le plus beau don qu'une femme puisse faire à son homme, celui de sa féminité secrète. Cela réclame, entre les amants, une grande confiance réciproque.

Les femmes souhaitent que les hommes leur donnent plus souvent cette caresse et qu'ils la leur offrent par pure tendresse sans la limiter aux préliminaires du coït. Elles aimeraient, par sa grâce, tantôt flotter dans un doux bien-être, tantôt jaillir jusqu'à l'orgasme, selon les jours.

Les lèvres et la langue sont les organes les plus appropriés à stimuler une zone aussi sensible. Les lèvres, et plus encore la langue, sont douces, légères, humides, onctueuses, plates (sauf la pointe); leur motilité fine et complexe les rend habiles, subtiles, précises. La pointe de la langue, infiniment plus experte que le doigt, est l'agent idéal pour explorer et identifier avec précision le point « électrique ». Ce qualificatif est doublement justifié ici : d'une part, au contact de son point exquis, la femme éprouve un plaisir « ponctuel », énervant, fulgurant ; d'autre part, en touchant ce point, la pointe de la langue ressent un très léger picotement et un goût amer identique à ceux qu'elle ressent au contact d'une pile électrique. Ayant repéré ce point, la langue est le moyen le plus précis pour le stimuler électivement.

Comme pour le doigt, l'amant se souviendra que la caresse doit être douce, régulière, sans interruption, maintenue pendant l'orgasme, prolongée jusqu'à ce que la femme demande de cesser. Ici, le contact peut être exercé directement sur le clitoris, car les muqueuses buccales sont onctueuses.

Les lèvres saisissent doucement le clitoris avec ou sans le capuchon jusqu'à la base de la hampe (endroit particulièrement sensible) ou appréhendent le gland seul. Elles pressent délicatement le joyau, le font rouler, l'aspirent discrètement, le tètent, bref se comportent comme avec un mini-mamelon.

La langue, de son plat, effectue de larges lapements ; de sa pointe, elle explore avec précision le gland, le sillon entre gland et capuchon, le capuchon, à la recherche du point et le titille alors ponctuellement.

Comme pour le doigt, il faut savoir que le clitoris se rétracte au cours de l'orgasme, que beaucoup de femmes ferment les cuisses pour mieux faire monter le plaisir, que les jouissances se décuplent quand l'homme caresse en même temps d'autres lieux (le vagin, l'anus, les mamelons ou tout le corps). Ne serait-ce que par tendresse, il faut associer à cette caresse d'autres jeux charnels entre les deux amants, sinon ils se sentent, paradoxalement, loin l'un de l'autre.

Caresses du vagin

La caresse la plus appropriée de la peau vaginale ne peut être dispensée que par le pénis ; réciproquement la meilleure caresse du pénis est celle du fourreau vaginal ; c'est une loi de la nature et une évidence contre lesquelles aucune élaboration ne peut prévaloir. Toutefois, les doigts et la bouche peuvent procurer des joies, principalement des joies mentales.

Les caresses dispensées par la main approfondissent l'intimité des amants. La femme, qui se laisse pénétrer et découvrir de « l'intérieur » et prendre « du dedans », fait véritablement offrande de son corps et donne la plus grande marque de confiance et d'amour. L'homme, qui introduit tendrement la main, franchit les marches du royaume féminin et accède au saint des saints.

Quand c'est le pénis qui entre, les sensations érotiques ravissent ses sens et sa raison, aussi il ne disserte pas sur la dimension de son effraction. Le pénis est un organe de jouissance, non de connaissance ; de plus il est à sa place « naturelle ». La main, elle, organe de préhension et de cognition, mesure l'étendue de son geste ; entrant dans ses entrailles, l'homme accède aux mystères de la femme ; émerveillé, il sent ce qui s'y passe et découvre la vie des profondeurs féminines ; bouleversée, la femme sait qu'il sent du dehors ce qu'elle ressent du dedans et s'émeut de lui livrer ses secrets.

Il découvre, par la caresse, la paroi brûlante et humide, ses stries circulaires, sa pression et au fond le dur cône du col utérin entouré des culs-de-sac vaginaux. Soudain stupéfié, il sent, si la dame par ses caresses excitée lui fait ce présent, à la base de ses doigts, la gaine se resserrer en anneau ; tandis qu'à leur extrémité, sous leur pulpe, les culs-de-sac se dilatent en un dôme dont la clef de voûte serait le col.

Ainsi, à son seuil, la femme se referme, afin de retenir l'aimé ; ainsi, au fond d'elle-même, la femme se creuse pour lui faire de la place ; ainsi, se prépare la femme pour l'accueillir.

L'homme vient de découvrir la contraction des muscles circulaires du vagin et des muscles du périnée à l'orifice d'entrée, contraction qui va stimuler la base, très érogène, du pénis ; et la « ballonisation » des culs-de-sac destinée à donner de l'air et de l'espace au gland dilaté et congestionné ; deux phénomènes qui sont une admirable adaptation des deux corps réunis et une manifestation du désir-plaisir féminin.

Rien n'est plus bouleversant que de découvrir que cette partie de la femme a sa vie propre, et se meut, comme une anémone marine, dans sa mer intérieure ancrée, qui s'ouvre et se ferme comme un cœur, en ses entrailles greffé, qui se contracte et se dilate.

Rien n'est plus étonnant que de trouver en elle quelque chose qu'elle ignore, comme les battements de son cœur et les mouvements de sa pupille, mais qu'elle sent confusément comme un désir, un appel, un besoin d'être comblée. C'est son corps, en sa profondeur, vivant à sa façon l'amour, le désir, l'appel de l'homme, l'imminence de l'orgasme. C'est dans sa chair, dans la matière, l'équivalent de ses pensées, de ses mots : « Je t'aime, je te désire, je t'aspire, emplis-moi, enlève-moi. »

Rien de plus impressionnant que de constater que, si la femme n'a pas comme l'homme — en dehors d'elle — une érection triomphale exigeant la pénétration, elle a, dedans elle, des manifestations aussi grandioses qui la façonnent à l'image du pénis, qui sont le négatif de l'érection, qui exigent le comblement. Ce cri sublime, impératif qu'elle porte en elle, les préparatifs troublants, impérieux qu'elle fomente sont fastueux.

Rien n'est plus troublant érotiquement et métaphysiquement que de constater par cette caresse que la femme est bien faite pour l'homme et l'homme pour la femme, elle seule et lui seul ; de constater que cette vérité est non seulement anatomique mais surtout physiologique. La ronde de l'amour, la ronde de la vie ne sont pas près de s'arrêter, l'humanité non plus, qui est bien faite de deux moitiés irréductibles, toujours à se chercher pour d'éphémères fusions qu'elles doivent sans cesse recommencer. Les ultras du féminisme et les couturiers pourront limer fesses et seins pour une mode unisexe, ils ne pourront jamais empêcher la femme, au cœur de son corps, d'appeler l'homme et l'homme de s'y faire prendre.

Mais toutes ces joies sont surtout mentales. Pour ce qui est des joies hédoniques produites par la main, elles sont d'une qualité moyenne car les doigts, par l'inadéquation de leur configuration, de leur longueur, de leur gabarit, sont incapables d'assurer un plaisir valable de contact et encore moins de réplétion ; ils ne peuvent stimuler, comme il le faudrait, les « plots » érogènes : le point G de l'orifice vaginal (face antérieure) et les points des culs-de-sac. Ils ne peuvent non plus distendre correctement la gaine érectile et musculaire. Néanmoins, chez certaines femmes, l'impact psychique est tel qu'elles obtiennent de bien belles jouissances et même l'acmé.

La caresse de l'intérieur du vagin se fait avec le médius, joint souvent à l'index, plus rarement à l'annulaire. Les doigts tendus effectuent un va-et-vient, sans avoir la prétention d'imiter le pénis ; puis, les phalanges fléchies, la pulpe titille la muqueuse ; enfin, et c'est ce qui est le plus apprécié, les doigts donnent des caresses circulaires, parfois même assez appuyées, comme dans le massage gynécologique ; les culs-de-sac en sont particulièrement amateurs.

Le pouce, une autre fois, sera le dispensateur des bienfaits ; son volume le rend plus apte à cet effet.

La femme étant couchée sur le dos, il s'introduit pulpe vers l'arrière, ce qui place les quatre grands doigts dans le sillon interfessier, au contact de l'anus, qu'ils peuvent stimuler. Il peut aussi s'introduire pulpe en avant, ce qui met les grands doigts dans la fente vulvaire et sur le clitoris, qu'ils peuvent exciter. Dans les deux cas, la pulpe du pouce masse les culs-de-sac avec un bonheur certain.

Tandis qu'une main répand la manne du plaisir dans les profondeurs, l'autre main, ou la bouche, peut caresser toutes les parties du corps accessibles : clitoris, anus, seins, lèvres..., ce qui redouble le plaisir et le propulse à des altitudes enviables. La langue ne peut aller très loin dans le vagin, mais ses caresses sont très agréables : lapement de l'orifice, titillation ponctuelle, en particulier de la face antérieure, va-et-vient furtifs dans l'entrée du canal.

Tout cela agrémente de tendresse les matins pluvieux, les après-midi de canicule ou les soirées de télévision moroses. Et puis, en ce palais, comme à Versailles, il y a les jours de faste. Alors l'aimée donne à l'amant, qui la lui rend, la plus merveilleuse des caresses, celle de la concavité de son corps à la convexité de son être. Merveilleuse, car le creux chaud, onctueux et souple est fait pour accueillir l'excroissance brûlante, douce, rigide qui fut créée pour l'habiter. Merveilleuse, car c'est une caresse réciproque et simultanée. Merveilleuse, car c'est la plus profonde, la plus fusionnante.

17

La caresse intérieure

Il est en elle. Elle l'enveloppe. Il va en elle. Elle l'accompagne. Leurs corps abandonnés aux mouvances impératives et majestueuses, aux rythmes synchrones et harmonieux d'une houle lente et profonde. « Je t'aime », dit une vague. « Je t'aime », répond la suivante. Elle lui dit de même. Il le lui dit aussi. Et leurs souffles le répètent. Et leurs yeux le jurent.

Ils cessent leur mouvement. Il la contemple. Dans la nuit violine, la lune se débusque d'un nuage sépia et éclaire sa nudité. Seuls quelques maillons de vermeil, appendus à son cou, habillent son corps qui n'en finit plus d'être femme, son corps délié, son corps long dont il ne se lasse pas, son corps intarissable, son corps chéri qu'il ne finit pas de découvrir, son corps flamme, son corps félin.

Il ajuste le croissant brûlant de ses mains sur les épaules fraîches et détaille des yeux chaque ligne, chaque courbe, chaque angle du visage chéri. Il les connaît par cœur et par âme et les adore toujours. Elle, d'ordinaire si secrète, si pudique, lui offre sa face, lui donne ses yeux. La tendresse épure sa beauté et le désir la rend grave. A travers l'ambre chatoyant de ses yeux, il chemine en elle infiniment.

Ils reprennent leur mouvement. Lui en elle. Elle autour de lui, sans détacher leurs regards. Par les yeux ils se pénètrent aussi. Son visage est maintenant transfiguré par le plaisir ; sa beauté d'une autre nature, d'un autre monde. La houle se fait flot de lave, battant leurs corps en ressac, les envahissant, les distendant. Avant qu'elle ne brûle leur cerveau, qu'ils ne meurent dans un délire de feu et d'or, ils s'arrêtent.

Ils s'arrêtent pour écouter. C'est le moment merveilleux où le plaisir étale vous offre à l'autre, vous offre l'autre. Le vertige du plaisir aigu, l'ivresse des sensations fortes raptent et rendent parfois solitaire. Dans ce silence d'orchestre, ils perçoivent ce qu'a d'extraordinaire la situation.

Il est dans la femme et la femme le garde. Il sent autour de sa hampe la gaine chaude de la femme ; il se perçoit tout entier dans sa hampe, il est devenu hampe. La gaine le tient, le serre, le presse, la gaine partie prenante de la femme ; il en sent la brûlure, les pulsations, les reptations ; il perçoit sa propre chaleur se fondre à la sienne, ses propres battements vibrer avec les siens, ses propres ressauts répondre à ses soubresauts ; ils se font signe, ils se parlent, ils s'échangent, par les sexes réunis. Car il la sent tout entière autour de son vagin et c'est dans cette totalité qu'il s'expanse. Il est tout entier niché dans le corps de la femme, et tout son être chavire au sein de l'autre continent.

Elle l'a happé, englouti, elle le tient. Elle en sent l'incandescence et le lancinement ; elle est transfusée de chaleur et de sang ; et emplie et dilatée. Un soleil levant grandit dans son ventre, ses rayons l'écartent du dedans ; un arbre, en elle, croît, la transperçant du pelvis à la gorge.

Ils se sont greffés l'un à l'autre. Ils sont un. « Fais-moi l'amour que je ne me sente plus seule », implore-t-elle. Ils reprennent leur marche, se prenant le sexe comme on se donne la main. Leurs caresses douces et lentes font monter à leurs lèvres des murmures et des gémissements. Parfois, un élan plus vif, plus profond, sollicitant un point exquis, déclenche un éclair de plaisir et lui arrache un cri.

Puis, suspendant à nouveau leurs pas, ils s'enivrent de la mosaïque de parfums qu'exhalent leurs corps ; et il admire ses cheveux, sa bouche, son corps. Et il caresse son visage, ses seins, ses hanches. Et ils se parlent, si proches, qu'ils se comprennent. Ils ont brisé leur entité, ils communiquent. Ils ont ouvert leur « moi » et ils habitent « nous » quelque temps ; « nous » qui est l'anti-solitude.

Une nouvelle vague les emmène. Il est en elle par le sexe, autour d'elle par les mains. Elle est autour de lui par le corps, par les mains. La terre s'ébranle et sort de son éclipse. Elle se cabre sur la terre qui dérive sous ses reins. Il saille la terre en cavale. L'univers se fait Amour et leur détache une parcelle d'éternité.

La « caresse intérieure », c'est le plaisir portant plutôt que le plaisir emportant, le plaisir au long cours et non le plaisir coq, le plaisir soleil et non l'éclair, le dialogue et non le soliloque. La caresse intérieure, c'est le plaisir en soi comme un désir qui n'en finit pas !

La caresse intérieure, c'est la caresse que se donnent l'un à l'autre les organes génitaux ; le pénis la dispense au vagin et celui-ci la lui rend. Il ne s'agit pas de rapports sexuels banals, va-et-vient intenses et expéditifs, sorte de masturbation intra-vaginale où le plaisir est solitaire, chacun pour soi. Il s'agit de caresse prolongée où se partagent plaisir et tendresse. C'est la caresse la plus complète, car la plus parfaitement complémentaire entre deux êtres unipolaires.

Complémentaire, elle l'est sur le plan du désir : le désir féminin s'éprouve comme une sensation de vacuité et un besoin d'être pénétrée ; le corps creux aspire à la réplétion ; c'est la faim de pénis. Le désir masculin, à l'inverse, se ressent comme une tension lancinante, un besoin impérieux de pénétrer ; c'est la faim de vagin. La caresse intérieure est le point de convergence des pulsions instinctives des deux moitiés de l'humanité.

Complémentaire, elle l'est aussi sur le plan érotique, car chacun donne le plaisir le meilleur, celui de la zone génitale, et reçoit simultanément le plaisir dans sa sphère génitale. Chacun est doublement actif : donneur et receveur de plaisir. C'est plus qu'une addition de sensations, c'est une multiplication, comme les images de deux miroirs. C'est plus qu'un cercle de volupté, c'est une spirale. Complémentaire, elle l'est morphologiquement : c'est parce que leur anatomie différente les prédispose à s'emboîter, la femme concave accueillant l'homme convexe, que l'union peut aller si loin.

Le vagin est le réceptacle le mieux adapté au pénis, assurant la pression et le contact optimums. La pression s'exerce surtout au niveau du tiers inférieur de la gaine vaginale : par les plexi vasculaires périvaginaux qui s'engorgent en manchon, par les fibres musculaires circulaires et en mailles du vagin qui se spasment et par les muscles périnéaux (releveur de l'anus, constricteur de la vulve) qui se contractent et serrent le pénis à sa base. Certaines femmes — et toutes si elles s'exercent — peuvent contracter volontairement ces muscles, pour taquiner la verge. Au moment de l'orgasme, ces muscles se resserrent en cadence, sollicitant irrésistiblement celle-ci.

Le contact et le frottement se font sur toute la surface du fourreau vaginal dans les meilleures conditions : il est chaud, lubrifié, élastique mais tonique. Au fond, le gland heurte le cul-de-sac postérieur, qui, extensible et onctueux, constitue la plus douce des butées. En fait, l'homme a l'impression que la femme l'a pris en elle et le tient tendrement.

Le pénis est le mobile le mieux adapté au vagin, tant par sa surface que sa forme, son volume, sa longueur. Le frottement est agréable en raison de sa surface lisse, chaude, lubrifiée et grâce au renflement de la couronne balanique entrant en vibration avec les stries de la paroi vaginale. La réplétion radiale est assurée par le calibre du pénis qui distend en largeur le cylindre vaginal ; cette réplétion, jointe aux frottements, stimule les zones érogènes de la gaine, entre autres le point G. La réplétion longitudinale est assurée par la longueur de la verge qui effectue une pression sur le cul-de-sac postérieur et le distend ; c'est le heurt ferme du gland qui stimule les « plots » (le terme est de Zwang) érogènes du dôme vaginal, provoquant le plaisir de la femme et lui arrachant cris et chants.

Le plaisir vaginal s'explique par sa structure ; il est constitué de trois tuniques concentriques : une tunique profonde faite de fibres élastiques, une tunique moyenne faite de fibres musculaires lisses (circulaires, longitudinales et en mailles), une tunique interne, la « peau » du vagin, qui est un épithélium sans couche cornée, donc mince et souple ; cette dernière recèle peu de récepteurs sensitifs et pas de corpuscules de la volupté, d'où la réputation d'insensibilité générale et érotique dont sont victimes le vagin et le col utérin. En réalité, ils sont pourvus d'une sensibilité générale (tactile, thermique, algique) mais moindre. Quant à sa sensibilité érotique, elle est incontestable et composite :

Sensibilité érotique superficielle : la muqueuse, si elle ne porte pas de corpuscules de Krause, possède des récepteurs tactiles (en origine libre) qui doivent avoir une connotation érotique ; ils sont dispersés sur toute la surface et concentrés aux plots des culs-de-sac et au point G ; ils sont stimulés par le frottement du pénis.

Sensibilité érotique profonde : c'est la sensibilité proprioceptive des fibres musculaires et viscéroceptive des vaisseaux du vagin ; la congestion des vaisseaux — et des plexi érectiles en particulier — et la contraction des fibres musculaires, déterminent en soi une certaine jouissance ressentie sous forme de désir-plaisir. Lorsque le pénis s'introduit et s'active, les vaisseaux et les fibres sont distendus et stimulés, c'est l'excitation-plaisir. Où le sang afflue, le plaisir affleure, où les muscles se tendent, la jouissance s'étend.

Ces phénomènes vasculaires et musculaires, nous le savons, s'élargissent à toute la région pelvienne et à tout le ventre : utérus, ovaires, péritoine, entrailles entrent en transe ; puis ils entrent dans la danse quand le pénis s'ébranle, y déclenchant des ondes érotiques. Dans le creuset surchauffé qu'est le corps de la femme, la caresse de la verge transmute le sang en or.

La complémentarité des instincts, des organes et du plaisir aboutit, dans la caresse intérieure, à une symétrie érotique : ce qui est bon pour la femme est bon pour l'homme et réciproquement. Au désir d'entrer et de fouailler du pénis correspond le désir de prendre et d'engloutir du vagin. Cette symétrie équivaut à une harmonie des mouvements, à un synchronisme des cadences : c'est parfait comme une sonate pour piano et violoncelle.

La caresse intérieure est d'autant mieux appréciée que la femme est mieux « révélée » ; nous verrons au chapitre suivant comment érotiser le vagin : déjà, on peut affirmer que la caresse intérieure est la meilleure façon d'obtenir une érotisation optimale du vagin, qu'elle soit ou non accompagnée de stimulations clitoridiennes.

Bien entendu, la caresse intérieure n'atteint son rinforzando (dans une partition = en renforçant le son dans un rapide crescendo) qu'après un prélude de tendresse et un certain crescendo de pénétrations (c'est le contraire de l'amour à la hussarde).

Rêves de femmes

Les femmes aiment accueillir le pénis et le garder en elles profondément, longtemps et sans qu'il se meuve ; elles en éprouvent une impression de plénitude et d'étroite proximité. « *J'aime être habitée par le pénis et que ça dure ; mon corps est envahi d'ondes fantastiques. J'aime le sentir en moi, sentir ses pulsations et qu'il y reste longtemps sans bouger. Quelle intimité ! Où je me sens le plus proche de mon mari, c'est lorsque je suis dans ses bras, son pénis enfoncé en moi, immobile. »*

Elles aiment autant les mouvements de la verge, mais encore faut-il qu'ils soient harmonieux et prolongés. « *L'amour "bing-bang, merci madame", j'en ai soupé ; faire l'amour c'est être interpénétré à n'en plus finir, immobile ou en mouvement.* »

Les femmes rêvent d'un homme qui caresserait l'intérieur de leur corps avec son pénis ; qui, au lieu de les « sabrer », les visiterait et deviserait en les visitant ; qui, au lieu de « sprinter », se promènerait en amoureux, le pénis en elles. « *J'aime ses poussées, tantôt superficielles, tantôt profondes. C'est tellement bon que je ne me désole pas de n'avoir pas d'orgasme.* »

Le rôle de l'homme

Le but est de prolonger la caresse du vagin par le pénis, donc, pour l'homme, de se maintenir en érection le plus longtemps possible dans le vagin et de différer son éjaculation ou même de n'y pas donner cours certains jours. L'art de la caresse intérieure est tout entier dans la maîtrise du plaisir : il faut en rester à la phase de l'excitation dite « en plateau », la limite à ne pas franchir étant non seulement « le point de non-retour », mais même le « point de difficile retour ». Dès qu'il sent son excitation atteindre un niveau trop élevé et, à fortiori, les sensations pré-éjaculatoires (sortes de fibrillations agréables ou aiguës ressenties dans le périnée et à la base de la verge), l'homme doit cesser ses mouvements et demander à sa compagne de suspendre les siens.

Ils font une pause, sorte de caresse statique pendant laquelle le vagin et le pénis restent unis. Au bout de quelques instants, ils reprennent la caresse dynamique. Et ainsi de suite.

L'homme peut diversifier ses caresses. Il peut en varier la profondeur : la verge peut s'introduire plus ou moins loin ; tantôt elle taquine l'orifice, tantôt elle sonde une partie de la gaine, tantôt elle plonge dans les tréfonds des culs-de-sac. Le mieux est d'alterner les caresses superficielles et les caresses profondes ; le bon rythme étant d'une pénétration profonde pour 3,5 ou 9 pénétrations superficielles, ce dernier étant le préféré.

L'homme peut également diversifier la rapidité et la force de la caresse : soit des mouvements lents, tendres, majestueux (largo) éveillant de douces voluptés ; soit des incursions raisonnablement rapides, moyennement profondes, bien régulières (allegro), entretenant une joyeuse ivresse ; soit des coups de boutoir, profonds, fermes, rapides (presto) qui font mouche sur les plots érogènes et déclenchent un plaisir fulgurant. Tous les tempos sont possibles, il suffit de s'inspirer de l'art musical : adagio, andante, moderato, scherzo, vivace, etc. Il faut faire alterner les tempos ; les alternances les meilleures étant 1-3 ou 1-5 ou 1-9, cette dernière étant la plus appréciée.

L'amant peut, enfin, diversifier la direction de la caresse : en déplaçant son bassin, il peut donner au gland des trajectoires visant les différentes faces du vagin : face gauche, face droite, face intérieure, face supérieure et même toutes les facettes du tunnel vaginal. « *Tous les mouvements peuvent être lents, tendres, souples, dénués de toute tension. Ils peuvent même être interrompus à tout moment pour varier le plaisir*[1]. »

Ces descriptions sont schématiques, chacun suit son inspiration, son génie inventif ; la caresse inté-

1. Wilhelm Reich, *La fonction de l'orgasme*, Éd. de l'Arche.

rieure est une œuvre d'art. La durée totale d'un continuum amoureux ne peut être normalisée ; ce qui est sûr, c'est qu'il doit dépasser les misérables durées des coïts ordinaires (5 à 10 minutes, selon les enquêtes) ; une véritable caresse intérieure ne peut se dispenser moins d'un quart d'heure (madrigal) et peut s'épanouir une heure et plus (fugue).

Comment contrôler l'éjaculation ? Chez certains hommes, le contrôle est facile d'emblée, d'autres devront l'acquérir progressivement avant de l'exercer avec maestria. Dès les premiers signes pré-éjaculatoires, il faut cesser les mouvements ; retirer le pénis au bord de l'orifice vaginal, le laissant engagé d'un demi-pouce ; si ça ne suffit pas, respirer profondément par le nez, en gonflant le ventre (ce qui revient à effectuer une respiration abdominale par abaissement forcé du diaphragme), ce qui décroît la tension nerveuse.

Si c'est nécessaire, il faut réduire ou éteindre l'excitation cérébrale (sensorielle, affective et fantasmatique) qui exacerbe l'excitation pénienne, en maîtrisant ou en déviant le cours des pensées : se concentrer avec conviction sur l'importance de ne pas éjaculer afin de combler la partenaire et faire durer le plaisir ; s'il le faut, penser à des choses étrangères à l'amour et même attristantes (l'inflation, le percepteur, la facture du jour, le chef de bureau, etc.). Il vaut mieux battre en retraite trop tôt que trop tard ; progressivement, tout homme apprend à connaître son « point de non-retour ».

La pause est la continuation de la caresse sans mouvement. Les sensations y sont aussi valables, d'une autre qualité, plus intériorisées ; et le dialogue, tacite mais intense, émouvant, se prolonge entre les corps noués ; c'est une expérience irremplaçable que celle des sensations chuchotées entre le creux féminin et la convexité masculine. Parfois, sans bouger les corps, les amants se font signe : l'amante produit des petites contractions des muscles de l'orifice vaginal, pressant tendrement la verge; l'amant provoque de minimes contractions des muscles péniens, ce qui entraîne une secousse sagittale du stabile. Tendres et malicieuses manifestations de connivence.

Il faut aussi profiter des pauses pour contempler et admirer le visage et le corps du (de la) partenaire. Et deviser: c'est une façon assez sensationnelle et tellement complice de bavarder; on peut surtout lui dire combien on l'apprécie et l'aime.

Enfin, et principalement, les interludes seront mis à profit pour caresser l'aimé(e), son corps, son visage, ses mains, ses pieds. Les mains sont libres, dans certaines positions, et toujours leur sensibilité est décuplée, de même que celle de toute la surface cutanée. Le prolongement de l'excitation génitale — et donc générale et cérébrale — érotise la peau d'une façon étonnante: sa réceptivité, et inversement son « magnétisme », son « pouvoir » érogène sont exacerbés. Les mains fourmillent véritablement de caresses; elles manifestent une incroyable faim de la peau de l'autre; elles la caressent avec gourmandise, de façon large et pressante; leur avidité peut même se satisfaire de massages ou de pétrissages des parties charnues: épaules, seins, flancs, cuisses, mollets; repues, les mains peuvent alors s'appliquer à ciseler des parties plus délicates — visage, mamelons — ou même à graver des pièces d'orfèvrerie: clitoris, anus.

Le (la) partenaire ressent l'irradiation, l'appétence, la brûlure des mains; ayant lui-même (ellemême) la peau « à vif », hypersensible, affamée, attractive, il (elle) attire les caresses et en tire une jouissance superlative. L'éroticité des corps, dans leur totalité, atteint un très haut niveau, au diapason l'un de l'autre. Le couple, enflammé du dedans comme du dehors, ne fait plus qu'une torche où s'efface l'individualité. Il y a du surnaturel làdedans. On comprend comment les Anciens, les

Orientaux principalement, ont associé érotisme et mysticisme ; et pourquoi des auteurs contemporains, comme Georges Bataille, ont mis en parallèle l'un et l'autre.

Faut-il libérer l'éjaculation ou non ? Elle n'est pas indispensable à chaque rapprochement, car la caresse intérieure offre des plaisirs très grands, comme nous le verrons. Elle n'est pas souhaitable à chaque fois, car sa venue crée un réflexe conditionné (coït = éjaculation) qui la rend inéluctable et automatique ; et surtout son abstention améliore les qualités de « l'après-amour ». Mais quand elle se produit, son plaisir est d'une intensité inouïe ; et quand la femme la réclame, il faut la lui donner.

Selon l'âge et le contexte, la fréquence optimum de l'éjaculation varie : 1 éjaculation pour 4 rapprochements à 20 ans, 1 pour 7 à 30 ans, 1 pour 9 à 40 ans, 1 pour 12 à 50 ans. Ces fréquences sont adaptées au tempérament des individus et aux circonstances : fatigue, maladie, longue séparation, etc.

Le rôle de la femme

L'homme étant mobile, la femme peut rester immobile, concentrée sur ses vives sensations. Elle peut aussi accompagner en synchronisme les mouvements de l'homme ; mais alors, elle doit prendre garde que son accompagnement ne fasse monter par trop l'excitation masculine et ne déclenche l'éjaculation.

L'homme étant immobile, la femme peut se faire active par des mouvements lents du corps et du bassin qui, déplaçant le vagin sur le pénis, font coulisser le fourreau sur l'épée ; ou sans mouvements, par resserrement volontaire et rythmé de son orifice vaginal. L'entrée du vagin est cerclée par le muscle constricteur de la vulve (nommé muscle du bonheur par Meignant parce qu'il happe la verge et bat sur elle la mesure dans l'orgasme), et le muscle releveur de l'anus. En contractant ces muscles, la femme presse le pénis engagé à petits coups complices, amicaux. Elle peut, du reste, s'entraîner à contracter ces muscles en dehors du coït, pour en prendre conscience, les fortifier, les rendre plus aptes à l'orgasme (entraînement de Gögel).

Pour que le plaisir de son mari soit parfait, la femme « *devra toujours s'efforcer de fermer et de resserrer son Yoni de telle sorte qu'il se moule au lingam, se dilatant et se comprimant à volonté. En un mot, pareille à la laitière Gopola qui trait la vache... Son mari alors l'appréciera au-dessus de toutes les femmes et il ne l'échangerait pas contre les plus belles reines des trois mondes : tant est précieux le Yoni qui se resserre*[1] ». On le voit chez les Hindous, et les Arabes, peuples à l'érotisme si riche, cette caresse de la femme est hautement prisée.

Mais nos contemporaines se montrent à la hauteur : « *Il se couche sur le dos, je m'assois sur lui ; sans bouger, je serre mon vagin par petits coups, puis je remue de bas en haut et vice versa. Je m'arrête, je le caresse où je veux. Je fixe ses yeux. Puis je recommence : je serre, je bouge, je joue avec lui. Je jouis. Il savoure. C'est moi qui lui fais l'amour. Je lui rends au centuple le plaisir qu'il m'a donné.* »

L'activité de la femme n'est, bien entendu, possible que dans les situations où elle est libre de ses mouvements : femme assise sur l'amant, femme à genoux, posée sur les coudes.

Le plaisir de l'homme

Si j'en parle d'abord, c'est simplement parce que c'est l'homme qu'il faut amener à la caresse intérieure, les femmes étant acquises d'avance. La question cruciale est de savoir si la caresse intérieure

1. *Ananga Ranga, op. cit.*

procure à l'homme un plaisir suffisant ou si c'est à un plaisir amoindri qu'il doit se résigner.

On peut affirmer que l'homme, en sortant du modèle sexuel ordinaire, peut obtenir plus de plaisir et élargir ses possibilités érotiques. L'éjaculation est un point culminant du plaisir, mais pas le seul plaisir ; l'orgasme a été surévalué et il a occulté tous les arbres de la forêt du plaisir ; son impératif transforme l'amour en course, alors qu'il doit être un jeu. Pour l'obtenir l'homme se déchaîne comme s'il voulait en finir. Par la caresse intérieure, l'homme, de goinfre devient gourmet, d'ivrogne se fait taste-vin.

Le plaisir masculin comporte trois étapes successives : le plaisir-désir, le pré-orgasme et l'orgasme.

Le plaisir-désir se situe pendant la phase d'excitation ; il est croissant ; on peut y analyser quatre composantes : d'une part, le plaisir aigu du frottement de la muqueuse du gland sur la gaine vaginale (sensibilité superficielle) ; d'autre part, le plaisir tenaillant de la tension de la verge due à la congestion des vaisseaux (sensibilité proprioceptive) ; s'y associe le plaisir de la tension agréable de tout le corps dont certains muscles sont bandés et dont le système cardio-vasculaire est sous pression ; enfin s'y ajoutent l'ivresse du cerveau, le charme indiscret du désir. Vraisemblablement apparaissent, dans le cerveau et dans le sang, des médiateurs chimiques du plaisir érotique, les alcools du désir.

La volupté provient du désir-plaisir de la phase d'excitation, dont on prolonge la durée et accroît l'intensité. Le plaisir consiste à augmenter l'excitation et à la maintenir à haut niveau continu ; à contrôler l'évolution de façon à éviter de l'abréger par une acmé finale. La jouissance, c'est garder la merveilleuse tension du désir, la faire monter sans la réduire inopinément par une détente éjaculatoire qui y mettrait un terme. La montée vers l'orgasme est un plaisir savoureux qui pourrait être apprécié et prolongé si l'impérieuse nécessité d'éclater au plus vite ne l'escamotait. Les délices de cette volupté sans violence sont bien plus exquises et infiniment plus variées que la brève explosion éjaculatoire.

Le plaisir apporte une détente psychosomatique satisfaisante et l'on n'a pas à craindre de phénomènes pathologiques comme Reich en a décrit. D'ailleurs, voici ce que cet auteur dit de la phase d'excitation : « *Selon l'unanimité des témoignages des hommes et des femmes orgastiquement puissants, les sensations de plaisir sont d'autant plus intenses que les frottements sont plus doux, plus lents et s'harmonisent davantage avec le partenaire. Cela suppose une faculté considérable de s'identifier soi-même avec le partenaire.*

Les hommes, pour qui l'abandon signifie être féminin, sont toujours malades orgastiquement. Dans cette phase, l'interruption du frottement est elle-même agréable. Elle est due aux sensations particulières de plaisir qui apparaissent lorsqu'on se repose. L'interruption peut s'accomplir sans effort mental. Elle prolonge l'acte sexuel. Lorsqu'on se repose, l'excitation décroît un peu, sans disparaître complètement... L'interruption de l'acte sexuel par le retrait du pénis n'est pas fonctionnellement désagréable. »

J'appelle « pré-orgasme » un plaisir aigu, voisin en intensité et en qualité de l'orgasme, que l'homme ressent au stade supérieur de son excitation. Il correspond, sur le diagramme du plaisir, à la phase A — réversible — de contraction involontaire de tous les muscles de l'orgasme, en particulier des vésicules séminales (voir schéma).

C'est un sommet de plaisir pré-éjaculatoire ; contrairement à l'orgasme, il peut se renouveler de multiples fois. Il n'est pas suivi de période réfractaire, c'est-à-dire de moindre sensibilité des organes génitaux et de perte de désir. Peut-être est-ce un orgasme sans éjaculation. Nous savons que l'orgasme peut exister sans éjaculation ; c'est le cas des enfants, des opérés de vasectomie. Selon moi, le pré-orgasme n'est pas un orgasme sans éjaculation, car le plaisir en est moins envahissant. Le pré-orgasme, c'est autre chose qui existe en soi.

L'orgasme est à la portée de toutes les bourses, si j'ose dire ; mais lorsqu'il survient chez un homme qui pratique la caresse intérieure, il est d'une intensité fantastique.

Le plaisir de la femme

La femme est faite pour la caresse intérieure. Déjà, l'*Ananga Ranga* notait : « *Les désirs de la femme étant plus lents à s'éveiller que ceux de l'homme, un seul acte de congrès peut malaisément la satisfaire ; ses facultés plus faibles d'excitation réclament des embrassements prolongés... mais au deuxième acte, ses passions se trouvent tout à fait excitées, l'orgasme est chez elle plus violent et elle est pleinement satisfaite. Cet état de choses est juste le contraire de ce qui se passe chez l'homme : celui-ci, en effet, tout feu et flamme dans le premier acte, se refroidit dans le deuxième et languit ensuite sans disposition pour un troisième.* »

Plus loin, on lit : « *Si l'orgasme vénérien de la femelle ne précède pas expressément celui du mâle, le congrès aura été vain... De là, il résulte que l'un des principaux devoirs de l'homme, dans cette vie, est d'apprendre à se retenir le plus possible...* » Le plaisir de la femme est donc double : d'abord le plaisir-désir, ensuite le paroxysme.

En soi, l'excitation croissante et le désir montant sont des plaisirs suprêmes comme nous l'avons montré chez l'homme. La prolongation de la stimulation est d'autant plus importante chez la femme que son intumescence est d'installation plus lente. Et le plaisir-excitation est, pour celles qui ne connaissent pas encore l'orgasme, une compensation remarquable, un moyen étonnant de connaître le plaisir et la détente.

La caresse intérieure est la seule façon de mener à l'orgasme vaginal la femme qui n'y est pas parvenue encore. De rapport en rapport, elle érotise progressivement le vagin (on pourra, pour l'érotiser mieux encore, y associer une stimulation clitoridienne, nous y reviendrons); au cours d'un même rapport, elle fait monter l'intumescence jusqu'au seuil orgasmique.

La caresse intérieure corrige la dissymétrie érotique qui est la cause des déboires féminins: chez l'homme, le besoin de coït est instantané et l'orgasme déclenché par une friction de sa verge en 1 à 3 minutes; ce qui le prédispose à des rapports rapides. Chez la femme, le processus est plus lent, l'orgasme étant atteint, dans les meilleures conditions, en plus de 8 minutes.

Mary Sherley a affirmé que la femme a des possibilités orgasmiques supérieures à celles de l'homme mais qu'elle ne pouvait les réaliser à cause de la brièveté des rapports dont l'homme est responsable. Les féministes déclarent, et les sexologues confirment, que la frigidité est le plus souvent une pseudo-frigidité due à l'incapacité du mâle d'avoir des rapports prolongés. Tous les auteurs sont unanimes et leurs statistiques éloquentes: entre caresse et obtention de l'orgasme, il y a proportionnalité: plus les caresses préliminaires sont longues, plus le pourcentage d'orgasmes est élevé. Plus le coït — c'est-à-dire la caresse intérieure — est long, plus le pourcentage d'orgasmes est grand.

Si l'acte est bref, la femme n'a ni la satisfaction du plaisir-caresse ni le bonheur de l'orgasme. Elle est vexée d'avoir servi d'exutoire et ulcérée d'avoir été volée de son plaisir. Dans un premier temps, frustrée, elle se révolte, furieuse et sanglotante. Ensuite, elle se résigne, mais l'absence d'épanouissement sexuel compromet son équilibre psychosomatique et son couple.

La caresse intérieure permet parfois l'orgasme

simultané de la femme et de l'homme : l'homme qui a la maîtrise de son éjaculation la libère au moment où il sent sa partenaire prendre son envol. Ce ne doit pas être un but obsessionnel, mais c'est une expérience inouïe : c'est le rêve accompli de l'unité émotionnelle, suivi d'un nirvana commun ; être ensemble dans le plus grand des plaisirs et dans la plus grande des paix.

18

Vers une harmonie de l'union

Les couples qui pratiquent la caresse intérieure obtiennent une proximité optimale et une plénitude de plaisir. La qualité de l'union est à nulle autre pareille. Avec ou sans orgasme, l'union prolongée induit une participation affective intense et une connotation poétique et métaphysique indubitable. Les amants, plongés dans un bain de tendresse, de chaleur et de délices, vivent une communion proche de la fusion. Cette communion déborde toute l'humanité ; ils se sentent meilleurs et solidaires de tous les êtres aimants dans une sorte de tendresse universelle. Elle déborde aussi l'univers ; ils participent à la grandeur et à la beauté de la nature et de la vie.

Tandis que la femme aimée se noue à vous, ne vous sentez-vous pas vivre comme vivent les arbres à l'éveil du printemps quand la sève les lancine, comme chantent les oiseaux quand le soleil leur offre un jour nouveau ? N'êtes-vous pas ébloui, en ces instants, par le scintillement d'un lac à midi ? L'extase amoureuse transcende le moi et grandit les êtres.

Comme nous sommes loin de la masturbation à deux (de l'homme dans la femme, ou de la femme avec l'homme), ou de l'individu seul. Ces attouchements solitaires, ces spasmes égoïstes, fruits de mouvements mécaniques, ne concernent que l'organe sexuel.

La caresse intérieure engendre la multiplication des caresses. En libérant les mains (et aussi l'esprit), elle permet les caresses simultanées de tout le corps, particulièrement pendant les pauses, caresses du premier, du deuxième ou du troisième cercle. La caresse du clitoris est alors aisée, ce qui décuple les plaisirs et contribue à mieux érotiser le vagin. Mais surtout les caresses de toutes les surfaces cutanées accessibles sont possibles, ce qui fait participer toute la peau à la flambée érotique ; et cela d'autant mieux que la stimulation prolongée par interpénétration persistante du pénis et du vagin la met sens dessus dessous.

Les partenaires s'adonnent à toutes les nuances de l'art des caresses, sans rien négliger, ni le visage, ni les pieds, ni les mains, et encore moins les seins. La bouche elle-même dispense ses caresses à la bouche et aux seins. Leurs possibilités sont illimitées. Ils ont tout le temps.

L'efflorescence de la sensualité

La caresse intérieure permet d'apprécier pleinement la sensibilité de tous les sens. Lorsque l'esprit est obnubilé par l'orgasme, il scotomise les autres sensations. Ici, la conscience est libre, disponible et le temps n'est pas compté. L'amant(e) jouit du toucher comme nous venons de le dire, mais aussi de la vue, de l'ouïe et de l'odorat, tous les sens qui ne participaient pas — ou furtivement — aux ébats, aux échanges.

Par la vue il (elle) redécouvre à chaque fois les cheveux, les yeux, le visage et le corps du (de la) partenaire. Et leurs regards en diront long. Il (elle) sera tout ouïe, il (elle) entendra les paroles, les chants, les plaintes de son amoureux(se).

Par l'odorat, il (elle) saisit et s'enivre de ses mille et une senteurs : l'odeur émouvante de ses cheveux, de sa peau, de sa transpiration ; le parfum de son souffle, les arômes de son sexe. A la griserie de ses odeurs naturelles, la femme ajoute les odeurs captivantes des laques, des crèmes, des fards, des rouges à lèvres, des savons et l'ensorcellement des parfums. Le corps d'une femme est une symphonie olfactive. Et chaque femme a sa composition personnelle. Gageons que l'homme, par ses odeurs, doit également attacher son aimante.

Greffés l'un à l'autre, noués par les membres, enveloppés par leurs parfums, soudés par les mains, liés par le regard, reliés par les mots, ils communiquent en tous sens au maximum. Comme on est loin de l'amour « bing-bang » !

La caresse intérieure assure la permanence du désir et de l'amour par l'absence de phase réfractaire masculine. Après l'orgasme et l'éjaculation, survient chez l'homme la phase réfractaire : sa sensibilité érotique diminue, sa puissance érectile s'effondre, son désir assouvi est au plus bas ; parfois, une certaine tristesse et une fatigue certaine l'envahissent. Beaucoup sombrent dans un profond sommeil. S'il reste éveillé, il est moins amoureux, désintéressé, lointain. « L'après-amour » est souvent solitaire chez la femme ; il est carrément douloureux lorsqu'elle est restée sur sa faim, abandonnée, trahie.

Par la caresse intérieure, la femme est comblée : pendant l'union, elle a ressenti mille joies ; après, sa joie persiste car son ami demeure plein de désir, de tendresse, de vitalité. Si elle le veut, il peut même s'unir à nouveau à elle et étancher sa soif bien féminine d'autres orgasmes.

Si la caresse intérieure avait été découverte par nos lointains ancêtres, la femme, être multiorgasmique (insatiable, dévoreuse d'hommes et perturbatrice des sociétés et des familles, selon eux), ne les aurait pas effrayés ; et sa sexualité n'aurait pas été réprimée comme elle le fut pendant des millénaires.

La caresse intérieure, en permettant des rapports infinis en durée et en nombre, crée l'harmonie du couple et l'harmonie du monde.

Bien plus, ce désir et cette tendresse perdurent tout le jour et toujours. La femme a, à ses côtés ou à ses pieds, un homme empressé, éternellement désirant, donc amoureux. Il est bon que l'homme ne soit jamais assouvi ; certains cyniques disent que l'amour n'est que le désir travesti et que le désir, cette tension de tout l'être, n'est que la pression du sperme dans les vésicules séminales ; ce n'est pas très romantique. Il est vrai, en tout cas — c'est une loi de la vie —, qu'il vaut mieux se faire désirer que d'assouvir. D'une façon générale, la libido, au sens pulsion sexuelle, croît dans l'abstinence (relative) ; beaucoup d'artistes (peintres, poètes, etc.) ne peuvent créer, crier, par le désir inspirés, que si leur maîtresse leur échappe.

A ces avantages essentiels de la caresse intérieure, s'ajoutent des avantages pratiques. D'une part, elle est compatible avec les états de moindre résistance ; un homme fatigué, malade ou âgé peut pratiquer l'amour sans craindre pour sa santé ; il dose ses caresses, tout en contentant sa femme. D'autre part, elle peut être un moyen contraceptif quand elle est associée au calcul de l'ovulation ; elle évite donc l'intoxication par les hormones œstro-progestatives.

Un ciel sans nuages

Les objections que l'on peut avancer à l'encontre de la caresse intérieure ne tiennent pas à l'analyse. Dire que l'éjaculation est indispensable à l'orgasme féminin est une contre-vérité. L'éjaculation ne déclenche pas le séisme de la femme. Du reste, la femme ne s'octroie-t-elle pas des orgasmes clitoridiens ou vaginaux sans l'homme ? Il se peut que certaines femmes ressentent agréablement le jaillissement du sperme chaud et sous pression et qu'elles aiment le déchaînement de l'orgasme masculin. Celles-ci ne perdent pas leur joie, car l'éjaculation n'est pas proscrite ; mais elles apprennent vite que les sensations agréables et illimitées, et l'accès à l'orgasme que procure la caresse intérieure, sont des avantages supérieurs.

Il est également erroné de croire que la femme a besoin de l'éjaculation comme preuve de son irrésistible attrait et de son pouvoir érotique. C'est au désir irrésistible qu'elle provoque qu'une femme jugerait de sa féminité : pour se sentir féminissime, il faut faire perdre son contrôle à l'homme. Las ! l'homme peut éjaculer en quelques instants dans les bras d'un laideron ou dans le creux de sa propre main. Par contre, donner à une femme le plaisir optimum, c'est une plus grande preuve d'adoration que de se laisser aller.

L'absence d'éjaculation ne provoque pas de troubles d'implosion si les deux partenaires ont bien compris la caresse intérieure.

Si l'on va trop loin sur le plateau (la pente) d'excitation, jusqu'à atteindre le « point de difficile retour », mais sans poursuivre jusqu'à l'explosion, l'intumescence se « rentre », « implose » et cause des malaises. La congestion agréable devient désagréable et même douloureuse, les joyeuses contractions musculaires deviennent crispations, l'exaltation nerveuse et psychique devient tension pénible ; l'énergie non déchargée s'annihile.

Sur le coup, les sujets peuvent être irascibles, agités ou prostrés. A la longue, s'installe une congestion des organes pelviens ; chez la femme : congestion de l'utérus, des trompes, des ovaires, de la vessie qui se traduit par des douleurs, de fausses salpingites, de fausses cystites, comme chaque fois que la femme est insatisfaite. Chez l'homme : la congestion de la prostate, des cordons, des bourses entraîne des troubles de la miction ; exceptionnellement, se produit une éjaculation rétrograde, le sperme remontant dans la vessie. Chez l'homme ou la femme s'installent des troubles du caractère et des maladies psychosomatiques.

En réalité, dans la caresse intérieure bien comprise, rien de tout cela n'arrive. L'homme peut échapper à ces méfaits en s'accordant des éjaculations de décompression quand il veut ; de plus, la maîtrise de la caresse intérieure qu'il acquiert lui permet de savoir jusqu'où ne pas aller trop loin. Par contre, il voit sa verge forcir en dimension et en puissance, et sa jouissance pénienne et générale croître.

Quant à la femme, elle ne souffre d'aucun de ces malaises si son amant possède l'art et la maîtrise de la caresse intérieure ; chacun peut l'acquérir. Certes, si la caresse intérieure n'est pas bien dispensée, pas assez prolongée ou mal maîtrisée, laissant survenir une éjaculation surprise, elle peut lasser la femme, haletante, dans une pénible insatisfaction.

C'est pourquoi la caresse intérieure doit toujours se réaliser avec l'accord des deux partenaires. Et si la femme n'a pas trouvé le plaisir et une détente suffisante, l'homme doit dépenser des trésors de caresses et de tendresse pour la consoler ; et participer, si nécessaire, à un « rattrapage clitoridien ».

La caresse intérieure est une façon d'unir l'homme et la femme qui a existé, avec d'autres nuances, en d'autres lieux et en d'autres temps. Il est bon de s'intéresser à ces diverses façons d'aimer non par goût de l'ésotérisme ou de l'exotisme, mais parce qu'on y trouve une transcendance et une poétique dont manque l'Occident mécanisé par la pensée scientiste, avili par le matérialisme et asexué par la religion judéo-chrétienne. En ces lieux, en ces temps, l'esprit soufflait, même sur la sensualité.

Le taoïsme

Le taoïsme est une philosophie religieuse qui naquit en Chine, des millénaires avant Jésus-Christ. Le Tao, c'est l'énergie infinie de la nature, la source de toute vie, l'élan vital. Dans l'univers, les êtres humains sont créatures fragiles. Pour vivre, et vivre longtemps, l'homme doit être en harmonie avec le Tao. La philosophie du taoïsme, c'est de durer ; ses lois, des préceptes de prudence ; le taoïsme, c'est donc une sagesse, un esprit d'économie. C'est aussi un amour illimité pour l'Univers et tout ce qui y vit.

Jolan Chang, dans un merveilleux ouvrage[1], a exposé comment le taoïsme concevait les relations de la femme et de l'homme : il considère l'acte sexuel comme une partie de l'ordre de la nature et son but est de réaliser l'harmonie du yin (principe féminin) et du yang (principe masculin). Par l'acte sexuel harmonieux, l'élément féminin, qui procède de la Terre, et l'élément masculin, qui procède du Ciel, s'unissent en un Tout. Cette unité totale donne aux êtres une paix intérieure, une sérénité, et les fait participer à l'énergie infinie de la nature.

Inversement, le manque d'union et d'harmonie entraîne violence, haine, avidité, besoin de puissance et ce qui s'ensuit : la guerre, la destruction, les drogues, les suicides et autres maux. « *Presque toute destruction et autodestruction, toute haine et affliction, toute avidité et tout esprit de possession naît d'un manque désespéré d'amour et de contact sexuel. Il n'y a aucune solution possible à aucun problème, sans une approche saine de l'amour et de la sexualité.* »

Nous constatons que les taoïstes affirmaient, il y a des centaines d'années, ce que Freud a énoncé au début de ce siècle : à savoir que la santé mentale est liée à une vie sexuelle satisfaisante ; et que toute névrose entraîne des perturbations sexuelles.

---

1. Jolan Chang, *Le Tao de l'art d'aimer*, Éd. Calmann-Lévy.

Pour obtenir l'harmonie du yin et du yang, le taoïsme fonde les relations sur quelques principes :

• Les amants sont détendus, naturels, exempts d'artifices, afin de participer à l'énergie infinie.

• La sensualité doit intéresser l'ensemble du corps, au cours des rapprochements, par le raffinement des caresses et des baisers.

• Les rapprochements doivent être fréquents : quotidiens ou biquotidiens.

• Les rapprochements doivent être très prolongés.

• L'éjaculation doit être rare.

• L'orgasme de la femme est un but sacré ; il s'obtient aisément dans ces conditions.

L'amour taoïste fut pratiqué pendant plus de deux mille ans, dans la Chine ancienne, sans dégâts pour la progéniture, sans perturbation au niveau de la santé physique de la race. L'absence de culpabilisation de la sexualité, et donc de répression, rendit saine la vie sexuelle. Cette civilisation fut exempte des perversions et des aberrations qu'on trouve en Occident (fétichisme, sadisme, masochisme, etc.).

Les rapports prolongés, faisaient déjà remarquer les taoïstes, permettent l'harmonie de deux natures différentes : la femme, d'essence yin, est plus résistante, plus calme, ses forces plus longues à s'ébranler, ses efforts plus durables ; sa sexualité est plus lente, mais plus persistante. L'homme, d'essence yang, est moins robuste, plus actif, plus prompt, ses efforts sont plus brefs ; sa sexualité s'embrase instantanément mais retombe vite. Ces différences entre les deux sexes jouent au détriment de la femme, que des relations sexuelles trop courtes frustrent.

L'art d'aimer taoïste apporte à la femme des délices plus grandes et des joies plus profondes. Et il permet à l'homme de la combler sans s'épuiser ; la femme est plus forte que l'homme par sa constitution et l'homme plus fragile est encore affaibli par les besoins de la femme. Si sa semence est trop déversée, gaspillée, il s'épuise. La longueur des relations satisfait la femme et la rareté des éjaculations épargne l'homme. On retrouve, ici, le principe d'économie des forces de cette philosophie.

Il est remarquable de voir comment l'Orient avait résolu les problèmes de la dissymétrie des érotismes féminin et masculin ; alors que l'Occident n'avait fait qu'opposer, à la prétendue insatiabilité féminine, une répression et de la femme et de la sexualité.

L'homme tire d'autres bienfaits de la mesure de l'éjaculation : un corps fortifié, une santé solide, une ouïe plus fine, une vue plus perçante, un esprit ragaillardi, une longévité accrue.

La fréquence de l'éjaculation dépend de l'âge, de la saison, du tempérament, de l'état physique ; elle est de l'ordre d'une éjaculation tous les 4 à 30 jours, pour un rapport sexuel quotidien. En réalité, la bonne fréquence est celle qui maintient l'exaltation de vivre. Pour certains sages, l'éjaculation pourrait ne se libérer que tous les 100 rapports ou même jamais ; ils atteignent, de ce fait, un haut degré de spiritualité.

Par le taoïsme, l'homme et la femme obtiennent l'harmonie du yin et du yang et chacun bénéficie pleinement de l'essence de l'autre. Bien entendu, cela fait sourire les scientistes. Et s'ils pratiquaient l'amour de la sorte, ils parleraient, pour expliquer l'accord et l'échange de deux êtres, de phénomènes électriques, chimiques et osmotiques. Je ne pense pas que l'on puisse réduire l'euphorie et la plénitude de ces moments à des phénomènes scientifiques. Il y a de l'extraordinaire là-dedans.

Le tantrisme

On appelle *Tantra* un traité religieux sous forme de dialogue entre dieu et déesse. Le tantrisme est une métaphysique qui concerne l'Inde (brahmanisme) et la Chine (bouddhisme). Elle est axée sur la conception de Shiva, dieu unique à deux pôles et deux visages : l'immuable Masculin et l'éternel Féminin ou Shakti ; elle vise à sublimer le pôle féminin de l'âme masculine et le pôle masculin de l'âme féminine.

Le tantrisme s'appuie sur la dualité des êtres. Dans la femme, il y a deux pôles dynamiques : l'instinct sexuel et la part masculine ou virilité intérieure. Un psychanalyste, Jung, au début du XXᵉ siècle, reprendra cette idée de bipolarité des êtres, il appellera *animus* la part masculine inconsciente, la force virile inconsciente de la femme. Dans l'homme, il y a deux pôles dynamiques : l'instinct sexuel et la part féminine, la féminité intérieure. Jung appellera *anima* la part féminine de l'inconscient de l'homme.

C'est cette bipolarité que projette d'exploiter le tantrisme. Chez la femme, il a pour but de faire croître, d'épanouir l'*animus* et de le métamorphoser en un homme intérieur, sans corps, sorte d'entité fluidique masculine qui double la force érotique du moi. Chez l'homme, le tantrisme a pour but de faire croître, d'épanouir l'*anima* et de la transformer en une femme intérieure, sans corps, qui contrebalance la force sexuelle du moi. Jung affirme qu'il faut accepter son *animus* et son *anima* et les développer, pour évoluer. Inversement, les éclipser, c'est se névroser.

L'érotique tantrique est une « *éthique, ou art de vivre, visant à la sublimation par celle du désir érotique*[1] » ; elle comprend l'acceptation des pôles, les noces alchimiques, l'accouplement, l'introversion érotique et la transmutation.

Pour équilibrer son être (et harmoniser le couple), il faut que la femme accepte son pôle masculin et l'homme son pôle féminin ; pour les opposer à la pulsion sexuelle. Si, en l'homme, s'atrophie le pôle féminin, apparaît l'érotomanie ; s'il s'hypertrophie, c'est l'homosexualité. Il en est de même chez la femme

1. Jean-Louis Bernard, *Le tantrisme, yoga sexuel*, Éd. Belfond.

avec son pôle masculin. Les noces alchimiques, « *c'est la fusion, sans confusion de l'*anima *et du moi masculin ou de l'*animus *et du moi féminin* ». C'est le mariage, dans une sexualité surréelle, entre l'homme et sa femme intérieure ou entre la femme et son homme intérieur.

Pour développer, lui son *anima*, elle son *animus*, les êtres feront appel au couple. L'homme, par exemple, pour faire croître son *anima* jusqu'à devenir une femme sans corps, « *n'aura d'autre ressource que la contempler..., dans un miroir; dans ce but, il fera appel à l'homologue de l'*anima, *la femme extérieure. En d'autres termes il projettera sa féminité inconsciente sur la compagne élue..., et la femme, usant de la médiumnité..., captera le reflet de l'*anima *et l'illustrera* ». Il en est de même pour la femme. C'est en prenant appui sur son sexe intérieur opposé, que le tantrika ira au divin; sa compagne — son compagnon — faisant office de miroir. Le couple se fonde, dans le tantrisme, sur l'imitation de la dualité divine Shiva qui associe l'immuable Masculin et l'éternel Féminin.

Si l'acte sexuel doit être lent, c'est parce qu'il sert de support à un métabolisme lent, à un échange entre l'*anima* et la femme et l'*animus* et l'homme. Par ce jumelage progressif, le tantrika estime que le couple formera peu à peu un « tulkou »; c'est la force cosmique suprême que forme le couple fondu en une unité. Mais cette unité est en quelque sorte un « ménage à quatre », une pièce à quatre mains, puisqu'elle est la coexistence, mieux, l'accord, entre l'homme et son *anima* et la femme et son *animus*.

Le couple parvient à un sommet de bien-être dit ivresse dionysiaque. « *La jouissance érotique et même le spasme ne résident pas vraiment dans les organes sexuels ou les autres points érogènes du corps, mais dans l'énergie ou le fluide érotique qui les baigne, comme si ce courant vibratoire était vivant et sensible.* » Dans le tantrisme il n'y a presque jamais d'éjaculation, ni d'orgasme physiologique.

Par l'intériorisation du désir l'énergie non gaspillée de l'orgasme revient en l'être et s'introvertit. « *A force de se concentrer pendant l'acte, l'homme fera peser sur ses organes génitaux un énorme potentiel de flux nerveux qui le fortifiera.* »

Si l'introversion féminise l'homme et virilise la femme, ce n'est nullement au détriment de leur nature propre ; l'homme masculin dans son sexe est devenu féminin dans sa tête et la femme féminine dans son sexe est devenue masculine dans sa tête.

Faire l'amour, habituellement et principalement en Occident, a pour finalité l'orgasme ; l'acte est donc régi par l'égoïsme et imposé par la volonté, c'est la juxtaposition de deux recherches égoïstes et volontaristes d'un plaisir maximum. L'extase est une perte de conscience brève, solitaire et terminale. A aucun moment pendant la recherche, le mental ne peut lâcher prise, l'énergie sexuelle est bloquée.

Dans l'acte d'amour oriental, l'homme et la femme abandonnent toute volonté d'orgasme et faisant abstraction de leur moi, se laissent guider vers l'accomplissement naturel de l'union. Alors tous les échanges d'énergie magnétique se font librement et l'énergie sexuelle peut subir la transmutation. Les êtres, libérés de l'action de la volonté, pénètrent dans une aire contemplative où les sensations ne se limitent plus aux seuls organes sexuels, mais intéressent tout le corps et, au-delà, tout l'espace. Ils deviennent les réceptacles du mouvement universel dans lequel leur corps va se fondre ; ils deviennent les manifestations de la Totalité à travers deux instruments cosmiques : les corps.

Alors l'amour n'est plus limité à son moi et au corps de l'autre, mais il est vibration à l'unisson du monde ; l'être s'accordant au mouvement fondamental du monde. C'est l'ivresse, la félicité, l'extase infinie, avant l'orgasme, sans l'orgasme.

Les initiés peuvent même obtenir la fusion sexuelle cosmique en s'unissant dans la posture dite « la Maïthuna » : femme et homme se font face, assis en lotus, les pubis accolés, l'homme étant dans la femme ; ils ne font aucun mouvement volontaire ; la félicité vient d'elle-même. De cette façon, ou autrement, « *le couple divin, réuni dans l'harmonie totale, est alors transporté par l'illumination. Ils pénètrent tous deux dans le Nirvana... Cette suprême réalisation est l'éternité même glissée dans le noyau de l'être humain*[1] ».

L'érotique des troubadours

Dans les civilisations occitanes, fleurit, au XIII° siècle, « le culte de la Dame » et de « l'éternel Féminin ». C'était une ascèse proche du tantrisme où l'érotisme, compris comme une force, est de nature cosmique et non instinctive.

On distinguait quatre étapes dans les relations avec la Dame :

• L'assag : la rencontre et l'éblouissement.
• L'énamourement : la période où le troubadour, seul, vit en pensée son amour, son désir.
• Le joi : le rapprochement des deux amants, réunis dans un bain d'érotisme, mais sans contact ; la jouissance érotique est faite d'une joie extatique.
• Le fin-amors : la réunion. Ils sont étendus, nus, l'un près de l'autre ; il la caresse des yeux, des mains, des lèvres (« maîtrise de dernière minute »). Puis ils peuvent s'interpénétrer, mais sans jamais accéder au spasme.

Le désir affiné est une fin en soi, c'est l'essence même de la sensualité. L'acte s'annule sur le plan organique, « glandulaire », pour s'épanouir sur le plan « magnétique » ; « *l'*anima *et l'*animus *des parte-*

---

1. Daniel Odier et Marc de Smedt, *Les mystiques orientales*, Éd. J'ai lu.

naires font l'amour en se servant de leurs corps comme d'autels ». Par refus de l'exutoire, la force s'intériorise, s'élève et procure une jouissance mentale. C'est une expérience exceptionnelle, surréelle mais authentique, qui dépasse toute autre joie.

Cette spiritualisation du sexe évoque l'érotisme oriental, dont un traité s'intitulait *La chair comme tapis de prière*, et le mysticisme de Teilhard de Chardin qui parlait de l'amour comme d'*une messe sur le monde*.

Cette intériorisation du désir que l'on rencontre en Orient, puis en Occident, ne doit pas être confondue avec le « refoulement » des pulsions. Elle n'est pas non plus un masochisme où l'individu éprouverait une amère jouissance de la privation et un tourment permanent ; non, le tantrisme et le culte de la Dame sont joie.

Les objections réelles sont de deux ordres : d'une part l'hypertrophie de l'*anima*, chez l'homme, de l'*animus*, chez la femme, risque d'anesthésier et d'atrophier le sexe et d'induire une folie mystique ; pour éviter cette évolution, il faut pratiquer de temps en temps des relations « banales ». D'autre part la vraie femme n'a plus de réalité ; elle n'est plus que le miroir de l'*anima*, le moyen pour le tantrika, ou le troubadour, de jouir avec sa propre *anima*. On peut en dire de même de l'homme vrai et de l'*animus* de la femme.

De l'Orient à l'Occident

• L'imsak : c'est une pratique amoureuse des pays arabes. C'est la rétention (« imsak » signifie « garder ») du liquide vital et le contrôle infini de l'érection, destinés à prolonger les embrassements.

• Le « coïtus reservatus » : c'est un coït réservé, qui

sévit pendant plusieurs siècles en Occident. C'est une restriction de l'acte d'amour, une pratique privatrice et non l'art de multiplier le plaisir et de l'élever.

• La continence masculine : c'est le taoïsme adopté par la communauté d'Oneida-U.S.A. à la fin du XIXᵉ siècle.

• La carezza : c'est un coït très calme et passif, sans émission de sperme, élaboré par Marie Stoper au début du XXᵉ siècle.

• L'étreinte réservée, inventée par un auteur chrétien, Chamson, dans un but contraceptif, est une conception plus restrictive qu'épanouissante.

• Masters et Johnson : les célèbres sexologues américains ont étudié la physiologie de la sexualité avec les moyens scientifiques les plus modernes, sans en négliger l'aspect psychologique et affectif. Ils préconisent l'interruption fréquente pendant le coït, afin de contrôler et de différer l'éjaculation, et donc de prolonger l'intromission, ce qui permet à la femme d'accéder à l'orgasme. Leurs études et expériences ont confirmé que, dans le coït, la satisfaction de la femme exige un pénis en érection pendant une longue période. Ils admettent que l'homme n'a pas l'obligation d'éjaculer à chaque rapport sexuel.

Il est heureux de constater que les préceptes des plus lointaines civilisations rejoignent les conseils des plus modernes sexologues. Pourquoi aurait été erroné un art qui combla les couples d'Orient pendant des millénaires ?

Mais, grâce à l'apprentissage de la caresse (de la caresse intérieure principalement), on ne pourra plus lire : « *Les Européens, qui ignorent l'art et la pratique, sont dédaigneusement comparés par les femmes hindoues aux coqs de village : aussi n'y a-t-il pas d'exemple qu'une fille indigène ait jamais réellement aimé un étranger*[1]. »

1. *Ananga Ranga, op. cit.*

Au-delà de la caresse, en tant qu'art, l'érotisme oriental nous aura aussi réappris la valeur spirituelle de la réunion de la femme et de l'homme. Il est incontestable que le rapprochement des deux êtres crée un bouleversement de leur conscience ; c'est un phénomène universel, qui a existé en tous temps et en tous lieux.

Les civilisations orientales et occitanes l'ont reçu avec leur sensibilité propre et l'ont intégré à leur philosophie et religion. Occidentaux, scientistes et matérialistes, nous pouvons sourire de certaines naïvetés et nous insurger contre un ésotérisme qu'on qualifiera d'obscurantisme. Mais personne ne nous demande de nous convertir au taoïsme, ni de nous faire troubadour ; il ne s'agit pas de juger du fondement de ces croyances, mais de les considérer comme une symbolique qui exprime, à sa façon, le phénomène universel de la transcendance du couple. Nul ne peut échapper, un jour ou l'autre, à cette métaphysique. Tous nous avons connu cet agrandissement à l'autre, cette expansion au monde, qu'apporte l'amour dit « physique ».

Soyons modestes, notre « progrès » est uniquement technologique mais nullement éthique ni politique et encore moins spirituel, comme le proclamait une banderole dans le film *Hiroshima, mon amour*. Entre les massacres des Cathares et les exterminations contemporaines, le progrès est... technique. Je préfère les taoïstes ou les troubadours de ces temps anciens aux assassins modernes, avec ou sans uniforme.

Notre seule source de spiritualité, encore sûre, jaillit de l'approche de l'homme et de la femme. C'est sur elle que se fonde l'humanité, qui est une animalité qui, par la grâce de ces deux-là, devient spiritualité.

19

Le septième ciel

Croire que pour accéder au septième ciel, il n'y a qu'une voie, celle de l'orgasme, est une des conséquences du terrorisme d'une certaine sexologie. Le but de l'érotisme n'est pas l'orgasme systématique ; c'est le bonheur des sens, la plénitude de l'âme, en un mot une sorte de béatitude. Or, ce bien-être superlatif peut s'obtenir aussi par les caresses, et non uniquement par l'orgasme.

Néanmoins, tout doit être fait pour donner à chaque être la possibilité de connaître le séisme orgasmique. Chez l'homme, son obtention est d'un automatisme tellement évident qu'il n'a jamais pu s'imaginer qu'il n'en était pas de même chez sa compagne et il ne l'a pas toujours comprise, ni aidée.

Le droit à l'orgasme

Le droit à l'orgasme est une revendication légitime de toute femme. Il est d'ailleurs étonnant de constater que l'accomplissement d'un phénomène naturel puisse faire l'objet d'une discussion.

A l'origine, il y eut la culpabilisation du plaisir de la femme et à fortiori du plaisir suprême ; il en reste quelque chose. Actuellement, il y a les difficultés d'accéder à l'orgasme par la grâce du coït qu'éprouvent la plupart des femmes pendant un certain temps, ou tout le temps. Alors certaines, découragées, se résignent; et certains, incontestablement sexistes, se disent: «Bah! à quoi bon?...», sous-entendant, «le paroxysme de la femme est sans importance et nullement nécessaire, sa sexualité étant inférieure». «*Il y a sexisme lorsqu'un sexe jouit de privilèges et de pouvoir refusés à l'autre sexe, lorsqu'un sexe a préséance sur l'autre, lorsqu'on accepte que les sexes ne soient pas égaux... Aux antipodes du sexisme se trouve le féminisme. Il se fonde sur la croyance en l'égalité de l'homme et de la femme et sur un juste partage du pouvoir*[1].»

L'accès à l'orgasme est un droit pour la femme comme pour l'homme et cela à plusieurs titres. C'est un droit logique et une nécessité physiologique et psychique. L'orgasme est l'aboutissement naturel — sinon systématique — du rapport sexuel de la femme comme de l'homme. C'est un droit politique. La faculté d'obtenir un plaisir naturel, à l'instar de l'homme, la liberté de se comporter comme le nécessite son obtention paraissent, à première vue, des droits évidents. Cependant, l'exercice de tout droit se heurte au contexte socioculturel; ici les droits naturels de la femme se heurtent à la politique des éléments dominants: les mâles. Nous avons vu comment la religion et la société s'étaient alliées pour réprimer et dévaloriser la femme et sa sexualité. L'orgasme ne peut advenir à un être inférieur, à la sensualité inexistante et coupable.

De toute façon, de par sa physiologie et son anatomie, et en raison de sa passivité, le plaisir de la femme dépend du bon vouloir de l'homme, de ses mains, de son pénis et de sa pratique; l'homme est le détenteur du plaisir féminin. Par contre il s'accorde, en se servant du corps de la femme, tous les plaisirs qu'il désire.

On en arrive à cette situation doublement inégalitaire: dans la société la femme est conditionnée à

1. Carmen Kerr, *Le sexe au féminin*, Éd. de l'Homme.

refuser sa sexualité ; dans le lit, elle ne peut pas obtenir ce qu'elle veut, mais elle doit exécuter ce que l'homme lui enjoint. Les rapports sexuels sont, en réalité, le champ d'une lutte de pouvoir dont l'enjeu dépasse la sexualité. Reconnaître à la femme le droit au plaisir, à l'activité, à l'orgasme, c'est reconnaître l'égalité des sexes.

Les avantages que la femme peut attendre de l'orgasme sont nombreux. Au point de vue affectif, l'expérience de l'acmé, au sein d'un couple, enrichit et approfondit la relation. Elle approche les éléments d'un point de fusion, offre le partage d'un événement émotionnel de haut niveau ; elle crée une reconnaissance réciproque et une complicité remarquable.

Au point de vue psychosomatique, elle apporte une détente par une libération de la tension accumulée avant et pendant l'acte sexuel. Elle restaure une vitalité nouvelle en redistribuant l'énergie libérée d'une façon harmonieuse. « *Ce que nous appelons la libération de la tension et éprouvons comme une décharge motrice (la portion descendante de la courbe de l'orgasme) est d'une façon prédominante le résultat d'un reflux de l'excitation de l'organe génital vers le corps. Ce reflux est éprouvé comme une diminution soudaine de tension. L'acmé représente donc le point où l'excitation change de direction ; jusqu'à l'acmé elle se dirigeait vers l'organe génital. A partir de l'acmé, elle se tourne en direction opposée, c'est-à-dire vers le corps tout entier. Le reflux complet de l'excitation vers le corps entier est ce qui constitue la satisfaction. La satisfaction signifie deux choses : le déplacement de la direction du flux d'excitation vers le corps et le délestage de l'appareil génital*[1]. »

Au total, l'orgasme assure à la femme un bon équilibre psychique et une bonne santé. Inversement, le ratage de l'orgasme peut entraîner des troubles : l'énergie, au lieu d'exploser et de se répartir harmo-

---

1. Wilhelm Reich, *op. cit.*

nieusement, implose et dilacère le corps et l'esprit. Nous savons qu'il s'ensuit aussitôt des douleurs locales (congestion et crispation des organes génitaux et pelviens) et des troubles nerveux (irascibilité due à la frustration par « vol » de leur plaisir, tristesse due à un sentiment de ratage, de dévalorisation).

Si l'implosion se reproduit à chaque rapport, des troubles chroniques s'installent : troubles organiques (congestion douloureuse de l'utérus, des ovaires et de la vessie); troubles psychosomatiques (colite, gastrite, asthme, contractures des muscles rachidiens provoquant des douleurs cervicales, dorsales ou lombaires, trop souvent prises pour des rhumatismes du cou, du dos, des « reins »); troubles psychiques (complexe d'être anormal, état dépressif, troubles du caractère).

La caresse évite ces maux. Les caresses extérieures du corps détendent presque autant qu'un orgasme, qu'elles soient dispensées en dehors de tout coït ou en postlude ; les caresses-massages sont les plus indiquées et mieux encore le massage californien. La caresse intérieure, accompagnée de caresses extérieures, permet d'atteindre au paroxysme.

Le terrorisme de l'orgasme

Le droit à l'orgasme est une faculté, non une obligation. Or, renversant le mouvement de répression de la sexualité féminine, la libération de la femme, jointe à la libération des mœurs et aux découvertes de la sexologie, a remplacé les interdits par des diktats. Maintenant, une femme honnête doit avoir des orgasmes ; on les comptabilise. Celle qui « n'éclate » pas à tous les coups et plusieurs fois est anormale.

Aussi la femme ne recherche plus l'orgasme spontanément, comme un plaisir à prendre, mais comme un but à obtenir absolument. C'est devenu l'obsession de la femme et de l'homme.

Les pressions exercées par le mâle contemporain sont permanentes. L'homme veut donner le maximum de plaisir à la femme ; ce serait fort bien, si c'était pur altruisme. En réalité, la plupart ne recherchent, dans l'heureuse envolée de leur partenaire, que leur brevet de bon mâle, bon amant ; pour que l'homme se sente viril, il faut que la femme jouisse ; l'orgasme de la femme gonfle le moi de l'homme, lui donne confiance en lui.

L'homme doit savoir que, s'il a une part de responsabilité dans la jouissance de la femme, il n'est pas le seul maître d'œuvre, sa compagne ayant sa propre part. Par ailleurs, ce qui aide l'amante à se projeter vers les cimes, ce sont la tendresse et l'accord affectif autant que la force et la technique de sa « virilité ».

Les pressions issues de la femme elle-même sont souvent relatives à l'homme ; elle veut montrer à son partenaire qu'elle est une femme « normale », une femme accomplie. Cette démonstration peut être motivée par la peur d'être mal aimée et abandonnée, surtout si l'amante se sent en compétition avec d'autres femmes. Enfin se faisant pression à elles-mêmes, certaines femmes visent, par l'obtention de l'acmé, à se prouver qu'elles sont de « vraies » femmes et des femmes normales ; l'absence d'orgasme étant, selon les normes sexologiques, le fait de femmes névrosées ou ratées, en un mot de femmes frigides.

Il faut remettre l'orgasme à sa juste place. C'est un aboutissement heureux, mais il n'est pas la seule activité sexuelle valable ; dans le continuum érotique, l'orgasme n'est qu'un élément. Vivre le sexe comme une course à l'orgasme, c'est faire preuve d'un esprit étroit et d'un manque total d'imagination. Cette course effrénée sur une voie unique rétrécit la relation sexuelle. Il y a aussi les caresses.

Après tout, l'orgasme physiologique n'est qu'un réflexe spinal à la portée de n'importe quel être vivant; tandis que la tendresse et la caresse sont des activités cérébrales caractéristiques de l'homme évolué, et la béatitude qui en découle un état cortical propre aux humains. De plus, dans le plaisir extrême on est seul, concentré sur soi, sur son plaisir; l'orgasme est égocentrique.

Enfin, l'obsession de l'orgasme se sanctionne d'elle-même car elle contribue à l'échec.

Des obstacles à l'orgasme

Contrairement à l'homme, chez la plupart des femmes, l'acmé par le coït ne se produit pas automatiquement, à tous les coups et en quelques minutes.

L'intumescence féminine s'installe plus lentement que chez l'homme. Sur la phase en plateau, le seuil à partir duquel la femme peut « décoller » est beaucoup plus haut que le sien. Si le partenaire pratique des préludes courts et des intromissions brèves, la femme n'a pas le temps d'accéder à un niveau d'excitation suffisant pour s'élancer. Toutes les enquêtes et études (Masters et Johnson, Shere Hite, Pietropinto, Gebhard, etc.) le montrent: plus le prélude est long et plus le coït dure, plus la femme a de chances d'accéder à l'éclatement.

La cible, le point d'impact, sont souvent mal choisis et la stimulation inadéquate. L'homme ne choisit pas la bonne serrure ou se trompe de clef. A preuve: dans l'échantillon de Shere Hite, par masturbation, 95 % des femmes parviennent à l'orgasme en quelques minutes (82 % des femmes s'y masturbent); par coït, 30 % seulement.

L'orgasme de la femme est aussi facile à obtenir que celui de l'homme, il n'a rien de mystérieux, ni d'irréalisable: il suffit d'appliquer une stimulation adéquate. Il conviendrait de considérer ce qui procure à la femme son plaisir lorsqu'elle se masturbe au niveau du clitoris ou du vagin, et d'en tirer des conclusions; la masturbation étant la vie sexuelle primaire, l'expérience de base.

Au lieu de cela, l'homme applique à la femme le processus qui lui permet à lui de jouir. « *Vouloir à tout prix que la femme ait des orgasmes, en faisant l'amour, par la seule vertu du pénis, c'est la contraindre à adapter son corps à une stimulation inadéquate[1].* » « *70 % d'entre elles* (les femmes) *estimaient que s'en tenir aux seuls mouvements de va-et-vient du pénis était un moyen presque infaillible de ne pas atteindre l'orgasme[2].* » De même, lorsque l'homme pratique la stimulation clitoridienne, il le fait à sa manière d'homme, qui n'est pas la bonne. Nous verrons, un peu plus loin, la solution du problème.

Au niveau de la problématique personnelle de la femme ou de sa structure psychique, nombreux sont les obstacles à l'abandon nécessaire au jaillissement orgasmique. Les états dépressifs, les névroses, les troubles caractériels et l'hystérie sont les entraves psychiques les plus fréquentes. Par ailleurs, toute altération du climat affectif rend malaisé le chemin du plaisir. Il faut à la femme de l'amour, de la confiance et de l'estime; et une ambiance favorable.

La colossale et multimillénaire interdiction du plaisir féminin continue sur sa lancée; elle exerce encore ses effets de dissuasion dans l'alcôve au moment où la femme devrait se laisser aller à sa vraie nature. D'ultimes et perfides idées de péché, de honte et d'infériorité y sabotent l'érotisme féminin.

L'apprentissage du plaisir

Ayant remis l'orgasme à sa place et décelé les embûches qui en gênent l'accès, il faut tout faire pour permettre à la femme de connaître le grand chambardement.

1. Shere Hite, *op. cit.*
2. Carmen Kerr, *op. cit.*

La femme ne peut s'abandonner au plaisir que si elle se sent respectée, chérie ou, mieux, aimée par son amant qui doit dispenser, avec chaleur, raffinement et sans compter son temps, toutes les caresses qu'il imagine, tant au niveau de l'ensemble du corps que du clitoris et du vagin.

L'orgasme par stimulation clitoridienne peut être déculpabilisé et revalorisé. C'est une extase aussi valable que l'extase vaginale, aussi bien pour la jouissance qu'elle offre que pour la détente qu'elle procure. C'est l'équivalent de l'orgasme vaginal.

La meilleure façon, pour une femme, d'apprendre à avoir des orgasmes est l'autostimulation et, dans un premier temps l'autostimulation clitoridienne. Tous les auteurs — Masters et Johnson, Shere Hite, Carmen Kerr, Meignant, Zwang, etc. — sont unanimes : c'est par la masturbation que la femme trouve la voie de l'orgasme. La plupart des femmes ont découvert spontanément la stimulation et l'orgasme clitoridiens, souvent depuis l'enfance ou l'adolescence, et elles la pratiquent instinctivement, plus ou moins régulièrement. Celles qui ne s'y adonnent pas encore doivent s'y mettre. Les livres de Shere Hite et de Carmen Kerr présentent les cent façons de s'auto-exciter.

Ayant acquis, par elle-même, l'orgasme clitoridien, la femme l'introduit dans la relation avec son amant. La stimulation clitoridienne est dispensée soit par la femme elle-même (et l'amant en profite pour apprendre ce qui convient), soit par l'amant. Celui-ci met en pratique ce qui est exposé au chapitre 16.

La caresse clitoridienne à but orgasmique peut se situer en dehors du coït, par jeu ou avant le coït, pour mettre en appétit le vagin. Pour les femmes qui n'accèdent pas à l'orgasme vaginal, c'est une « avance » de plaisir, un « cadeau » préalable (charité bien ordonnée commence par soi-même). Pour celles qui y accèdent, c'est un « hors-d'œuvre » apprécié.

Pendant le coït, pour celles qui n'accèdent pas à l'orgasme vaginal, la caresse clitoridienne, c'est leur façon de connaître l'orgasme, l'homme étant en elles. La stimulation de son clitoris par la femme elle-même, pendant le coït, est parfaitement « licite » ; seul un homme égoïste et ignare peut s'en offusquer (c'est aussi une façon, comme nous le verrons, d'éduquer leur vagin). Pour celles qui accèdent à l'orgasme, c'est un plaisir gigogne, qui multiplie l'ivresse.

Après le coït, pour celles qui n'ont pas accédé à l'orgasme vaginal, ce plaisir est justice : chacun son tour ; c'est parfois impératif, pour « rattraper » un orgasme vaginal raté. Pour celles qui l'ont connu, c'est un dessert que certaines femmes gourmandes ne dédaignent pas.

La femme est un être bifocal : elle a deux foyers d'orgasme, le clitoris et le vagin. Si l'orgasme clitoridien est d'obtention facile, l'orgasme vaginal, que ce soit par masturbation ou par coït, survient plus difficilement chez la majorité des femmes, d'où la réputation d'hyposensibilité du vagin. Et pourtant, le vagin peut jouir et jouir jusqu'à l'orgasme ; et il peut avoir envie, et même très envie, de pénis. Il faut en faire l'éducation érotique.

Jusqu'à l'âge de douze ou vingt ans, la femme n'a pas conscience de son vagin : inaccessible à l'œil, inaccessible au doigt (par hymen ou par tabou), muet de sensation (elle ne le « sent » pas), il ne se révèle que par les menstruations. Elle le découvre lors des premières auto-explorations, suivies ou non d'autostimulations ; ou par l'intervention digitale ou pénienne de son premier amoureux. Au début, il est peu sensible, mais sa sensibilité érotique s'éveillera et croîtra jusqu'à procurer le plaisir suprême. L'autostimulation par la femme est plus rarement pratiquée que la stimulation clitoridienne (souvent associée à elle) ; elle induit indubitablement l'aptitude vaginale à jouir.

Les caresses diverses et multiples des trois cercles par l'amant contribuent à mettre le vagin en état d'excitation : lubrification, intumescence vasculaire, mise en tension des muscles. Il ne faut rien négliger : baisers sur la bouche, caresses des seins, flânerie dans les jardins du palais, etc., sans oublier les flatteries clitoridiennes. La caresse clitoridienne est la condition *sine qua non* pour aborder le vagin ; c'est la plus apte à l'échauffer, à l'amener à un seuil d'excitation propice.

L'amant habitue la femme à se sentir « creuse » puis « habitée », à prendre conscience de sa vacuité féminine, de son besoin de réplétion et de sa réplétion par les caresses de la bouche, les lèvres et la langue officiant dans le vestibule et amadouant l'orifice vaginal ; les caresses des doigts, qui n'auront d'autre ambition que d'apprivoiser tendrement la gaine ; et les caresses du pénis qui sont tout l'art de la caresse intérieure, la meilleure érotisation possible du vagin.

Le conditionnement clitorido-vaginal est la caresse simultanée du vagin et du clitoris pour créer un conditionnement, une association, entre l'habitation vaginale et le plaisir clitoridien. Le clitoris devient le médium des jouissances vaginales. Il y a transmission de plaisir de l'un à l'autre. On peut pratiquer trois sortes d'associations : les caresses du vagin avec la bouche associées à des caresses du clitoris avec les doigts (jusqu'à l'orgasme). Les caresses du vagin avec les doigts associées à des caresses du clitoris avec les autres doigts de la même main ou avec l'autre main (jusqu'à l'orgasme) ; ou associées à des caresses du clitoris avec la bouche. Dans ces deux premiers cas, c'est la femme qui peut, avec ses doigts, stimuler son vagin ou son clitoris tandis que l'homme se préoccupe de l'autre pôle. Enfin, troisième possibilité, la caresse du vagin par le pénis ou « caresse intérieure », associée à une stimulation du clitoris par l'homme ou par la femme.

Les positions des amants qui rendent facile l'accès au clitoris et libèrent leurs mains conviennent le mieux. Ce sont entre autres : la position latérale — femme tournant le dos à l'homme —, la position femme sur le ventre, la position femme en prière mahométane, la position femme assise sur l'homme. Celle-ci, mettant la femme en situation supérieure, la rend plus active et la fait maîtresse du jeu : elle imprime à son corps la balistique propice à sa satisfaction, elle saisit le pénis avec son vagin dont elle prend conscience qu'il est un organe de préhension et non un réceptacle passif ; elle donne à sa gaine les mouvements nécessaires à son plaisir ; elle fait du pénis le pivot de son corps entier érotisé ; elle stimule son clitoris et ses seins.

L'érotisation progressive du vagin peut demander des années. Mais une fois révélée, la femme jouit de son vagin avec aisance, facilement, rapidement, sans participation clitoridienne concomitante, et parfois même sans préparation. Se développe parallèlement l'appétit du vagin : apparaît une véritable faim vaginale.

Encore une fois, c'est par la caresse que les amants se sont offert l'empyrée. C'est toujours par la caresse de tous les sens que le bonheur vient aux amants.

TROISIÈME PARTIE

Au-delà de la caresse

20

Les caresses de l'âme

« *Si l'on ne te caresse pas, ta moelle épinière se flé-trira* », dit le proverbe. Nous avons vu que les petits d'animaux, quand ils n'étaient pas caressés, languis-saient ou même dépérissaient jusqu'à mourir ; en outre, ils présentaient des troubles psychiques. Les éleveurs le savent, les savants l'ont prouvé. Bien plus, il faut que les manipulations aient une certaine qualité affective et personnelle ; foin des contacts mécaniques, la privation émotionnelle joue autant que la privation sensorielle. Il en est de même chez les petits humains, ainsi que l'ont montré les médecins et les psychologues, en particulier Spitz, à propos des bébés en couveuse, des nourrissons en orphelinat, etc.

Tout se passe comme si les stimuli activaient les systèmes nerveux et neuro-endocriniens. Il y a un véritable appétit de stimulation, aussi important que l'appétit de nourriture, pour la vie et la survie de l'enfant. L'alimentation et l'hygiène ne suffisent pas à son développement, il faut lui assurer une inti-mité physique et une affection personnalisée. Ce qui est fait le plus souvent.

Mais quand il atteint l'âge adulte, l'homme con-serve ces mêmes besoins originels et impératifs ; or, ni une intimité ni un chérissement de type infantile ne peuvent plus lui être fournis pour des raisons psychologiques et sociales. Aussi, selon Berne[1],

1. Éric Berne, *Des jeux et des hommes*, Éd. Stock.

l'adulte adopte un compromis : c'est la sublimation de ces besoins en un besoin plus subtil, plus symbolique, en un mot, en un « besoin de reconnaissance ». Cet appétit est tel que toute sa vie est une quête de signes de reconnaissance, c'est-à-dire de manifestations d'autrui valorisantes et personnelles. Ce peut être un regard, un sourire, un contact, une phrase : ce sont les caresses de l'âme.

Caresses du corps et caresses de l'âme sont tellement nécessaires que les prisonniers incarcérés, seuls dans une cellule, finissent par sombrer dans la démence et la cachexie, détruits par la privation sensorielle et affective.

L'amour de soi

Groddeck rappelle que l'amour de soi est le principe premier et indispensable de tout être. Il note que même les délinquants, les déchus et les fous ne peuvent vivre sans s'aimer. Ils se trouvent toutes les excuses et fomentent tous les espoirs. Il note aussi que Jésus-Christ avait déclaré : « *Aimez votre prochain comme vous-même* » et non « *plus que vous-même* » ; il savait que ce que l'on aime le plus, c'est soi ; il avait découvert le narcissisme avant Freud.

Or, le « moi », c'est dans la relation amoureuse qu'on l'expose le plus : on offre sa personnalité psychique sans artifices (ou avec moins d'artifices que dans la vie sociale) et l'on offre son corps sans voile. Le moi est vraiment nu, au sens propre et figuré. On ne peut faire face à cette situation que si notre âme et notre corps sont aimés, appréciés ou même admirés.

Quant à la sensualité, elle met en scène la personnalité psychique dans ce qu'elle a de plus secret (le domaine des désirs, des fantasmes, du plaisir), et le corps dans ce qu'il a de plus intime (les diverses zones érogènes, en particulier les organes génitaux).

C'est dire que la femme, comme l'homme ne peuvent épanouir leur sensualité que si les qualités de leur psychisme et de leur physique sont reconnues. Il ne peut y avoir de caresses du corps sans caresses de l'âme.

Bien plus, la démarche vers l'autre sexe, outre ses mobiles sentimentaux et libidinaux, a des motivations narcissiques : la rencontre avec l'autre ne doit pas détruire l'individu, mais au contraire le conforter. Il en attend une réassurance de son amour de soi. L'autre est un miroir où il s'interroge sur lui-même et où il espère découvrir un bon reflet de lui. Ce que l'on aime dans l'autre, c'est la bonne image de soi qu'il renvoie.

De là à dire que l'amour n'est jamais que de l'amour-propre, il n'y a qu'un pas ; que je serais tenté de franchir quand je lis les réponses des hommes à une question de Pietropinto : *« Qu'est-ce qui vous attire le plus chez une femme ? »*

• *« Qu'elle se comporte comme si j'étais la personne qui compte le plus pour elle. »*

• *« Qu'elle s'intéresse vraiment à ce que je dis. »*

• *« Il faut qu'elle se soucie plus de moi que d'elle-même. »*

A ce jeu du *je*, où est l'amour de l'autre ? Du reste, regardons autour de nous, lucidement, et en nous, cruellement, nous nous apercevons à quel point l'amour de soi intervient dans l'amour. Néanmoins, ne suivons pas les cyniques qui en concluent que l'amour n'existe pas ; soyons indulgents pour l'être humain et retenons seulement qu'il ne peut vivre sans s'aimer, et que pour s'aimer il doit être aimé.

Avant de caresser votre ami(e), ou en le (la) caressant, faites-lui sentir combien vous l'aimez et l'appréciez, combien il (elle) est unique et différent(e) ; rappelez-vous que vous l'avez choisi(e) et que vous le (la) préférez toujours ; évoquez ses qualités ; dites comme vous êtes bien auprès de lui (d'elle) comme il (elle) vous caresse bien ; remerciez-le (la) toujours : rien n'est dû à personne, même après cinquante ans de mariage. Ne passez pas un jour sans caresser, au moins une fois, son âme.

Malgré ses airs solides, l'homme se sent également mis en cause dans sa totalité, lors de la rencontre avec la femme ; et aussi sensible à ses appréciations. « *Dégonflez l'ego d'un homme et son pénis suivra le même mouvement* », écrit Pietropinto. Autrefois, avance-t-il, l'homme était virilisé par l'homme et ses activités sociales ; maintenant il l'est par la femme et leurs activités sexuelles ; la femme est devenue son juge et son miroir.

A la question de l'auteur : « *Quand vous sentez-vous le plus viril : quand vous faites l'amour avec une femme, dans vos rapports sociaux avec d'autres hommes, lorsque vous faites du sport, dans votre travail ?* », la plupart répondent : « *Je me sens viril quand je suis avec une femme très féminine, quand je fais l'amour avec une femme et qu'elle apprécie ce que je fais.* »

Un acte de confiance

« *Le principal obstacle au plaisir, c'est en effet la peur : la peur sous toutes ses formes, la peur d'être blessé physiquement ou affectivement ; la crainte d'avoir tort, de commettre une erreur, d'être châtié et raillé, la peur de paraître laid, maladroit, ridicule, incompétent, insensible, indésirable... et la liste s'allonge à l'infini, car elle comprend toutes les idées désagréables que chaque être humain peut se faire au sujet de lui-même*[1]. » Il faut effectivement une confiance folle pour se confier à quelqu'un, corps et âme, car c'est s'exposer à ses jugements. Aimer c'est un acte de foi.

Ce qui va être jugé, c'est d'abord l'aspect du visage et du corps. Nous avons vu que la pudeur avait

1. Masters et Johnson, *op. cit.*

une origine esthétique plus qu'éthique. Seront jugées aussi les « capacités sexuelles ». Ici, la peur se change en terreur d'être malhabile, impuissant, frigide, insuffisant, trop précoce, trop tardif, etc. Vont être jugés enfin les traits de caractère, les travers, les faiblesses, la fragilité, les besoins sensuels, les demandes affectives.

On est tellement vulnérable dans la relation amoureuse, qu'il est indispensable que l'autre se montre un allié inconditionnel, compréhensif, qu'il vous accepte tel que vous êtes. Plus les êtres se sentent acceptés, plus ils s'attirent ; plus ils avouent leur fragilité, plus ils se rapprochent ; plus ils se connaissent, plus ils s'unissent. Inversement, « *plus chacun soupçonne l'autre de juger et de peser tout ce qu'il fait et dit, plus il s'éloigne de son partenaire*[1] ».

Se confier, ce n'est pas seulement confier ce que l'on est, mais aussi ce que l'on attend et espère : la sécurité, la tendresse et la satisfaction sensuelle. Se confier, c'est avoir confiance qu'on vous comblera. Enfin, avoir confiance pour la femme, le plus souvent — pour l'homme de plus en plus — c'est espérer être choisi(e) pour sa totalité, et non pour son sexe seulement. Les femmes ont toujours vécu dans la phobie de n'être qu'une paire de fesses ; les hommes vivent maintenant la crainte de n'être qu'une verge. Les êtres ont en commun, désormais, l'appréhension de n'être que des objets sexuels à consommer et à jeter après usage.

Le chant des mots

La relation érotique ne commence pas à l'orée des draps, mais devrait subsister tout le jour : on ne peut être tyran à midi et jouer les galants à minuit ; on ne peut provoquer la rancœur le jour et demander la confiance le soir.

1. Masters et Johnson, *op. cit.*

C'est tout le jour que la caresse de l'âme est nécessaire. Ici, la parole est d'or : il faut savoir parler.
L'échange sensuel commence à midi en parlant ; il
se poursuit le soir en bavardant. Il faut savoir se
ménager du temps pour s'entretenir, pour être
ensemble simplement pour le plaisir d'être ensemble, sans rien faire, le jour comme la nuit. Ne rien
faire, ce n'est pas perdre son temps. La sensualité,
ce n'est pas un job à part, à faire isolément ; c'est
une façon de s'exprimer qui est le point d'orgue de
la relation de la journée. Les mots du jour préparent
les chants de la nuit.

C'est toujours une épreuve, quel que soit le nombre d'années vécues ensemble, que de révéler son
intimité. Il serait goujat de se montrer gourmand
de tous les fruits de l'amour sans les louer. Oui,
on peut, en caressant une bouche, un sein, un sexe,
joindre la parole au geste et murmurer comme
il est beau et désirable, et tout ce que l'on veut.
La valorisation du corps, et en particulier des
organes génitaux, est une des belles caresses de
l'âme.

Le positivisme

Il ne s'agit pas de la philosophie d'Auguste Comte,
mais d'une attitude d'esprit délibérée qui consiste à
rechercher dans tout être ses qualités et à les mettre
en valeur. C'est un optimisme de principe qui fait
merveille dans les relations humaines, épanouit les
individus et les fait progresser.

Beaucoup penseraient que les caresses — des
yeux, de la main, de la bouche — sont le privilège
de femmes ou d'hommes au visage et au corps parfaits, qu'elles ne peuvent s'adresser qu'à des êtres
d'une grande beauté. C'est une erreur. Toute femme
— prenons-la pour exemple — vaut d'être caressée,
ne serait-ce que parce qu'elle est femme. En soi, la

féminité qu'elle incarne, sa spécificité, son essence, son pouvoir sont adorables.

De plus, chaque femme, en particulier, possède des qualités physiques qui la valorisent, attirent et retiennent : ce peut être ses cheveux, ses yeux, son sourire, ses seins, sa taille, ses jambes, que sais-je... Les qualités érotiques sont attachantes : certaines femmes peu avantagées par leur physique se révèlent des amoureuses extraordinaires par leur sensualité, tant comme dispensatrices que comme réceptrices. Enfin, les qualités psychiques, affectives et culturelles importent le plus. On peut se lasser d'un beau corps, on ne se lassera jamais de la tendresse d'une femme, de sa générosité, du réconfort de son équilibre nerveux ; de même qu'on ne s'ennuiera jamais avec une femme sensible, créative, cultivée.

La caresse n'est pas seulement l'attouchement d'un bel objet ; c'est un échange d'âme où l'affectivité et l'intellect sont prépondérants. Toute femme aimante est émouvante, toute femme aimée rayonne, toute femme aimée et aimante est transformée. Et pendant l'amour, toute femme est transfigurée : la confiance, la joie, les délices, la tendresse la font accéder à un état de conscience extatique qui donne à son visage cette expression fascinante que représentent parfaitement les statues des temples hindous et les illustrations de Paule Messiant. Elles irradient une sérénité heureuse et, paradoxalement, une intense vie intérieure. Derrière leurs paupières closes ou au travers des yeux ouverts, l'être regarde en lui et, au-delà de lui, contemple un autre monde.

Il n'y a donc pas de femmes laides, il n'y a que des femmes au corps et à l'âme mal caressés. Néanmoins, deux choses peuvent rendre la femme laide : la laideur intérieure — l'agressivité, l'anxiété, la cupidité. Encore que ces « travers » sont plus à soigner qu'à blâmer — et la négligence ; c'est un devoir pour chaque être humain que de s'embellir, se mettre en valeur. Ce n'est pas une question d'argent mais de volonté. Une silhouette agréable et un port harmonieux sont le fruit d'un effort quotidien. Un visage, des cheveux doivent se soigner, se parer subtilement ; un corps, comme une bouche, ne doit exhaler que des odeurs naturelles fraîches. Quant à l'habillement, toutes les femmes ne peuvent s'offrir le luxe ou le chic ; toutes peuvent avoir un « look » ; toutes peuvent éviter la médiocrité. Il n'y a pas de femmes laides, il n'y a que des femmes négligentes.

A ce sujet, permettez-moi d'ajouter quelques lignes à propos de femmes qui me sont chères : les femmes rondes, jusqu'à parfois être obèses. En raison de la tyrannie de la minceur qui sévit et du racisme anti-gros qui l'accompagne, elles détestent leur corps. Certaines m'ont avoué ne plus oser se regarder dans un miroir ni se dévêtir devant leur mari. C'est d'autant plus regrettable que les rondes ne sont pas souvent responsables de leur poids, comme je l'ai montré dans un précédent ouvrage[1]. Elles sont, en vérité, victimes d'un dérèglement métabolique dont la cause principale peut être une forte anxiété et de grandes contrariétés.

Que ces femmes se rappellent que, si les hommes sortent avec les minces, ils rentrent avec les rondes, car elles sont plus sensuelles et que l'opulence de leurs formes, symbole de féminité et de maternité, comble les fantasmes masculins. Les caresses, c'est pour elles aussi.

Même si on est un libertin, même si l'on vit une passade, il y a toujours un moment où l'on rencontre l'âme au coin de l'être. Déjà, à moins d'avoir affaire à une prostituée, il faut beaucoup de salive pour séparer quelques grammes de nylon de cinquante kilos de chair, comme le dit la chanson. Ensuite, même si l'on était parti pour une aventure purement physique, on ne pourra échapper à l'être, indissociable de son corps, de ses organes génitaux. Autour du

1. Dr Gérard Leleu, *Laissez-nous manger*, Éd. Encre.

sexe, il y a une personnalité, ses peurs, ses rêves, sa complexité ; tôt ou tard on la rencontre. C'est bien ce qui rend passionnante et souvent heureuse la chair que d'aucuns disaient triste : le goût de cendre de l'après-amour n'est perçu que par ceux qui n'ont allumé que le feu de paille du plaisir. La chair est joyeuse et le feu continue de danser pour ceux qui aiment la femme et son âme.

C'est cette âme qu'il vous faudra caresser, si vous voulez que vos caresses de la peau aient un sens, une intensité, une chaleur.

21

L'amour demain

Le couple humain est plus qu'une addition, c'est une multiplication, plus qu'une unité, une totalité. Plus qu'aucune autre de leurs relations, la réunion de leur sensualité en fait un « grand tout » à la dimension de l'univers. Or que voit-on ? qu'entend-on ?

Les femmes, selon les diverses enquêtes, soupirent : *« Les hommes ne savent pas nous caresser le corps ; ils mettent d'emblée la main au sexe ; et ce sexe, ils ne savent guère mieux le cajoler, ils ne le touchent que pour nous pénétrer. Caressons-nous nous-mêmes, on n'est jamais si bien servi que par soi-même ! »* Certaines femmes vont plus loin : *« Caressons-nous entre nous, nul ne sait mieux qu'une femme ce qui plaît à une femme. »*

De leur côté, les hommes se lamentent que les femmes vont droit au but — la verge —, ignorant visage et corps ; certains doivent apaiser leur besoin de caresses auprès de masseuses interlopes, ou d'autres hommes. Ainsi, l'humanité demeure éclatée en deux fragments.

Parmi les problèmes qui se posent aux habitants de la Terre, la plupart seront résolus dans les siècles prochains par les progrès techniques : la faim, la maladie, l'énergie. D'autres, qui relèvent d'un progrès psychique et éthique, mettront plus de temps à se régler : la violence et la guerre. Mais qu'en sera-t-il de ce problème fondamental : les relations entre les deux moitiés de l'humanité, entre la femme et l'homme ?

Les humains se rapprochent dans trois circonstances : pour cohabiter, c'est le bourg ; pour travailler, c'est l'entreprise ; pour s'aimer, c'est le couple. Dans la cohabitation et la collaboration, on s'accommode les uns des autres. Dans le couple, les rapports, plus denses, sont aussi plus difficiles ; les deux êtres allant le plus loin possible dans la connaissance, l'acceptation, l'adaptation et le don à l'autre.

La force d'attraction qui lie les noyaux existentiels, c'est l'amour et le désir. Le couple évolue toujours entre la fusion et la fission. Pour que la fusion l'emporte, peut-être faut-il repenser la sexualité.

Quatre mille ans de civilisation judéo-chrétienne ont accolé au lit le maître et l'esclave (quand bien même elle se fait maîtresse), le mâle omnipotent et la vierge toujours douce. Depuis quatre mille ans, tous deux jouent des rôles imposés par le contexte socioculturel.

La femme ancienne, être inférieur, devait être fragile, sensible, sentimentale, tendre, prude, passive, non jouissante et fidèle. L'homme ancien, être supérieur, devait être fort, autoritaire, insensible, ni sentimental ni tendre, entreprenant, actif, jouisseur et il pouvait être infidèle.

Le but des relations sexuelles était la jouissance de l'homme par la pénétration et l'éjaculation (du pénis dans le vagin). La femme était un réceptacle toujours convoité, pas toujours respecté, très peu intéressé ; peu sensible de nature et interdite d'érotisme, elle pouvait recueillir quelques miettes de bien-être, mais l'orgasme lui était inaccessible.

Vint la révolution sexuelle des années 1960 : les femmes, reconnaît-on, ressentent du plaisir et peuvent même prétendre à l'orgasme. Cependant, elles restent passives. Forcément expert en la matière et doué de science infuse, le mâle conduit le bal ; il est chargé de satisfaire sa partenaire et de lui procurer l'orgasme. Quant à elle, sa complaisance suffit. On exige de l'homme qu'il accomplisse l'exploit de tirer sa partenaire au sommet du plaisir en cinq minutes et à tous les coups...

Dans les années 1970, les hommes essoufflés, ayant pris conseil auprès des « psy » et des sexologues, déclarèrent la femme responsable de son plaisir et de ses orgasmes. Si elle n'atteint pas la plénitude sensuelle, c'est qu'elle est bloquée ; dans ce cas, qu'elle consulte les spécialistes qui sauront lui apporter l'aide nécessaire.

En ces années 1990, on ne s'affronte plus, on commence à se fuir. A la femme ancienne a succédé une femme de transition, dont le prototype est la Californienne : cette amazone divorce, prend un travail à mi-temps et consacre la seconde partie de la journée au culte de son corps. *Aerobic* et *body-building* lui donnent des muscles d'homme ; devenant mec, elle peut se passer de mec ; si l'envie lui prend de faire l'amour, elle drague, puis repart, sans se retourner, à son job et à sa chère musculation. L'homme en perd la boussole ; il avait l'habitude de cueillir le fruit et de jeter l'écorce ; maintenant c'est lui qu'on prend et qu'on abandonne. Dans un premier temps son pénis renâcle : c'est l'impuissance ; puis c'est le propriétaire qui fuit, terrifié. Se réveillent les peurs ancestrales de la femme croqueuse d'hommes. L'humanité est à la veille de se casser en deux d'une façon radicale.

Heureusement, notre archéo-cerveau veille : tant qu'il y aura des hommes, ils piafferont devant la femme ; tant qu'il y aura des femmes, elles frémiront face à l'homme. Autour de nos merveilleux instincts, tout peut se redistribuer. Les « ultras » et les marginaux font progresser les sociétés ; on reviendra des excès présents mais on ne retournera pas aux erreurs d'antan. Une femme nouvelle et un homme nouveau vont naître et apparaîtra une nouvelle forme de sexualité. Pour cela il faut que chacun devienne ce qu'il est.

L'homme est celui qui doit le plus changer : l'homme nouveau accepte son *anima*, cette part féminine, si riche, de sa personnalité. Il a le droit d'être sensible, sentimental, vulnérable ; il a le droit d'être tendre ; et le droit de demander et de recevoir ; le droit de ne pas bander, de ne pas pénétrer ni d'éjaculer. Il a le droit de caresser et d'être caressé. Il n'est pas obligé de toujours prendre l'initiative, de tout savoir, tout faire, tout réussir. Il n'est tenu à aucune performance. Il faut réhumaniser l'homme.

Du reste, la femme nouvelle veut avoir affaire à une personne vraie, capable de ressentir, d'exprimer, de partager des émotions et non à un mec masqué et cuirassé de virilité. Ces dispositions sont peut-être de mise sur un terrain de rugby ou dans la jungle des affaires, mais pas sur la barque de l'amour. La femme veut un ami capable de sentir, de s'émerveiller, de s'amuser, de taquiner et de prendre le temps d'être sensuel.

La femme nouvelle, elle, laisse émerger son *animus* : elle est active, prend des initiatives, invente des caresses ; elle a le droit de demander et de recevoir du plaisir ; elle n'est pas obligée d'accepter ou de solliciter systématiquement la pénétration. La femme nouvelle ne se contente pas d'être disponible, ni même de réagir, elle agit. A la place grandissante des femmes dans la société, correspond une place plus grande dans l'activité sensuelle.

De fait, les hommes nouveaux se réjouissent de l'émancipation sexuelle de la femme et de l'avènement de l'égalité sexuelle. Cette évolution les libère de leur pesant rôle de leader et de leur responsabilité excessive et exclusive. Ils apprécient la participation active de la femme à la vie érotique. Le nouveau comportement sensuel est basé sur la collaboration et la réciprocité du plaisir et de l'action.

Les droits et les devoirs de chaque sexe sont égaux, car les besoins sexuels et les sexes sont égaux : droit au plaisir, aux caresses et à la réclamation ; devoir d'écouter, d'être actif et de satisfaire. Assumant à nouveau leur vraie nature, libérés des artifices, des entraves, des rôles imposés par la société, la femme et l'homme retrouveront leurs ressemblances sensuelles, affectives et spirituelles : ils se reconnaîtront, se comprendront et se sentiront plus proches.

Faut-il craindre l'uniformisation des sexes et la perte de la complémentarité ? et donc la neutralisation de l'intérêt de l'un par l'autre ? Égalité et ressemblances ne signifient pas similitude. Il restera toujours entre les sexes des différences fondamentales pour les rapprocher : ce sont les particularités biologiques, morphologiques, sensuelles et psychiques qui créent l'attraction entre les êtres, assurent l'exercice de la libido et réalisent la complémentarité des structures organiques et psychologiques.

N'étant plus macho, l'homme doit rester authentiquement viril ; une puissance musculaire qui n'exclut pas la délicatesse, une force de caractère qui assume ses faiblesses et renonce à l'autoritarisme, une fougue sensuelle qui n'empêche pas d'être maître de son érection et de son éjaculation, un contrôle des émotions qui n'interdit pas la sensibilité. Il faut que l'homme nouveau trouve un juste équilibre entre son *animus* et son *anima*.

La femme nouvelle doit également sauvegarder l'équilibre entre son *anima* et son *animus* ; l'homme a plus besoin d'être féminisé que la femme d'être masculinisée ; le monde, dominé par les mâles depuis des millénaires — monde de violence et d'exploitation —, n'est pas un exemple à suivre. Tout ce qui libère et épanouit la femme est un progrès ; tout ce qui la masculinise est une aberration. Certes, prévenues par Simone de Beauvoir, les femmes ne doivent plus confondre leurs sensations et leurs sentiments, le plaisir et l'amour ; trop souvent piégées par les sens, les femmes s'éprennent trop vite et se retrouvent délaissées. S'il faut faire mentir Byron — « *L'amour chez l'homme n'est qu'une part de la vie, chez la femme, il est toute la vie* » — ce n'est pas en demandant aux femmes de singer l'homme, mais à l'homme d'accorder plus d'importance à l'amour.

Apprendre à la femme à se méfier des sentiments et à savoir jouir de son corps librement est souhaitable ; quant à copier le cynisme des mecs, où est le progrès ? D'une façon générale, imiter l'homme ne fait pas progresser les femmes. Oui, c'est à l'homme de changer en redevenant lui-même. Si « *la femme est l'avenir de l'homme* », c'est qu'étant un exemple pour lui, elle est l'avenir de l'humanité.

La caresse, en féminisant l'amour, adoucit toutes les relations interhumaines. Étant déjà, en elle-même, une communication — non verbale —, elle va de plus induire un dialogue plus large entre les sexes ; elle oblige à écouter attentivement avec ses yeux, ses oreilles, ses mains, son corps entier, les désirs et les réactions de l'aimé(e) ; et d'y donner suite pour satisfaire le mieux possible ses besoins sensuels. Ce faisant, elle apprend à écouter et à comprendre ses confidences, et à répondre à ses besoins affectifs. « *Faute de parler, on meurt sans confession* », dit le proverbe. Il est stupide pour tant de couples de voir leur sensualité s'enliser et agoniser faute de parler. Une fausse honte de paraître trop sensuel, la peur de vexer l'autre ou d'en être incompris, un romantisme d'opérette imposent le silence. Ainsi s'accumulent les insatisfactions et les rancœurs ; ainsi s'installent le désintérêt pour la sensualité et l'amère résignation. Au contraire, celui qui demande reçoit et est satisfait. Et celui qui sait ce que l'autre veut, n'étant pas obligé de déchiffrer les désirs ou d'extorquer les souhaits, peut se détendre et s'amuser. Et tous les deux s'épanouissent.

Les hommes ayant arraché leurs vieux préjugés et leur complexe machiste s'offriront les joies de donner et de recevoir des caresses et les offriront à leur amie. Les femmes, à peine sorties de la passivité, devront éviter le « complexe de la geisha » et le « complexe de l'objet » qui leur interdisent, au nom d'un certain féminisme, de servir l'un de masseuse, l'autre de bibelot. Qu'elles sachent que, dans un couple nouveau, nul n'est serviteur ou objet. La caresse permet aux unes et aux autres d'assumer leur vraie nature, leur tendresse instinctive, libérée de toute déformation et amputation ; et de goûter les moments privilégiés de l'abandon. La caresse est antisexiste car la femme et l'homme y sont à égalité les maîtres d'œuvre ; également responsables des initiatives, du déroulement et de la créativité, la femme et l'homme y sont indifféremment dispensateur et receveur.

La caresse libère le couple de la « spécialisation du travail au lit » et des obligations ; l'homme n'est plus tenu de bien diriger la manœuvre, de bander à point et d'atteindre des performances. La femme n'a plus à se contenter de suivre au plus près l'action de l'homme et de s'efforcer de le récompenser de la fermeté de son érection par un bel orgasme. Les caresses, l'un ou l'autre peut les entamer, les relayer, les varier, les inventer, les cesser. La caresse, c'est la liberté.

Antisexiste, elle l'est aussi car elle n'est pas effraction, possession, violence ; mais reconnaissance, création, douceur. Caresser, embrasser, c'est plus que ressentir un plaisir ; c'est admirer, valoriser, narcissiser le corps et l'être.

Les caresses agrandissent le champ de la sensualité. Pour pouvoir caresser, il faut que notre cerveau supérieur — le cortex —, celui de l'hominisation et de la rationalisation, garde le contrôle sur le cerveau archaïque — celui des instincts —, non pour les éteindre, c'est le plus vrai de nous-mêmes, mais pour leur donner un éventail plus vaste de réalisation. Si, au lieu d'en venir d'emblée à l'assouvissement par le coït, on prend le temps de détailler la sensualité, de s'intéresser longuement à tous les signaux sexuels, à toutes les surfaces érogènes, on multiplie les influx émotionnels et on nourrit la force pulsionnelle.

Caressant des yeux les pupilles, des lèvres les seins, de la main les hanches, on se délecte des signaux sexuels et on entretient les vibrations de notre archéo-cerveau. L'instinct ne nous offre qu'un comportement et un plaisir stéréotypés ; l'érotisme nous présente une richesse infinie d'attitudes et donc de sensations. Puisque humains nous sommes, il faut bien que notre sexualité diffère de celle des gallinacés.

Il n'y a pas d'épanouissement sensuel optimum sans une participation affective plus ou moins grande. Les femmes, comme les hommes, ont faim de tendresse, ce désir du cœur. Les uns et les autres cherchent dans le corps à corps autant l'exaltation de leur affectivité que l'exultation de leurs sens. Ils veulent être aimés autant que touchés.

A part quelques dons Juans et amazones, la plupart des êtres veulent que ceux qui font l'amour avec eux témoignent de sentiments vrais et de respect ; Occidentaux habitués à cette dichotomie esprit-corps, on veut toujours faire la part de ce qui est affectif et de ce qui est sensuel. Mais dans ce besoin grandissant de prendre quelqu'un dans ses bras, de caresser et de se faire caresser, il est vain de dissocier l'âme et la peau ; c'est un besoin, de tout l'être, d'apaisement, de communion et de re-création.

Une vague de libération est passée sur la sexualité ; il fallait balayer les tabous et les mythes qui l'opprimaient et la déformaient. De cette sexualité fraîchement affranchie, différents groupes se sont emparés : les affairistes l'ont dégradée ; c'est la pornographie qui tire de la chair son pesant d'or. Les médecins l'ont banalisée, c'est la sexologie qui fait du plaisir une fonction comme l'est la respiration ou la digestion. Les matérialistes l'ont aseptisée; c'est le sexe-sport qui fait du plaisir une activité hygiénique dont les sentiments sont exclus. L'amour dit physique est passé du confessionnal à l'armoire à pharmacie ou au gymnase.

Commercialisée ou médicalisée, la sexualité s'est rétrécie aux organes génitaux, c'est-à-dire à quelques centimètres carrés de peau, alors que toute la surface cutanée y participe. Déculpabilisée et démythifiée, elle s'est désacralisée et recroquevillée au corps-objet, alors que l'âme y transparaît.

Par la caresse, œuvre d'art qui humanise la matière, la sexualité s'étend à tout le corps et retrouve sa dimension. Cette sexualité magnifiée, c'est la sensualité. Elle est fruit de la tendresse, de la sensibilité et de l'intelligence. Elle glorifie le corps.

Ce corps glorieux est non seulement le moyen du non-dit, il est le lieu du plus-dit. Langage certes, mais échelle somptuaire de la transcendance. Car devant le corps dénudé de la femme, ravie par la caresse, face à cet autre lui-même, rapté par la jouissance, aucun homme ne peut éviter cette échappée vers l'infini qui déchire sa nuit, comme les rayons du soleil les averses d'avril.

Dans la collection J'ai lu Bien-être

Dr ERICK DIETRICH et Dr PATRICE CUDICIO
Harmonie et sexualité du couple

Être heureux à deux, vivre en couple :
voilà l'aventure la plus importante de notre
existence, celle dont on attend le plus
de bonheur et de plaisir. Mais, au fil du temps,
l'harmonie du couple est souvent difficile
à préserver.

**On le sait, une sexualité épanouie est
un facteur déterminant d'équilibre.**
Or, dans ce domaine, nos connaissances sont
approximatives, parfois même fausses.
**Comment comprendre la sexualité de notre
partenaire et satisfaire ses désirs ?
Comment déjouer les pièges de la routine ?**

Les docteurs Dietrich et Cudicio répondent avec
précision à ces questions et à bien d'autres.

**Une approche humaine et nouvelle
de la sexualité du couple qui sera utile
à tous ceux qui croient au bonheur
d'être deux.**

Dr Erick Dietrich et Dr Patrice Cudicio
*Erick Dietrich, sexologue et analyste somatothérapiste,
est secrétaire général du Syndicat national
des médecins sexologues.
Patrice Cudicio, attaché au CHU de Rennes,
est président du Syndicat national des médecins
sexologues.*

Collection J'ai lu Bien-être, 7061/5

Docteur LELEU
La Mâle Peur

Les hommes ont-ils peur des femmes ?
Mais peur de quoi ? De ce fabuleux pouvoir
de donner la vie, d'une sexualité si différente
de la leur, de la sensualité, en un mot,
peur d'aimer, peur de l'amour ?

L'auteur analyse cette peur, son histoire, ses
origines et ses conséquences. Il nous donne à
comprendre la *Mâle Peur* : pour savoir la vaincre,
s'épanouir à deux, et vivre enfin le bonheur
du désir, du plaisir.

**N'est-il pas temps d'inventer un monde
nouveau, celui du partage entre l'homme
et la femme**... un monde remis sur ses pieds,
réconcilié, où l'un s'enrichit de l'autre ?

Ce livre dédié à la femme et sa sensualité est
un chant d'espoir **pour une totale harmonie
entre l'homme et la femme**.

Dr Gérard Leleu
Après le succès du Traité des caresses,
*le Dr Gérard Leleu, auteur de nombreux best-
sellers, s'adresse à nous comme un humaniste
et un conseiller.*

Collection J'ai lu Bien-être, 7026/6

PIERRE PALLARDY
Le droit au plaisir

Gym obligatoire, sexualité refoulée, régime
à tous les repas : contraintes et culpabilités nous
gâchent la vie. Nous ne savons plus manger,
bouger, aimer pour le plaisir.

**Et pourtant, le plaisir nous donne, chaque
jour, le bonheur d'exister : plaisir du corps
retrouvé, de la santé reconquise,
de la nourriture, plaisir des sens...**

Ses années d'expérience de thérapeute
ont appris à Pierre Pallardy à être à l'écoute
de ses patients. Au-delà de leurs souffrances
physiques, il a découvert leur difficulté à vivre.

**Il nous enseigne à combattre les stress
de la vie. A manger ce que l'on aime
pour être en forme, à réveiller ses sens...
pour vivre en harmonie avec soi-même,
avec les autres et avec la nature.**

Pierre Pallardy

*Ostéopathe et diététicien, spécialiste des troubles
fonctionnels, il est l'auteur de plusieurs best-sellers,
dont* Les chemins du bien-être, La forme naturelle
*écrit en collaboration avec sa femme, publiés
aux Éditions J'ai lu.*

Dr LIONEL COUDRON

Stress
Comment l'apprivoiser

Vous avez dit "stress" ? Nul ne l'ignore, c'est
un des fléaux de la vie moderne. Dans
les embouteillages, les transports aux heures
de pointe, au bureau ou avec les enfants,
à la ville, en voyage, **nous sommes tous
candidats au stress**.

Mais savez-vous qu'il existe aussi un bon stress,
facteur de dynamisme et de créativité ?
**Comment discerner le bon du mauvais...
et surtout, comment maîtriser
ses tendances au stress ?**

Tests, conseils basés sur l'alimentation,
la relaxation, le respect des rythmes naturels,
cet ouvrage pratique vous propose
**une véritable stratégie de connaissance
et de contrôle du stress**.

Une méthode précieuse pour faire face
aux embarras quotidiens et se réaliser
pleinement !

Dr Lionel Coudron
*Docteur en médecine, diplômé de biologie
et de médecine du sport, diplômé de
nutrition, l'auteur est professeur à l'Institut
international d'Acupuncture et président de
l'Association Médecine et Yoga.
Il est l'auteur de nombreux ouvrages.*

Collection J'ai lu Bien-être, 7027/5

CÉLINE GÉRENT
Savoir vivre sa sexualité

Le manuel pour tous de la vie amoureuse.

L'amour est un art qui exige autant
de créativité que de savoir-faire.

Etre attentif aux désirs de l'autre, découvrir
la magie des caresses, la maîtrise de soi, la
complicité, apprendre à donner autant qu'à
recevoir... l'amour, c'est tout cela.

**Un glossaire de 128 mots clés,
qui renseigne, explique, prévient
de manière simple, délicate et sans tabous.**

**De l'éveil des sens à la sexualité
du troisième âge,** une documentation
complète sur la vie amoureuse et sexuelle.

Concret, direct, sensible, un manuel pratique
à mettre entre toutes les mains.

Céline Gérent

*Parallèlement à une carrière administrative,
elle a étudié, en France et en Inde, les
philosophies occidentales et orientales,
la psychologie et la linguistique.
L'enseignement qu'elle en a tiré
a servi de base à sa réflexion sur
le comportement sexuel de nos
contemporains.*

Collection J'ai lu Bien-être, 7014/5

PIERRE PALLARDY
Les chemins du bien-être

Bien dans sa tête, bien dans son corps.
Une méthode concrète
pour vivre en pleine forme.

Fatigue, angoisses, stress, insomnies...
Mal de dos, prise de poids :
**même quand nous ne sommes pas
malades, notre corps a mal partout.**
Que faire pour retrouver notre équilibre ?
C'est une vérité simple :
**pour parvenir au bien-être du corps,
il nous faut d'abord obtenir celui de l'esprit.**
Grâce à une série de tests, une méthode
d'évolution de notre état général.
Des conseils simples et efficaces,
un traitement global pour redécouvrir
les règles d'une vie saine.
**Des réponses concrètes
aux troubles les plus courants,
pour se soigner et vivre mieux.**

Pierre Pallardy
*Ostéopathe, naturopathe, diététicien,
vingt-cinq ans d'expérience lui ont appris
à être à l'écoute de ses patients.
Auteur de nombreux ouvrages,
il propose aujourd'hui une méthode
concrète et globale pour se soigner seul.*

Collection J'ai lu Bien-être, 7001/3

ROBIN NORWOOD

Ces femmes qui aiment trop

Etre heureuse en amour.
Comprendre l'origine des passions

Qui ne rêve du grand amour où chacun s'épanouit par et pour l'autre ? **Qu'y a-t-il de plus beau que le parfait échange entre deux êtres, la confiance mutuelle ?**

Mais, les femmes le savent, l'amour trop souvent engendre la souffrance. **Trop aimer** c'est cela : aimer en se sacrifiant... **confondre amour et souffrance.**

Pourtant le bonheur durable est possible !
Oui, si l'amour est fondé sur l'indépendance psychologique de chacun et non sur les comportements exclusifs ou l'inquiétude. Comment éviter que des craintes anciennes, un manque de confiance en nous ne finissent par entraver notre capacité au bonheur ?

A l'aide d'exemples et de témoignages, ce livre aidera toutes les femmes à mieux se connaître, **à être vraiment heureuses en amour !**

Robin Norwood

Psychothérapeute, elle s'est consacrée aux problèmes de l'alcool et de la toxicomanie avant de se spécialiser dans le traitement des femmes qui s'enferment dans la dépendance affective vis-à-vis de leur compagnon. Elle s'intéresse à l'analyse du comportement humain.

Collection J'ai lu Bien-être, 7020/3

Dr FRANÇOISE GOUPIL-ROUSSEAU

Sexualité :
réponses aux vraies
questions des femmes

Des conseils simples pour aider chacune
à trouver l'épanouissement !

Tout ce que vous avez voulu savoir sur
la sexualité sans jamais oser le demander !

Doit-on avoir honte de ses fantasmes ?
Comment combattre la routine sexuelle ?
Faut-il avouer ou bien cacher une liaison ?
Comment réagir face au spectre du sida ?
Enceinte : que devient le désir ? Que dire aux
adolescents à l'aube de leur vie amoureuse ?
Qu'est-ce que l'impuissance ?
Le plaisir sexuel décroît-il avec l'âge ?
**Et si les femmes se trompaient
sur le plaisir des hommes ?**

Questions délicates voire taboues ! Parce qu'elle
a écouté des centaines de femmes, le docteur
Françoise Goupil-Rousseau sait répondre avec
sérénité aux vraies questions des femmes.

Des conseils simples pour aider chacune
à trouver l'épanouissement !

Dr Françoise Goupil-Rousseau

*Gynécologue, attachée à l'hôpital Cochin.
Sous le nom de Françoise G. elle a animé
pendant neuf ans la rubrique "Courrier sur
la sexualité" de Marie-Claire et, pendant
deux ans, une émission quotidienne sur RTL.*

Collection J'ai lu Bien-être, 7025/3

DEBORAH TANNEN
Décidément, tu ne me comprends pas !

– Dis, tu m'aimes ? – Mais tu le sais bien...
Pour les hommes et les femmes, les mots n'ont pas le même usage. Ils parlent objectif et efficace, elles établissent une relation. Ils discourent, elles "parlent pour ne rien dire". Autant de clichés, qui témoignent d'une véritable différence.

Deborah Tannen analyse les manières de s'exprimer et de communiquer des hommes et des femmes : ces styles différents de conversation qui débouchent si souvent sur le malentendu, la critique, le reproche et la blessure.

Un livre qui tente de mettre fin à la "guerre des sexes", nous propose de comprendre nos différences et de les accepter, **pour trouver un langage commun et nouer avec les êtres que nous aimons un lien plus profond.**

Deborah Tannen

Professeur de linguistique à l'université de Georgetown, elle a déjà publié un ouvrage : That's not what I meant (*Ça n'est pas ce que je voulais dire*). *Elle donne des conférences et a publié de nombreux articles dans le* Washington Post, *le* New York Times Magazine, *etc.* Décidément, tu ne me comprends pas ! *a rencontré un succès mondial exceptionnel.*

Collection J'ai lu Bien-être, 7083/6

STEVEN CARTER et JULIA SOKOL
Ces hommes qui ont peur d'aimer

Les femmes connaissent bien ces hommes
qui séduisent, déclarent leur amour, puis fuient
pour ne pas s'engager... Plutôt que de s'en sentir
coupable, mieux vaut comprendre.
**Que craignent-ils, ces hommes
des amours impossibles ?**

L'homme qui a peur d'aimer est le partenaire
idéal de la femme qui aime aveuglément.
Chacun souffre dans son rôle. **D'où viennent
ces peurs ? Peut-on les soulager ?
Les résoudre ? Peut-on retrouver
la confiance en soi perdue ?**

Après *Ces femmes qui aiment trop*, ce livre
prolonge l'exploration des amours difficiles
ou déçues. Nourri d'exemples où chacun,
chacune reconnaîtra une part de soi-même,
il aide ceux ou celles qui veulent enfin choisir
**l'amour vrai où l'un comme l'autre
saura s'épanouir.**

Steven Carter et Julia Sokol
*D'origine américaine, spécialistes de la communication,
ils sont les co-auteurs de nombreux livres à succès.*

Collection J'ai lu Bien-être, 7064/5

PIERRE et FLORENCE PALLARDY
La forme naturelle

Mince et en pleine forme.
Une méthode pratique et personnalisée.

Etre belle, c'est avant tout être bien.
Dans son corps. Dans sa tête. Un bien-être qui
se cultive avec des gestes simples et naturels.

Etre en pleine forme, en pleine santé :
tels sont les plus précieux atouts-beauté !

**Voici un programme personnalisé
de remise en forme.**

Les clés ? Une alimentation équilibrée, des
exercices faciles pour assouplir et entretenir
son corps, des conseils pratiques sur les soins,
le maquillage...

Avec un peu de confiance en soi, valoriser
son capital-beauté est à la portée de toutes.

**La méthode de Pierre et Florence Pallardy,
une façon idéale de retrouver la forme
naturelle** ...et le plaisir de plaire !

Pierre et Florence Pallardy

*Ils ont publié ensemble de nombreux
ouvrages et animent des émissions de
télévision consacrées à la gymnastique,
la beauté, les soins du corps, la santé.
Lui est kinésithérapeute et ostéopathe de
renom. Elle, ancien top-model, est aujourd'hui
la mère épanouie de leurs quatre enfants.
C'est le couple idéal de la forme et du bien-être !*

Collection J'ai lu Bien-être, 7007/6

BÉATRICE ÇAKIROGLU
Les droits du couple

Mariage, union libre, impôts, séparation, enfants.
Tout, pour prévoir et connaître vos droits.

La vie à deux est pleine d'embûches auxquelles
on ne pense pas quand tout va bien.
Mais au premier problème apparaissent nos
lacunes, notre méconnaissance du droit.
Que faire pour éviter les pièges ?
Faut-il choisir l'union libre ou le mariage ?
Comment payer moins d'impôts ?
Acheter une maison ensemble ?
Peut-on réussir un divorce ?
Et comment protéger les enfants...
Ce livre vous aidera à trouver des solutions
grâce aux conseils d'une spécialiste
des questions juridiques.

Voici, clés en main,
le guide du couple d'aujourd'hui !

Béatrice Çakiroglu

*Journaliste, spécialiste des rubriques juridiques
et de gestion de patrimoine, elle collabore
régulièrement* à Paris Match, Cosmopolitan,
Avantages, Le Temps retrouvé, Dossier
familial, Biba, Télé Loisirs.

Collection J'ai lu Bien-être, 7018/6

ROBERTA CAVA
Réussir et être heureuse au travail

Que ce soit pour des raisons financières
ou parce qu'elles désirent avoir une vie sociale
épanouissante, **aujourd'hui la plupart
des femmes travaillent**.

Pourtant, tout n'est pas toujours simple...
Concilier vie familiale et vie professionnelle,
obtenir le salaire que l'on mérite, accéder
à des responsabilités, travailler avec un supérieur
féminin ou des collègues masculins : **la vie dans
l'entreprise ou à la maison se transforme
trop souvent en course d'obstacles !**

A partir de son expérience de consultante
en entreprise et d'exemples vécus,
**Roberta Cava répond à toutes celles
qui veulent conduire leur carrière
avec clairvoyance et sagesse.**

**Une question d'actualité ! Enfin un livre qui
aidera concrètement toutes celles qui
souhaitent s'épanouir dans leur travail.**

Roberta Cava

*Mère de famille et femme d'affaires, elle a créé
sa propre entreprise après avoir été directrice
du personnel. Actuellement consultante en entreprise,
elle organise des séminaires qui sont très prisés
au Canada et aux États-Unis.*

Collection J'ai lu Bien-être, 7082/5

Dr CATHERINE KOUSMINE

Sauvez votre corps !

La médecine actuelle fait des prouesses.
Ses progrès nous permettent de vivre plus
longtemps, de surmonter bien des maladies.
Paradoxalement, le nombre des malades
ne cesse de croître.

On le sait aujourd'hui, notre alimentation
est responsable d'un nombre considérable
de maux. **Nous mangeons mal, nous vivons
mal.** Notre organisme est fragilisé. Et pourtant...
Est-il si difficile d'écouter son corps ?

**Pour être résistants et équilibrés, pour
vaincre la maladie, il suffit de mieux
s'alimenter !**

Dans ce livre, véritable **bible de la diététique
moderne,** le docteur Kousmine lance un cri
d'alarme. **Avec elle, pour nous et pour nos
enfants, apprenons la santé, apprenons...
à vivre !**

Dr Catherine Kousmine
*Médecin nutritionniste, elle a exercé pendant
plus de 50 ans, tout en poursuivant
ses travaux de recherche.*
Soyez bien dans votre assiette jusqu'à 80 ans
et plus *fut un succès mondial. Née en 1904 en
Russie, elle est décédée en Suisse.*

Collection J'ai lu Bien-être, 7029/8

Docteur ARON-BRUNETIÈRE
La beauté et les progrès
de la médecine

Les véritables révolutions médicales.
Mieux comprendre pour mieux choisir.
Un guide pour préserver sa beauté.

**Depuis quinze ans la médecine a progressé
à pas de géant , entraînant de véritables
révolutions dans le domaine de la beauté.**

Rides, calvitie, acné, pilosité, soleil... :
aujourd'hui les solutions existent ! Mais
face à la profusion des produits et des marques,
face aux publicités qui vantent l'éternelle
jeunesse, comment choisir ?

Comment faire la part du vrai et du faux ?

Confident des stars et des célébrités,
le Dr Aron-Brunetière dénonce ceux qui abusent
de la crédulité et du manque d'information :
il nous guide dans l'univers de la beauté.

**Pour chaque affection, les traitements
possibles, les règles à observer,
les dangers à éviter.**

Docteur Robert Aron-Brunetière

*Chef de service honoraire de la Fondation
Rothschild, ancien directeur d'enseignement
clinique au C.H.U Lariboisière, il est l'auteur
d'ouvrages destinés aux spécialistes et au grand
public , qui ont connu un vaste retentissement.
Il est l'un des dermatologues actuels
les plus réputés.*

Collection J'ai lu Bien-être, 7006/4

Ce livre de la collection J'ai lu Bien-être a été
imprimé sur papier blanchi sans chlore et sans acide.

Photocomposition Interligne B-Liège
Achevé d'imprimer en Europe (France)
par Brodard et Taupin à La Flèche (Sarthe)
le 3 mars 1995. 1453 L-5
Dépôt légal mars 1995. ISBN 2-277-07004-1
1er dépôt légal dans la collection : février 1992

Éditions J'ai lu
27, rue Cassette, 75006 Paris
Diffusion Flammarion (France et étranger)

7004